U0689152

KEY·可以文化

中国作家访谈实录

张英作品

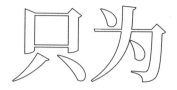

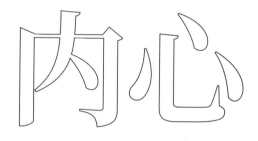

张英——著

中国作家访谈实录

浙江文艺出版社
Zhejiang Literature & Art Publishing House

图书在版编目（CIP）数据

只为内心写作：中国作家访谈实录 / 张英著.

杭州：浙江文艺出版社，2025.3. -- ISBN 978-7-5339-
7864-8

Ⅰ. K825.6

中国国家版本馆 CIP 数据核字第 202563HE55 号

策划统筹	曹元勇
责任编辑	易肖奇
文字编辑	张嘉露
营销编辑	耿德加　胡凤凡
责任印制	吴春娟　睢静静
装帧设计	道　辙 at Compus Studio
数字编辑	姜梦冉　诸婧琦

只为内心写作：中国作家访谈实录

张英　著

出版发行	浙江文艺出版社
地　址	杭州市环城北路 177 号
邮　编	310003
电　话	0571-85176953（总编办）
	0571-85152727（市场部）
印　刷	浙江新华印刷技术有限公司
开　本	880 毫米 × 1230 毫米　1/32
字　数	308 千字
印　张	12.5
插　页	1
版　次	2025 年 3 月第 1 版
印　次	2025 年 3 月第 1 次印刷
书　号	ISBN 978-7-5339-7864-8
定　价	69.00 元

版权所有　侵权必究

访谈的深度

潘凯雄

初识张英具体是什么时间已记不清，但至少在 20 年前则是肯定的。这 20 年的时间中，我们见面并不多，有时一两年都未必见得上一面，有时也只是在某个大场合上匆匆点头而过。然而，或许是由于我们和复旦大学先后有过交集，共有一些尊敬的先生或相识的师兄弟，因此也就莫名地近乎与信任。与张英见面虽不多，但他的文字我却读过不少，特别是那些与文学大家的深度对话，读后常有受益。现在这些对话即将由浙江文艺出版社以《中国作家访谈实录》之名结集出版，张英嘱我在书前写点文字，面对这洋洋近 50 万字的两册，确有些惶恐，但既被称为师兄，也只好恭敬不如从命了。

张英步入社会后，工作岗位好像换了不少，似乎是个不怎么安分的主儿，但有两点好像又比较专一。一是无论他端饭碗的"庙"如何挪动，但大抵不离新闻出版这个大圈；二是无论在哪家庙里化缘，盯着文学名家做深度访谈这个活儿一直都没放下，特别是他在《南方周末》工作的那几年，更是将此做得风生水起。从收入《中国作家访谈实录》的 20 篇访谈中，我们可以清晰地看到张英这些年阅读与思考的轨迹。

一般来说，访谈多是记者干的活儿。真要做"深度访谈"而且还是高质量的"深度访谈"，可就不像简单的记者工作那么容易了。不仅不容易，而且还是一件颇为费心费力的事儿。所谓"深度"，绝对不是简单地等同于"长度"，我过往在谈及这一问题时曾用过的一个说法叫"深度"来自"厚度"。什么是"厚度"？就是指采访者对被采访者及其所在领域的专业知识和相关情况所掌握、所熟悉和所理解的程度，对知识与情况越熟悉、理解越透彻，"深度"随之增长，反之亦然。新闻传媒业的所谓"深度访谈"实际上是件苦活、累活、专业活、技术活，当然也是见出采访者自身功力如何的功夫活。具体到张英这《中国作家访谈实录》所涉及的深度访谈，当然也不例外。

首先，这绝对是一项苦活、累活。《中国作家访谈实录》中接受张英访谈的 20 位文学名家，皆属生产力旺盛者，哪个的产量都不低，少的也是百万字的量级，多的则肯定超过了千万字，这 20 位名家的总产量累积起来，超过 5000 万字应该没问题。虽说这些不是全部都需要采访者去阅读，但他们的代表作及重要作品，作为"深度访谈"前的必做功课绝对是免不了的；还有对这些名家的一些代表性评说，特别是有争议或不同意见的相关内容，恐怕也是访谈者需要了解与知晓的；再就是这些个名家的生平或重要经历，自然也应该是进入访谈前的必修课。如果将这几项"必修课"的内容累积起来，又会是多么庞大的一个文字体量？这些个内容，且不说一一精读细读，即便是浏览式地快速过一遍就绝对是一桩苦活与累活，而这些个功课做得如何将直接影响到访谈的广度与深度，比如对受访者提出哪些问题、从什么角度提问题等，这些在相对专业一点的读者那儿都是绕不开的，是很难糊弄得过去的。我虽算不上专业的读者，但至少也熬到了资深职业人的份儿，所以看张英在《中国作家访谈实录》中与受访者的一问一答，或穿插于其间所展开的对话，再判断他开始访谈前做了哪些功课，做得如何，基本心中还是大致有数的，一言以蔽之：不容易。

其次，这何尝只是一项苦活、累活，同时还是一项专业活。所谓"专业活"，意味着访谈者必须要懂访谈对象所从事的那个专业，否则这"对话"就如同鸡和鸭讲，根本不在一个调上，"话"也无从对起。《中国作家访谈实录》中的 20 位访谈对象，个个都是文学名家，而且这"名"还绝对不是虚名、浪名，在他们中间，年长者生于二十世纪二十年代，年轻的也是六十年代生人了，从事文学创作的成就期则大抵都是我们习称的那个"新时期"。别看这个"新时期"不过寥寥二三十年（学界对此认识不尽相同），但这绝对是天翻地覆、令人眼花缭乱的二三十年，各种文学现象、文学思潮接踵而至，世界百年的文学风貌在我们的这个时段被浓缩成一种特别的文学景观，而被张英访谈的20位文学大家不仅各有各的个性，而且其中相当一部分自身就如同一个多变的魔方，在不同的日子呈现出不同的画风。所有这一切都需要访谈者去了解、去理解，缺少了这二"解"，所谓访谈设置的话题就一定是皮相的、肤浅的，访谈的走向也难免处于一种静止的或停滞的状态，这样一来，所谓"深度"二字就仅仅剩下一副皮囊。

从上述苦活累活和专业活这两个角度看，张英为了这《中国作家访谈实录》的确是下了不少的功夫，包括大量地阅读受访对象不同时期的代表作品或某个时段的重点作品以及社会上对这些作品的反应与评价，包括梳理自己对受访对象创作的理解和他们创作中所涉及的相关专业问题以及由此辐射开去的文化思潮及社会思潮等，而且还能抓住不同访谈对象在文坛的特色与个性、坚持与变化以及社会对他们的关注重点或议论焦点设置话题，并努力在交流过程中推动对这些话题的思考走向深入。

比如与王蒙的对话。面对这位年近九旬、阅历丰富、产量惊人、文体文风多样的长者与智者，张英的访谈却偏要从王蒙自1971年开始写作、40年后又花了四个月的时间修订完成、出版后即获得第九届茅盾文学奖的长篇小说《这边风景》开始切入。这部70万字的长篇小说在王蒙眼中"虽然今天来看是一部过时的作品"，但"小说更多的是记录了那个时期维吾尔族人的生活风貌，维吾尔族人的衣食住行、吃喝拉撒、婚丧嫁娶，什么都写到了，人物鲜活，细节生动，而且从头到尾都是掏心窝子的认真，真情实感，这是我今天再也无法抵达的写作状态了"。而且"从文学创作的角度来看，没有那个时候的王蒙，也不会有以后的王蒙。我不可能颠覆我自己，不可能对年轻的自己打一耳光，那个我也是王蒙的一部分"。看了王蒙的这番夫子自道，我想读者对王蒙创作这部作品的背景和40年后还愿意花精力再行修订出版的初衷，以及对这部作品本身的理解，想必都会更别有一番感受。顺着这样的思路，张英与王蒙接着又讨论了他究竟应该当部长还是做作家、如何看待传统文化、如何理解当下是文学创作最好的时代、作家应该如何表达对现实的态度等一系列问题，而且这种讨论也不只是限于简单的你问我答，而是有来回有交流，访谈的"深度"就在这访谈过程中问题的设置和彼此的交流里显现出来。

类似这样的例证在《中国作家访谈实录》中并不稀见，比如与余华的对话。这篇访谈的切入口选择了余华那部颇受争议的长篇小说《兄弟》，这本身就比选余华影响力更大的那部《活着》更见出一种"深度"。关于《活着》，毕竟谈得太多且基本有了共识，但《兄弟》则不然。果然，对这部作品余华自己这样说："开始写《兄弟》中'文革'部分的时候，我突然找到了进入当代生活的方式。以李光头、宋钢这两个年轻人的成长（为线索），他们从'文革'时代走进一个改革开放的时代，他们的人生会有什么样的变化？按着这条线，改革开放以来这20年的生活顺理成章就进入了我的小说。我可以写现实了，而且是不躲闪，迎上去，这对我按理说是一个巨大的变化。所以《兄弟》这部小说为什么对我意义重大，因为我能够对现实发言，正面去写这个变化中的时代，把人物的命运作为主线，把时代和他们联系起来，他们的命运都是这个时代造成的。"说实话，我对《兄弟》的看法并不像当时社会上流行的那么不屑，尤其对上部的评价还是比较高的，但像余华本人这样的认识我还真没想到。当然是否认同是另一回事，但至少我们由此多了一个观察与评价《兄弟》的维度，这就是"深度访谈"带来的效果。顺着大家当时对《兄弟》的评价，余华也说到了自己对一些问题的看法，诸如创作与批评的关系，对所谓现代派、先锋的评价，对读者的尊重与自己写作最终遵循什么的关系等。特别是关于《活着》，余华当然不会掩饰自己对这部作品的喜爱，但并不认同《活着》就是自己写作的某种标杆，认为不同的作品总是会有自己的新追求。这些本都是对作家作品研究很有价值的重要材料，也是"深度访谈"的独特价值，但遗憾的是这些有价值的作家自述又往往为人们所忽略。您瞧，今年余华的新作《文城》面世时，依然有不少人以《活着》为准绳来衡量《文城》，对一般读者而言，这当然无所谓，但对专业读者而言，则着实是不应该的。

在《中国作家访谈实录》中，进入张英深度访谈视野的还有一些曾经很热门的作家，他们的作品影响力也颇大，但当下在文坛则"出镜率"甚低，有的甚至已有多年不见文学新作面世，比如刘恒、杨争光、卢新华、潘军、洪峰、王刚等。但这几位又确各有他们自身的独特性：有的后来转向以影视文学创作为主，甚至自己就在直接从事着那个产业；有的之后写与不写都是新时期文学无论如何都绕不过去的一个客观存在；有的则是自己的性格使然，不善交际不爱热闹……在他们心中，文学其实从来就没有消失或者远去。选择他们作为访谈的对象，本身也是展示深度的一个角度，当然这同样需要访谈者做好访谈前的预习。于是，我们就在这些访谈中看到了他们视野和心中的影视业现状，看到了他们在进入另一产业后对文学的一些新感悟与新认识，看到了一个特立独行者与置身于某一群体中的作家心理上的细微差异……这些其实也都是在深度访谈后可以生发的颇有意思的话题。

在对《中国作家访谈实录》的阅读过程中，我个人的确是始终怀着一种矛盾的心理：一方面，我真诚地以为张英所做的这些是很有意义也很有价值的事情，他为此一定付出了许多的时间与心血，很不容易，令人钦佩；另一方面，以张英自身对文学的感悟以及他投入这方面的时间与精力，他完全有能力有条件去做另一些于他个人更"光鲜"更"实惠"一点的事，而未必只是以现在这样一种"访谈者"的形象出现。当然，客观地说，能够开出这样一门"课"且又有了相当的影响更不容易，既然如此，那我就还是希望张英能够持续地完善与优化自己已具有某种独占性的这门文学课吧。

是为序。

2021 年 8 月于北京

是倾听，也是对话

阎晶明

　　我并不确知张英的年龄，也没打听过他的出身和经历，从我认识他时，他就好像是一样的体态、一样的表情、一样的不年轻也不见慢慢变老。见他时，总觉得他是刚刚从另一场合赶来，而且后面还有急活儿等着。他似乎总是在路上。但张英又给人一种可以沉静下来好好聊一聊的好感。

　　他是一位好记者，而且特别懂文学。或者说，他就是带着浓厚的文学情结去做记者的。当然，更准确的说法应该是，为了当好记者，完成好一篇访谈，他每每要下作家收集素材、构思作品，学者搜求资料、整理观点的功夫。而所有这些工作，又不会模糊他的记者身份，从未磨损他的职业敏感以及谈锋上的犀利。这样的文学记者真的不多。

　　日积月累，张英的作家访谈颇具规模，而且采访对象、访谈节奏、对谈风格十分相近甚至统一。现在，他要把这些访谈文章集成一书，书名原定为《文学课》。凡称"课"者，势必是认为可以为人授业、解惑，张英的这部作品是否也有这样的抱负和作用呢？我看过后的答案是：可以有！至少我自己读过后收获颇丰。

　　这是一次对文学充满敬意，对作家怀着真挚感情展开的对话之旅。长期以来，张英在北上广等不同的城市间往来穿梭，在不同的媒体上奋笔疾书。对活跃在中国当代文坛、创作上取得重要成就、为读者所熟知的著名作家所做的访谈，是他在变动不居中坚持20年以上的不变。如今集为一体，可谓洋洋大观，颇有阵势。这些访谈并非蜻蜻点水式的三段式提问，而是就一些重大的文学问题、作家曲折的人生经历、作品中的某个细节或某种风格进行的深入探讨，可以激发作家的对谈热情，使一次本来是浅直的采访变成一场内容极为丰富的围炉夜话。

为了达到这样的对话效果，张英不但以自身的文学天分、自己的文学梦想作为对话前提，更要为每一场对话做充分的准备。他需要阅读访谈对象的几乎所有作品，熟知对方的人生经历，而且要有对这些作品从思想到艺术，从内容到主题的多方位的、准确的把握。他要同这些作家就某一部作品中令人纠缠、颇有争议的部分进行不无"对撞"味道的探讨。比如在同王蒙所做的访谈中，就其小说《这边风景》的创作历程、时代印记、当代价值以及人物塑造、艺术风格等进行了深入讨论。王蒙与张英的对谈，是我读到的王蒙关于这部长篇小说的最详尽的分析和论述。

不仅如此，张英还同这些大作家就文学阅读、文学经典的评价、文学影响的方位和选择等做了深入讨论。比如，在与马原的对话中谈到了霍桑的《红字》和海明威的《永别了，武器》；与余华讨论了加西亚·马尔克斯《百年孤独》的世界性影响；格非对世界文学范围里的"长河小说"，如巴尔扎克的《人间喜剧》"各部之间关系松散，甚至毫无关系"的特点进行了分析；迟子建则谈到了川端康成的《雪国》里的一个细节，从而证明其在短篇中显示出的大师手笔。这些讨论既是内容上的丰富，也对作家们的审美理念、阅读喜好、观察世界的方式有了极为重要的揭示。这些信息即使对专业研究者和评论家而言，也是十分重要的一手资料。

这是一部具有问题意识，在尊重前提下平等对话的交流之书。在每一篇对谈中，张英具有明确的身份意识，他是来做访谈的，充分尊重访谈对象是前提，专注于访谈对象个人的创作历程和文学观念是重点，激发他们说出文章之外的文学话语是策略。尊重访谈对象看似只是一种礼貌，事实上却有丰富内涵。他必须熟知一位作家在创作上有哪些分期、风格上有哪些变化、读者反应尤其是评论家们的关键性评价，等等。除了掌握这些信息，张英还要求自己做到一点，一定要有自己的观点，绝不做"为什么写这个""今后还有什么打算"的人云亦云式提问者。但同时，还要做到不以专家自居，仿佛一位已经掌握了不可更改的创作原理，或认为可以代表所有读者来诘问的自以为是者。

这样的分寸拿捏起来并不十分容易。我这里说的"拿捏"，并不是访谈时临时做出的某种姿态，而是一种深厚文学素养和阅读积淀促成的既自信又谦逊的状态。这种状态正好可以激发访谈对象的谈话热情，又不至于变成力图平起平坐的据理力争的"抢戏"者。这恰恰是一个成熟的新闻采访者，一个老练的媒体访谈人职业素养的体现。张英以某种亲切的方式同对方进入漫谈，以某种"引诱"的方式让对方说出平常并不一定透露的心迹。有时，他也会突然用一个不大不小的问题刺激一下对方，让对方面对一个有必要澄清或说透彻的真问题。

做到这一点真的不容易，张英自有他的技巧和套路。在这些访谈中，我们可以看到，读者关注、网络上热议、评论界争论的很多热点、敏感话题不时出现，吸引读者的关注，引发对创作、对文学的深入思考。这种自觉的问题意识和高妙的访谈技巧，是这部书非常重要的价值所在。比如在同王蒙的对话中，张英适时提出这样的问题："《这边风景》夺得茅盾文学奖，我看了《这边风景》，小说讲述的是1960 年，新疆伊犁一个维吾尔族村庄推行'社会主义教育运动'背景下的故事，很吃惊。这完全是《金光大道》《创业史》《红旗谱》那种类型的作品，歌颂集体、人民公社、合作化。你为什么会选择在 30 年后出版这个小说？"由此展开王蒙令人信服的一长串解析。没有尖锐的问题，就没有有内质的对答。

在同金庸的访谈中，张英调用了自己深入阅读的优势，就武侠小说的理论问题与金庸小说进行了专业性极强的讨论。他还联系到了学者严家炎的观点来提问，从而让读者知道，原来金庸"写《倚天屠龙记》的时候，和鲁迅的《铸剑》有一点关联，有点把他的思想融进去"。

在同陈忠实讨论《白鹿原》时，又提出"有人称这部作品为'笔记县志体'小说，对此你有何看法"，以及《白鹿原》以"修订本"得奖等难题，让我们读到一向谦和的陈忠实，慷慨激昂地表达了自己独立的看法和坚持。向余华指出"现在更多的是大量的人不理解你"的现实，以使其说出自己的创作理念和抱负追求。所有这些访谈，让人读来既熟悉又新鲜，既有现场的即兴讨论氛围，又不失作家成熟的创作思考。

总之，与 20 位当代作家所进行的访谈，是一次漫长的文学对话，对读者来说，阅读这些访谈，必是一次收获满满的文学课，而且不乏生动和精彩。对专业的文学评论者而言，书中也有大量独特的观点和可信的资料值得留存。

张英仍然在路上，而且脚踩文学与新闻两只船。他的文字仍然值得期待！

是为序。

2021 年 8 月 30 日

是文学课，更是人生课

朱永新

张英的《中国作家访谈实录》就要出版了。

他嘱我写一个序言。其实，张英的《一个人的文学梦》，就是最好的序言了。他讲述了自己的文学梦，讲述了自己走上非虚构文学创作的心路历程。

张英是一位阅人无数的记者。他先后采访了两百多位名人名家。仅仅是这部书，洋洋两大卷，就收录了他对于王蒙、金庸、陈忠实、贾平凹、刘震云、刘恒、杨争光、卢新华、祝勇、张炜、马原、洪峰、余华、苏童、格非、潘军、迟子建、王刚、虹影、毕淑敏20位作家的访谈。

张英最初把这部访谈录命名为《文学课》，一个初衷应该是让读者朋友通过他的文字，更好地理解这些作家的作品，更加地理解文学。是的，如果我们读完这部书，知道了王蒙先生从北京到乌鲁木齐再到伊犁的故事，知道了他在新疆16年的生活经历，知道了王蒙关于文学与政治、文学与学术、文学与人生的主张，再去读王蒙的《这边风景》《活动变人形》，再去读他的《季节》四部曲，就会有完全不同的感受，甚至再去读王蒙的早期作品《组织部来了个年轻人》《青春万岁》，也会有新的感悟。我想，这与任何一位语文老师在讲解王蒙作品时介绍的背景知识，绝对是不可同日而语的。通过作家走进作品，无疑是好的文学课需要的路径。

但是，我更愿意把这部书视为"人生课"。为什么这样说呢？因为这些优秀的作家，每个人的人生经历不同，他们的生活、他们的阅读、他们的个性，塑造了他们各自的文学，也塑造了他们不同的人生。

我一直认为，读文学，其实也是在读人生。美国亥伯龙出版公司（Hyperion Books）的总编辑威尔·施瓦尔贝在《为生命而阅读》中说过："伟大的作家会在时光的长河里互相对话，写书的人大多都是读书的，而大多数书里都留着丝丝缕缕成千上万本作家下笔前读过的书的痕迹。"我们每个人生活的时间、空间总是有限的，而通过阅读，我们能够打破时间空间的限制，看见不同的生活、不同的风景、不同的人生。我们不需要通过自己尝试错误获得智慧，而能够通过观察别人的生命、了解别人的活动来增长自己的智慧。很重要的一点是，"大多数书里都留着丝丝缕缕成千上万本作家下笔前读过的书的痕迹"，也就是说，其实每本书的智慧，不仅仅是作者本人的智慧，更是包括了他阅读许多其他作品获得的智慧。人类的智慧，其实也是这样逐步积累发展起来的。

读文学，不仅仅是在读人生，更是在欣赏作家们创造的精神风景。记得文学评论家谢有顺先生曾经说过："作家是创造精神景观的人，也是感受痛苦、体察孤独、永远在无所希望中希望的人。他不应该被坚硬的现实或消费主义打败，而是在任何时候，都不放弃在人性中寻找神性。有了这个精神维度，作家的视野才是健全而不残疾的。"是啊，伟大的作家就是伟大的建筑师，他创造的精神景观，其宏伟、其瑰丽、其奇妙，绝不亚于任何伟大的物质的建筑，甚至也不亚于大自然鬼斧神工的作品。但是，如何才能创造出伟大的精神景观？这就需要作家自己的修炼，他参与生活与观察生活，他理解人性与寻找神性。伟大的作家，是能够引导人们向善向上，引导人们扬善弃恶，给人信念和力量的。伟大的作家，是能够帮助人们独立思考，坚守人格的。因为，他总能够在黑暗中看到光明，在人性中看到神性。伟大的物质建筑可能会遭到战争、灾害的毁灭，伟大的精神建筑，却能够永恒屹立。

文学不仅仅反映生活、反映人生，不仅仅创造伟大的精神景观；伟大的文学作品，还能够帮助我们更好地理解生活、看清人生，帮助我们拥有更美好的人生。美国哲学家赫舍尔说："人的存在之谜不在于他现在是什么，而在于他能够成为什么……我们对人所了解的，不过是人身上潜在要素的一小部分。描述人类现在是什么，是很容易做到的；但我们无法设想人类能够成为什么。"人的已经有的存在，是人的现实性。这是能够看见的，也是相对容易了解和把握的。而人能够成为什么，那是一种未知的存在，是人的可能性。人的可能性，是不容易看见的，需要更敏锐的观察力和想象力，才能够看见。人具有无限的可能性，这是人的神秘之处，也是人的伟大之处。优秀的作家，总能够在人的现实性的基础之上，不断追问人的可能性，而且努力去创造人能够抵达的可能性。这就是谢有顺先生所说的，在人性中寻找神性。

所以，文学与人生是可以互相映照、互为补充的。文学来源于生活，来源于人生；文学又反馈于生活，反馈于人生；同时，文学更能够超越生活，超越人生。正如王蒙所说的那样："人生是美好的，也是短促的，而文学可以抵抗时间的消磨，文学比人生更集中，比人生更宽阔，比人生更长久。"

文学与人生的这种互动互补性，在张英的身上也是表现得淋漓尽致的。在采访了两百多位文化名人之后，他深有感触地说："他们对我的影响，除了在阅读和眼界提升上，更多是在工作的认真和敬业上。让我知道，人生和命运，其实都与工作认真有关，没有任何捷径可走。"我想，这也是读了张英这部书的人，会拥有的共同感受。

张英说，他已经是快50岁的人了，在写作上刚刚步入成熟期，在新闻写作的道路上，还有很多可能性，也有好奇心，他还想走得更远。一句话，他还在新闻的路上。我祝愿张英能够在文学和人生的路上走得更远、更好。

最后，我也祝愿这部书的读者，能够通过张英的《中国作家访谈实录》，走进那些作家的作品，走进那些伟大灵魂，走进书中作家的人生，也创造属于自己的生活，书写属于自己的人生。

2021 年 8 月 30 日，写于北京滴石斋

（朱永新，中国陶行知研究会会长，新教育实验发起人，国际儿童读物联盟"IBBY-Iread 爱阅人物奖"获得者。）

一个人的文学梦

张　英

　　小时候，我曾经想做一个伟大的作家。但那时候我没想到，这辈子，我会成为一个记者和编辑。

　　做新闻当记者之前，我的职业梦想是当作家。仔细想一想，这大概是受我父亲的影响。我父亲自幼喜欢读书，喜欢舞文弄墨。打我小时候起，就记得家里到处都是书。除了父亲的书房，客厅、厨房、卧室的床头柜，甚至厕所，摆放的都是书。

　　在我们家里，最多的东西就是书了，屋里乱糟糟的，但是随手可及随处可见的除了书还是书。在空闲的时候，父亲、母亲手里都捧着一本书或者是某本文学杂志。我印象最深的是满满的书架和父亲在昏黄的灯光下写作的身影，还有在劳累之余母亲在阅读图书的时候的愉快和轻松。

　　大约在中学时代，父亲就开始在一些报刊上发表小说和散文。在当时所在的孝感地区，也算是小有名气。只是因为"文革"的影响，父亲的文学梦却未能实现。他在上初二时，以二姐为原型写的短篇小说《姐姐》，已经收到湖北的文学刊物《长江文艺》的稿件录取函，雄心壮志的他，打算在这条路上大干一番。

　　然而谁也没有预料到大时代的影响。因为当时特殊的政治和社会运动，《长江文艺》突然停刊。父亲那篇原本已经发排的小说，最终未能刊出。这给了父亲巨大的打击。原本被文学激发出热情、兴高采烈的他，却被泼了一头的冷水。

　　在一切机会都让位于"革命"的年代，正常的教育也被停止。父亲顿时失去了人生的目标，迅速被当时的街头政治运动左右。他参加了"红卫兵"组织，也是"毛泽东思想文艺宣传队"的成员，也有和同学们一起从武汉出发，手持红旗抵达了长沙、韶山、上海、北京的壮举。但随着政治运动的结束，青春狂热过后，父亲只能回到家里的书桌前，继续他的文学梦。

高等教育恢复后，父亲也获得了到孝感师范学院读书的机会，但因为此时他已结婚，生育了四个孩子，他最终放弃这个机会。父亲考虑到当时的社会现实，他放弃了小说创作，改成写地方剧本、民间故事、科幻故事，也在当时的报刊上发表了一系列作品。不管在云梦县，还是孝感地区，他也算小有名气，参加过几次省里的改稿会。

迫于生存压力，父亲也经常给《湖北日报》《中国农民报》《光明日报》《人民日报》写稿。因为经常发表新闻作品，当时地区的《孝感报》也聘请他去当记者，到最后考虑再三，他都没有去。原因很简单："记者会采访作家，为很多人服务，作家可能采访记者吗？"哪怕他写了很多新闻作品，但喜欢文学的父亲依然看不起新闻这个行当。

由于时代和环境的限制，父亲的文学积累还是薄弱了。1979年以后，先是伤痕文学，接着是因为思潮解放而产生的寻根文学、先锋文学，父亲原来写的那种现实主义小说，受《金光大道》《创业史》等影响太深了。我看过他当时的一些小说手稿，总是盯着自己家族或者是双脚站立的那块土地上人们的悲欢离合，根本就不曾被变革时代的文坛接受。

迫于生活的压力，父亲经历了从希望到放弃的过程。一个人要养活妻子和四个孩子，加上时代与社会的变化给文学和文学环境、文学观念带来的变化，人到中年的父亲的文学观念和价值观念显得是那么不合时宜——他已经被那个时代的文学河流抛弃了，全社会都在急剧地变化着，文学也在急速地变化，西方文学取代了苏联文学对中国文学的影响，文学的价值观念全部都变了，像父亲这样受时代制约的人要跟上文学的变化，实在太困难了。

也许是被退稿的次数多了，加上抚养四个孩子的压力，父亲最后远离了书桌，远离了黑夜，远离了昏黄灯下的写作，开始踏踏实实地工作和生活。从教师到地方剧团，最后下岗回家到大街上去摆摊。父亲一步步后退，最后彻底被生活打败，变得和他的朋友们一样，为生存而奔忙。

但父亲是不甘心的。他后来把自己未竟的心愿，都寄托在我的身上。我发表的诗歌、散文、小说，他看了比我还高兴，很认真地放在家里的书架上。他很希望我成为一个小说家，能够出人头地，加入作协，在他认为的一流文学刊物上发表小说，然后出书，作品在广播电台里被朗诵播出，最后拍成电影、电视剧。

那是一个文学的时代，那么多的人都热爱文学，都在谈论文学，甚至心怀文学的梦想，在阅读别人的作品以后开始提笔写作。因为文学，许多陌生人都成了朋友，甚至发展出爱情，最后走向家庭。"文学青年"在那个时候是一个褒义词，不像今天生出了不一样的意味。

但在我的时代，文学已经成为一个越来越不被人关心的行当了。我曾经辞掉工作一年，在租来的房屋里从事自由写作。但问题是，文学杂志的发行量也越来越少，小说、散文的稿费只有千字50元，诗歌的稿费就更少了。

自由撰稿人的生活，说起来浪漫、自由，但除了写稿是自由的，别的环节都不自由，作品发表的决定权都在别人的手上，很难满足基本的生存。我微薄的积蓄很快在交完一年房租后见底了。在花一年的时间，写了平生第一部长篇小说后，为了维持生计，我最后去报馆做了一名记者。

从二十世纪八十年代末期到九十年代，在当年各种各样的民间文学报刊上，我认识了许多作家、诗人，像今天在文坛上活跃的邱华栋、海男、虹影、朱文、韩东、吴晨骏、刘继明、洪烛、伊沙等。

在当时，他们还都是虔诚的文学青年，对文学有着狂热的爱好（从本质上来看，这狂热像是一种极端的宗教崇拜），都是文学的信徒。经过多年的坚持，他们在九十年代中期都出头了，在文坛上抢到了自己的地盘，在文学历史上插上了自己的旗帜。如果按照约定俗成的说法，他们应该算是"新生代作家"了。

当时，还有许多的有才华的人，只不过离开大学以后，他们中的很多人就不写作了，有的人成为文学的读者，有的人自此以后就不再读文学谈文学了，大家在社会中间和丰富的生活中间找到了乐趣和兴奋点，各自找到了自己的道路。

我记得有很多在当时有才华的被当时作家、评论家看好的文学青年，尽管也在文学报刊上发表了不少作品，但是他们在工作以后都选择了沉默，都不再提笔写作。毕竟，生活和现实是残酷无情的，文学的浪漫在冰冷的现实面前，会被击得粉碎。这些我当年的朋友，才华横溢的文学青年，慢慢地淡出了我的视野，消失在了岁月的河流里。

从1993年起，在不同的时期，我曾经为《沿海经济时报》《青年报》等工作，在一边做新闻的同时，我还给《新民晚报》《羊城晚报》《文学报》写固定或者不定期的文学专栏，在《山花》《作家》等杂志开始连续发表作家专访，慢慢在上海的文化圈和文学圈内也算小有名气。

父母的反应是巨大的，他们从我的文章得到的欢乐，要比我从自己文章得到的欢乐多，就这样，父亲把他自己的理想寄托到了我身上。对文学的梦想也渐渐成为我和父亲两代人的梦想。

在媒体做文化新闻的过程中间，我突然冒出一个浪漫的想法：能不能对那些我喜欢的作家进行深入、细致的采访呢？我天真地以为，这样我可以在文学之路上获得捷径，了解作家创作的经验，而且还有助于自己以后的写作。就这样我开始了一次次的作家采访，从而解读那些隐藏在作品背后的奥妙，认识和了解那些躲在作品背后的作家。在他们的作品和谈话里，我确实学到了很多东西，我对时下的中国文学有了真正的认识，对作家这一职业有了全新的理解。

那会儿的想法是这样的：做个文化记者，采访作家、学者、导演、演员、画家、音乐家，应该是和我个人兴趣爱好距离最近的。回看当时的我，还有点天真：以为可以借职业的便利，采访喜欢的小说家，顺便偷师学艺；而且新闻能够让自己认识很多不同的人和生活，可以积累素材，方便自己以后写小说。

我做的新闻，对象通常是公众知道的作家，每一次采访却要有新料出来；为一个人物，采访两小时，资料收集和采访提纲可能是两到三天的准备，加上采访、写作，可能是一周或者更长的时间；通常一个热点有几百家媒体采访。可见有多难。

每次采访，我都做精心的准备。自己也舞文弄墨，喜欢读书写作，因此去采访作家、学者就没有隔膜，问题也能够得到采访对象的认真回答。写出来的文章也受到读者和圈内记者的欢迎，包括采访对象的认可。这让我有一种被认同的成就感。

从事新闻工作 20 多年里，我采访了两百多位文学艺术领域的名人名家，印象深刻、对我有直接影响的人，包括叶永烈、金庸、王蒙、余华、刘震云、王志文、陈道明、周迅、姜文、张艺谋、贾樟柯、方力钧、徐冰等。

回想起来，这些文艺界的名家，他们对我的影响，除了在阅读和眼界提升上，更多是在工作的认真和敬业上。他们让我知道，人生和命运，其实都与工作认真有关，没有任何捷径可走。

工作久了，渐渐知道自己的长与短，我开始放弃当作家的念头。

如果写小说、散文，凭着自知之明，我顶多算个三流的，但如果把精力花在新闻上，做一个职业新闻人，我有可能做到一流。

我同意海明威和马尔克斯的说法，一个好的小说家，年轻的时候，都应该做几年记者，对他身处的世界和社会有真正的了解，知晓这世界大部分人的生存处境。海明威和马尔克斯，年轻的时候都做过新闻工作，当过记者，两个人也有杰出的非虚构写作和新闻作品。

马尔克斯一生撰写了大量新闻报道，"我为文学和新闻之间的关系着迷。我在哥伦比亚以记者身份踏上了职业道路，在某种意义上，我一直都是一个记者。新闻工作帮助我与现实保持联系，这一点对文学来说至关重要"。马尔克斯曾说，记者和小说家的工作都是为了找出真相，他一直认为他最好的职业经历是记者。

工作多年，直到现在，我才意识到，从那些优秀作家那里获得写作的捷径和秘诀，会对自己的写作起到直接作用从而使我走向成功的想法是天真、可笑的。因为，新闻逼迫记者大量阅读与研究，会让记者变得眼高手低，失去对自己写作的信心。

在这样的认识过程中间，我的文学梦离我越来越远，而且在阅读这些优秀作家的作品时，看着我以前发表的一些文学作品，发现它们是那么的差，我非常羞愧。世界上已经有那么多伟大的文学作品了，有那么多优秀的作家了，你自己的素质那么差，准备那么不足，怎么就敢开始写作？什么时候才能写出来，走向成功？我一直在问自己。

唯一能够安慰自己的是，我的工作还与文学有关。比起那些在生活、现实面前一再妥协和退让的同龄人，我的妥协要小得多。起码，我的工作和我喜欢的文学还是有些关系的，即使不能成为作家，作为一名文学的读者和文化记者也还是幸福的，因为离我的文学梦想很近。

《中国作家访谈实录》的出版，对我来说，只是开始。

现在我已经快 50 岁了，在写作上刚刚步入成熟期，在这条道路上，我还有很多可能性，也有好奇心，我还想走得更远，做一流的新闻记者。做记者 20 多年的奔走，对文学的了解更深了，也有自己的眼光和洞见了。如今，非虚构写作的兴起，让我看到了希望和可能。

现实的世界是如此的单调，文学的世界是如此的丰富，所以，我非常喜欢陈村的一句话：写作和阅读的人可以多活几辈子。因为这个理由，我的工作还将进行下去，我的阅读与采访也将继续下去。

但我父亲并不因此为我自豪和骄傲，他知道，我是不可能实现他的文学梦想了。原因很简单，他认为："记者一辈子总是采访别人，传达别人的声音，为别人服务，没有自己的声音。"

对于这个问题，我已有自己的答案：如果去写小说、散文，我顶多算个三流的作家，但把同样的精力花在新闻上，我能成为一流记者。

那就让我做一个为文学服务的好记者吧。

目　录

马原

■

西藏成就了我和先锋文学

对一个熟悉现当代文学的文学青年来说，马原不会是一个陌生的名字，这个神秘而富有传奇色彩、留着大胡子、阳刚气十足的男人，居住在离内地很远的西藏，在离天空最近的高原上，写出了一批改变中国文学面貌的作品，给当时的中国文坛带来强劲的冲击，推动了中国小说向前发展。二十世纪九十年代之后，马原离开了让他成名的西藏，回到家乡沈阳，然后，就渐渐看不到他的作品了，只是知道马原先是下了海，到海南开公司去了，接着又看见他搞电视节目，拉起摄影班子拍《中国文学梦》。后来就渐渐没有了马原的消息，也几乎再看不到他的小说，只是在一些电视文艺晚会的节目单上看到马原当撰稿人的消息。2000年夏天，从文坛"消失"快10年的马原在上海重又浮出海面，在同济大学正式做了一名教授，与此同时，他的散文集《两个男人》和长篇小说《上下都很平坦》也分别由南海出版公司、北岳文艺出版社出版。

2000年冬天的一天，我在寒冷的上海街头，费了老大劲才找到马原的家，那是一片新建的住宅区域，外观非常漂亮。走进屋内，发现房子刚刚装修完，从马原的介绍中看得出，马原对自己的新房子也特别满意。成为大学教授，作家马原说是满足了自己多年的梦想和虚荣心。应该说，这是一次迟到的谈话，对此马原也有同感（在此之前我们曾在北京见过几次，但是一直没有合适的时间坐到一起），整个谈话是在断断续续中进行的，其间马原不断接听外界打来的电话，处理各类事情。

环境变了，一切都变了，文学也变了。在江湖上漂泊了多年的马原，在进入宁静的大学校园以后，是否能够在写作上像当年一样给那些喜欢他作品的读者和他搞文学的同行以惊喜和启发呢？

为师论道

张英　你为什么会到上海在大学里当老师呢？

马原　我一直希望当老师，喜欢教师这个职业。我并不是现在才想到当老师，实际上，早在八十年代我就在一次大学讲座中说我最羡慕老师。我当老师与我最崇拜的艺术家林散之的影响也有关，林老师聚徒教授的生存方式一直是我所倾心的，我也早就特别希望做个像他那样的老师。我可以毫不谦虚地说：在小说家中，我读书算很多的，在读书中我参透了很多人生奥秘，也有很多切身的人生经验，胸中块垒很多，我希望通过聚徒授课，把这些块垒释放出去。实际上这些年我也一直在做业余老师，我身边一直有许多青年朋友，我与他们既是朋友，也算师生，一聊起来就主要是自己在说，很像高校老师带研究生。我肯定能适应老师这个职业，而且会做个好老师，因为我有兴趣，而只要我感兴趣的事，就一定能做好。我毕竟在大学受过几年教育，基本知道当老师是怎么回事。

我觉得当老师是小说家比较理想的去处，课程的压力不是很大。铁打的军营流水的兵，学生年年更换，会给人到中年的我带来新鲜气息。实际上想当老师这样的想法已经有十几年了，华东师大、上海师大、北师大、四川大学，我都联系过，上海大学这么多，有那么多人都希望能当大学老师，现在我能进同济大学，也是非常幸运的，应该说感谢它收留了我。

张英 我记得你在一篇文章中说过，一个作家的青春期最好在一个大学里度过，是吗？

马原 我可能在我的文章里写过。作家就应该在家里或者在大学里工作。我的运气也很好，这些年不管我在哪里，单位的领导对我很宽松，他们一直保留着我的公职，给我好的机会参加职称评选，所以我现在在评教授非常容易。

张英 但是，现在当一名好的老师也辛苦起来了，学生多了。在国外的一些作家也去大学当老师，教写作，也很辛苦。

马原 当时有很多老师感到辛苦，因为他们是职业老师，他们的心态比我好，因为老师的主要职务是讲课，当然有具体的工作要求。对我来说，除了讲课，我另外还可以赚取稿费。应该说我们学校院长对我是比较宽容的，讲多少课都能行，就这样，我基本没有讲课的压力。但是当老师肯定是要讲课的，我现在常常开一些自己擅长的课，也就是扬长避短，这样我个人的时间还是比较充足，跟我当作家的利益根本没有什么冲突，这跟国外的情形相比还是有区别的。

张英 你比今天的教师幸运多了，直接就成教授了，现在要成为教授多困难啊，大学本科读完，再读硕士、博士研究生，发表论文或者出一本著作，才能成为一个副教授。像你多好啊。

马原 哪里呀，格非比我幸福多了，他这个时候才33岁，我拿一级作家工资的时候，我已经43岁了。实际上我一直不是这样看的，人活着就是时间，我是到43岁时才拿到正高，他33岁时拿到正高。我43年，我的生活多磨难，曲折应该更多，光是饿肚子的时间（也更多）。

张英 但是从作家身份和经历上来讲，这未必是一件好事。

马原 实际上有两种不同的作家。一种作家一辈子过着安静的生活，比如苏童和叶兆言，他们基本上足不出户，大部分时间都在家里，偶尔出门远行，主要时间都待在书斋里，但是他们都能够写得非常好。另外一种类型可能就是像我这样一生中充满动荡的，满世界走，要么写得非常好，要么心情都荡干了，一个作家正当年富力强的时候，却一搁笔就是十几年。人一荡，心情就变化了，然而如果不出去走的话，写小说就是凭想象力丰富了。如果真的经历了，倒觉得不写也罢。

张英 所以生活永远比小说宽广得多，小说是生活的影子，很难独立于生活。

马原 所以一人走在街上、在人群中，你可以突然发现这世界完全没有意义，除了家人会让你有一些感觉。有的事情可以偷懒，但生命的每一天都不能不过，活着不能偷懒。换一种角度说，创作对我是一种有意义的方式，但当我不写的时候，也不能说没有意义。在这10年里，也不能说我没写，只是没拿出小说来。这是个尝试的阶段。

张英 在大学里你负责教什么课？

马原 同济大学对我特别优待，特许我自由开课。我先开了两门课，一是"阅读大师"，另一门课是"小说中的哲学"。若有时间，我还准备开文学写作课，讲怎样写小说、剧本。

张英 主要是讲文本解读、谈作品还是纯粹的理论？

马原 我主要谈作家和他们的作品，这些作家对我的创作都形成过一定程度的影响，像海明威、欧·亨利、奥康纳、霍桑、麦尔维尔、克里斯蒂、纪德、雨果，还有一个曾经深刻影响过海明威、20多岁就死了的作家克莱恩，他有一个特别出色的长篇叫《红色英勇勋章》。还有对日本现当代文学影响巨大的芥川龙之介。我基本上没太讲很流行的作家，我最推崇的小说家，像他们的小说实际上都是传奇。我个人最喜欢传奇和推理这两类。有几部书我是必讲的，比方《红字》《永别了，武器》。海明威的创作里，巅峰之作是《永别了，武器》。我一直不赞成把《丧钟为谁而鸣》或者《老人与海》当作他的巅峰之作。小说需要沉重感，需要节制。《丧钟为谁而鸣》写得很铺张，而《永别了，武器》是高度节制的。用一个我不大用的词，它更"本真"，更小说。作为一个小说家，可以在《永别了，武器》中学到太多太多的东西了，太高级了。《白鲸》是我特别推崇的小说，尽管《白鲸》讲起来特别困难。还有《好兵帅克》。《好兵帅克》是"流浪汉小说"在二十世纪的一个变体，特别杰出，我觉得它跟《堂吉诃德》一样伟大。纪德的全部书都写得好，纪德的小说都叫我充满热情。法国总统戴高乐曾经说，当纪德的石棺的石板合上的时候，法国的精神就停止了。听上去有些言过其实，实际是敬佩至极的。

张英　你怎么把克里斯蒂也和海明威、欧·亨利、奥康纳、麦尔维尔、纪德、雨果放到一起呢？她可是一个通俗作家啊！

马原　克里斯蒂虽然是一个畅销书作家，但是一直是我特别敬佩的一个作家，她的书尽管通俗，但通俗里面有一份高级，有一份可能很多知识分子都会体会到的那种优雅。在我心里，与霍桑、麦尔维尔相比，她和他们同样伟大，她一点都不逊色。比如读其他推理大家的小说，读多了，我会发现很多很多的破绽，就像下棋，我总是知道他们的破绽在哪里。但是读克里斯蒂，在几十年里，我极少能感觉到明显的败笔和破绽。如果说这是一盘棋，结局总是她战胜我。她总是出乎我的意料，给我一份惊喜。其余的推理小说家几乎全做不到。

张英　还有霍桑，他应该说也是一个通俗小说家，在文学史上也没有特别重要的位置，但是你对他也特别推崇，甚至是崇拜了。

马原　但是他对作家们影响特别大，很多作家特别推崇《红字》，而且认可《红字》的价值，也不是我一个人的专有，实际上很多大作家都推崇他。那些跟霍桑几乎完全是同时代的美国作家，比如麦尔维尔、亨利·詹姆斯，还有毛姆、海明威、纳博科夫，他们也都有与《红字》比肩的名著流传后世，但是这些作家不能忘怀《红字》对他们的影响。我记得写《白鲸》的麦尔维尔在《红字》还没出版的时候就曾说过，霍桑的短篇集《古屋青苔》足以和莎士比亚一比高下，他是我们自己的莎士比亚。这是一个大作家对霍桑的称道。

《红字》是一本奇特的，和以往、和以后的传奇小说都不一样的传奇小说。用我的话说，它的篇幅太过短小，但是涵盖又太辽阔，这简直是不可思议的，几乎是不可能的，但是它的确如此。一本《红字》你可以读几十年，我就是读了几十年，而且几十年你尚不能穿透它。后来我跟很多人聊天，他们也都说："专门赶过来听你讲《红字》，就是想，这么一本小说怎么就不能够穿透地阅读它？就希望能在你这儿得到答案，当然，最终你也未必给我们一个明确的答案。"但是，至少有一点可以确定，即《红字》是特别多义的，它可以有非常多的可能性展现在你的眼前。我觉得有两部文学史，有一部是大家习见的文学史，就是文学史家们的文学史。还有另外一部文学史，是作家们的文学史，是作家一直在阅读（的），是作家要向他的读者推荐的文学史，它跟文学史家的文学史有很大的偏差。

张英　你是什么时候读到《红字》的，它对你的影响怎么会这么大？

马原　差不多是30多年前了，最初读它的时候年龄很小，当时特别震惊。没有一本书像《红字》(那样)叫我寝食不安，因为没有一本书像他这么写，这很奇怪。那时候我就做了我这一生中最初的偷窃，我在图书馆借了这本书，爱不释手，我就把它据为己有了，然后我去说我把书丢了，图书馆公事公办，两倍的书价赔偿，我记得是八毛五一本，我交了一块七毛钱，这本书就成了我的私有财产。后来我中学毕业，下乡当知青，然后又读中专，到工厂当技术工人，后来又考辽宁大学中文系，四年毕业以后去西藏，一晃这么多年，它一直跟着我。我想，跟我最久的东西，除了我的身体器官，就是这本书了，弥足珍贵，这是我作家梦之初的一个偶像。

这是一本只关注人类灵魂的小说，它的主题应该是原罪、信仰、救赎、解脱、升华。《红字》写了一个完美无瑕的圣女的事迹。它写原罪、写仇恨、写阴暗的内心、写信仰、写救赎、写善恶因果。但是《红字》写出了什么？这个一下子就很难归纳了。人之所以为人，与其他生物最大的不同，大概就是人有灵魂了，灵魂这东西一定有点神秘，不然为什么科技如此发达的今天，它一直未被证明过确实存在呢？《红字》写的就是有关灵魂的故事，或者，回到上面的话题，它就写出了灵魂，写出了关于灵魂的许多方面，包括丁梅斯代尔的软弱和优柔寡断，那种所谓的灵魂煎熬在别的小说里你很少能看到，写灵魂受煎熬，通常是很难让人接受的。我相信如果小说这个行当还存在，那么霍桑和他的《红字》必定会一直被作为经典阅读下去。《红字》是一本可以一读再读而不停地读下去的书。

张英　除此以外，你现在还喜欢哪些作家？

马原 有些现代作家我特别佩服，像写《第二十二条军规》《上帝知道》《出了毛病》的约瑟夫·海勒，他是一个智商极高的人，大气磅礴。《美国丽人》（电影）是根据他的《出了毛病》改编的，《第二十二条军规》在世界销了上千万册。他把现代人的困境写得特别生动，是特别大的哲学家。海勒又不做一点抽象的讨论，他的书里全是那种"垂名千古"的句子，东扯西扯，全是扯皮，闹着玩儿。他是黑色幽默的代言人。生活中许多很智慧的寓言都含有黑色幽默的意味，但海勒是专利持有人。而且他是面对整个人类的境遇来幽默，绝对不是面对哪一群落的人，这一点与卡夫卡很像。奇怪的是，海勒一直是个畅销书作家。

有一些小说家，我是从骨子里蔑视的，虽然我的很多朋友很推崇他们。比如乔伊斯，乔伊斯写得不错，有些东西非常棒，像《一个青年艺术家的画像》《都柏林人》都写得不错。但是《尤利西斯》，我翻了翻，不堪卒读。那是一本为难读者的书，这个立意就让我非常反感。故作高深，你有多高深？普通读者都不理解你，非得专家研究你，猜测你。这种出发点就非常可笑。如果一个人要做高深状，内心就一定具有一种卑琐和阴暗。

还有100年后的作家都向她折腰的小女人简·奥斯汀，专写那些家长里短的，但是妙趣横生。写小说的人要是不佩服简·奥斯汀，他还敢说自己是写小说的吗？她写得太讲究了。

张英 现在，你的文学观点和以前的观点比较，发生了巨大的变化，而且你对文学的前景非常悲观，这样的结论是基于怎样的认识？

马原 变化主要是环境的变化带来的，读图时代已经来了。新媒体来了之后，传统媒体的书、报、刊肯定会萎缩。传统作家当年受惠于传统媒体，新媒体诞生以后，他们也必定要受制于新的媒体。我对传统概念上的文学持悲观态度，大家越来越不耐烦了。同时我还说，文学与小说这种东西是百足之虫，不可能一下子死掉。你就是把它的心脏麻醉了掏空了，它的肢体还会长时间地缓慢蠕动，死亡的讯息传到每一个触角可能需要非常久的时间。

张英　你说过，你希望自己成为一名畅销书作家，这句话从你口中说出来真是让我感到意外，你的说法跟很多和你同时代的纯文学作家完全相反。如果可能，你希望自己做怎样的畅销书作家？

马原　我发现自己在十几年时间里一直只读畅销书。在拉萨的生活到了后期，我越来越觉得前辈作家里大仲马、毛姆他们是最了不起的，包括很畅销的《格林童话》。我在八十年代中期就这么认为，我的大部分纯文学作品都是这之前完成的。畅销书作家我喜欢某一类，不喜欢另一类，比如西德尼·谢尔顿，我一点都不喜欢。我觉得他狗屁都不是。像斯蒂芬·金的东西，在我看来就是一堆垃圾。我特别特别推崇阿加莎·克里斯蒂，这就能看出我的取向。克里斯蒂更古典主义。稍微有一点古典主义情怀的作家，像阿瑟·黑利，他的写作方式很古典主义，几年才写一本书，每一本书要写透一个行业。他的态度、他的立意和出发点，他的结构方式，都很古典主义。从这个意义上讲，我的畅销书概念更具古典主义，就是古典主义小说。我不认为古典主义小说会真正过时，因为今天，大仲马、毛姆、柯林斯的书还是在全世界畅行无阻。在大多数书店，还是有《月亮宝石》，有《白衣女人》，有《基督山伯爵》。

在40岁之前，我更看重自己的文学创作对历史的影响，看重自己以及自己的作品能不能在历史上占有一席之地；40岁之后，我更看重能不能拥有更多的读者。我一直特别钦佩拥有广大读者群的作家，外国的如毛姆、大仲马、克里斯蒂，中国的如金庸、琼瑶，我并不喜欢金庸、琼瑶的作品，但我特别惊异他们的作品在汉语世界竟会产生那么大的影响，我希望写出同样为大众所喜闻乐见，但又绝对属于我自己的作品。

最近十几年，我不大敢看活人的东西。二十世纪八十年代中后期，我交了不少同行朋友，看了许多人的东西。这些年基本上没怎么读过周围人的东西。但是对时下畅销的书，我都认真对待，像金庸、琼瑶。不过都没有我感兴趣的所在。他们都差不多。相比较而言，在畅销书作家里头，我比较喜欢王朔，王朔的书我读得比较多。很不幸的是，在关于金庸的讨论里，王朔受到很多指责。公众的指责，我能理解。公众有自己的好恶取向，这无可厚非。我作为金庸、王朔的同行，我认为，王朔对金庸的说法是一个行家的说法。

张英 你担任过两次网络文学奖的评委，你对网络文学有什么看法？

马原 网上的东西感觉都是相似的，很有名的东西也都幼稚到极点。传统作家基本不在网上竞技、角逐，他们有发表渠道。上网写作的大多没有多少网络之外的机会。网络写作在传统作家眼里还是有问题，但是传统作家要守住自己那块阵地也不易。

关于创作

张英 这些年基本上见不到你的小说，开始说你拍电视剧去了，后来又说你做生意去了，你是不是一直在经商？

马原 我也一直没闲着。这些年里主要做三件事情：写小说、搞话剧、拍电视。十几年里实际上做得最多的还是写小说，但小说写出来的很少，状态不好，大多没有完成。我和朋友一起拉钱自筹自划拍了一部电视剧《中国文学梦》，因为我隐约觉得新时期文学的时代就要结束了，我想在世纪之交为这一时期做一总结。这个计划规模很大，采访了120多位二十世纪八十年代的作家，制作成24集的电视专题片《中国文学梦》，投资了100多万元。《中国文学梦》从不同的角度，记录了八十年代中国文学的盛况，对夏衍、冰心、巴金、汪曾祺等很多老作家做过访谈，这些作家已经去世，有很高的史料价值。小字辈则有格非、迟子建等。片长共720分钟，我兼做制片人、主持人，共花了三四年时间。可以说，这是一部用电视写成的1979年到1989年的中国文学断代史。这对我来说并不难，难的是资金、技术、市场，这些就不像原先写小说那样得心应手了。我真感觉累，身心都累，但并不后悔，因为人活着就要往前走，就要经历生活的各个方面。拍完电视剧，我又写了三个剧本：《谁能够喜怒哀乐自由》《都有一颗红亮的心》《爱的拒绝》，其中有两个已在北京公映。

张英 现在一谈先锋文学，就会谈到你那篇《冈底斯的诱惑》，你是在怎样的状态下写出来的？

马原 有一年我去青城山玩，那里突然下起了鹅毛大雪。我就在这大雪里面，心里一下子充满激动，糊里糊涂地写了十几天。等我写完的时候，我就觉得浑身的毛孔都张开了。我不知道怎么会那样子，写完之后自己也不是特别清晰。在那之前，我的小说还是有头有尾的，而那个故事突然变成那么一种很奇特的形态。当时我马上寄给《上海文学》，结果《上海文学》退掉了。过了将近一年的时间，小说手稿又辗转回到《上海文学》。过程挺复杂的，很多人回忆那个小说出来的前前后后都颇多感慨，后来也被说成是先锋小说历史上一个里程碑式的事件。

张英　在写作上你觉得天赋重要吗？

马原　当然了，我如果不谦虚地说，马原可能是个适合写小说的人，上帝让马原来到这个世界，给马原一点任务，赋予他某种禀赋的话，可能是写小说吧。我知道，在我写小说的时候，我也很容易走到小说的深处，或者是尽头。不管怎么说，如果小说是一条路或者是一条巷子，它肯定是一条很长的路，一个很深的巷子，能走到尽头的人，相比之下应该是幸运的人。我那时候刚过 30 岁，简直可以信手拈来，可以纵横涂抹，可以天马行空，真是特别奇怪。我在八十年代中期，就是刚过 30 岁的时候，确实达到了随心所欲的那种境地，怎么写怎么都对，那时候，别人可能以为我在做小说家，实际上根本不是，我就觉得，我心里有无穷的能量，个人的状态简直奇怪，简直是妙不可言，如有神助。

张英　今天，小说对你究竟意味着什么呢？

马原　我觉得小说对我与对其他很多人的意义不一样，小说，可以说是我要用一生心血热恋的情人，是我一生的理想和始终不渝的愿望。马原就是小说，小说就是马原，马原就靠写小说活着，起码在精神上对我来说是这样。除了写小说，我几乎没别的事干，也几乎不会干别的事，我平时所读、所写、所谈，都是小说。

张英　有好多作家和读者说你的作品在退步，比以前差，你怎么看？

马原　我完全理解他们的感觉，马原给人留下的前后印象毕竟太不同了，八十年代生龙活虎激进叛逆，可 35 岁以后就一个劲地走下坡路，而且有失重收不住脚的趋势，做派也由早先的先锋态势一转竟变成十足的保守派，任谁看到现在的这个马原都会这样想。我对现在这个写不出小说的马原越来越理解。我清醒地记得这样一件事：八十年代，美国"垮掉一代"的代表诗人金斯伯格来到中国，却让中国作家大失所望，因为他们发现金斯伯格已不是那个富有号召力、煽动性的诗人，而是近乎平庸且低调。当时我也很失望，但现在我理解了金斯伯格的心境，因而也宽容、理解了自己：人的心态总会随着年龄的变化而变化的。

张英　你们这一批当年的先锋派作家对中国文学所做的贡献，文学史会记住的。

马原　实际上，我们的写作就是比当时的文学超前那么一点，我不知道中国先锋小说是不是一个流派，我当时想做的，就是在小说上提供一点与众不同、新鲜的东西。当时外国文学对我的写作产生了重大影响，我不知道我的小说会不会先锋，会不会超前，就那么写了，有了反应我当然很高兴。就是现在也一样，在写作里，我也会尽力在作品里提供一点新东西，也希望能够在过去的作品上有所长进。唉，现在只有好的愿望和努力，只有写出来才能够判断好和坏，幸亏时间还很长，我还能再写二三十年，怎么说也能够写些好作品出来吧。

张英　在北京的时候听说你在写一本长篇小说，是什么题材？

马原　又放在一边了，最近比较忙。其实我一直在写，虽然不是很顺，一直没有拿出来，因为我一直不愿意写得与以前的一样，不愿意重复自己。可能没有太多的作家一生总能够跟自己不同，这真是个难题，但是我觉得应该去努力克服。

张英　你是不是决定封笔了？老是听你说要写小说，结果计划听了很多，但是，就是没有看见你的新小说出来。

马原　我还有些不服气，我还觉得我能够写出来好小说，但是有时候又觉得我自己完了，再也不会写小说了，写什么自己都不满意了。

张英　老是有人说生活比小说更丰富，现在你不写小说，是不是非常痛苦？

马原　不一定，每个人都有这种感觉——没有我地球会照样转。事实上，每一个人对这个世界来讲都是微不足道的，对于地球而言、世界而言，只是一个人是快点还是慢点而已。我觉得这是一种天意，在我（人生前）47年里，每一天都很匆忙，我一天懒也没偷过，活着偷不了懒。在我写作之后，我觉得我的生命没有小说是不能活的，但是我这10年内就没有写出小说，我仍然活着。我想说的是妻子不能没有，孩子是可以没有的，这话有点像是说胡话了。

张英　人为什么活着，不仅仅是为了文学吧？我觉得你对文学只是强烈热爱而已，像你突然去海南，做其他事情去了，也会有乐趣。我觉得人有很多乐趣，它不仅是文学，可能是你走出了小书斋，然后获得了更广阔的世界。当然，乐趣的程度是不一样的，也是彼此无法代替的。

马原　因为做别的事不能替代你说的那种快感。比如你要当一个公司的老板或单位的一把手，你会发现没有那么简单。如果你是公职的领导，别人可以很大胆顶撞你；你要是当一个股市老董，其实你会很犹豫，他们可以跟你干，也可以不跟你干；但是你当一个小作家，这种事情是不可能被替代的。实际上，还有一种事情，它像外面有一个墙壁一样，一个人不可能破壁而出的，在写作中，从来没有什么东西限制你，你完全不可能想破壁而出，因为完全没有什么壁的东西，完全没有界限，所以说写作的事情不可能在我的生活中真正地消失，真正不再出现的，这实在是不可能的，因为我需要的那种自由，是做上帝的那种快感。

张英 就是说你的现实生活是有很多局限性的，而在小说里你是绝对自由的，这就是作为一个作家的乐趣。

马原 对，是这样的。对一般人来说，最大的愿望是两种，一个是皮，一个是毛，皮就是健康，毛就是好心情，绝大多数人信这两条，更多人不会想得更远。我认为幸福不外乎这三点：健康、好心情、飞翔。

健康是很幸福的，因为我父亲卧床不起，这个时候我就觉得健康是太幸福的，健康太重要了，没有好的身体，就无任何精神生活而言了，神志不清有什么精神呢？有健康还要有好心情，如果你一时心情不好，你就不愉快。你当官一直想往上爬，但是不能走向你预想的最高位置，那么你做其他事情就一直不愉快。

第三种是飞翔的感觉。在很多年前，我和我的好朋友史铁生聊天，他说："马原你身体是那么好，有时候真的觉得你写作都是一种飞翔的状态，可是我只能脚踏实地，因为我身体不好，一辈子只能躺着，不可能飞翔起来。"我当时听了特别难过，他知道写作是怎么一回事情，所以他说生活决定写作，因为他对生活的想象和写作的根本首先就是脚踏实地的，他的作品也是这样。从外观来看健康，这话已经说了十几年了，现在我不可能是蹦蹦跳跳的年龄了，我现在这身体还能继续打球，但是不可能有太好的表现了，在球场上追杀的劲头大不如从前了，但至少我还是健康的，而且还可以飞翔。哪怕是我现在跳起来离地 80 厘米，虽然过去我跳过离地一米六五的，可现在 80 厘米还是能够飞翔的，我现在不能越过五米远，但能跳三米远，哪怕我在退步，但是我还具有飞翔的能力。所以我的生活是这样，我的写作也是这样，还是一种飞翔的本质，它就是自由！

张英　你从事过很多种职业，包括做编辑、给电视节目撰稿、写电影话剧，你觉得哪个更自由？

马原　这几乎是没法回答的，因为它们是相辅相成的、互相依存的、很难替代的。我写过很多小说，我之所以能做这么多的事情，首先是因为我有一个自由自在的飞翔的心态，这才让我选择做小说家。只要你稍微读过我的小说，你应该知道我的小说没有太多的"柴米油盐"，没有这种日常生活鸡毛蒜皮的事情，我的小说永远是一种自由、少年飞翔的心态。我记得爱因斯坦曾经说过自己是一个有神经病的人，但是他接着说，"我喜欢神经者和自然和谐者的上帝"，都是与道德有关的问题。那就这么说，我可能比爱因斯坦更加极端，所以说我的作品充满了生活的气息，我喜欢看得见的东西在作品里出现，而不是拘泥于那种社会价值无法把握的东西。

小说会灭亡吗？

张英　小说除了社会教化功能外，还有自身审美的价值。你是什么时候意识到这一点的？

马原　从八十年代中期到九十年代初，媒体和评论家给了我足够的关注，但我有个巨大的遗憾，就是没有人真正在内容上理解我的小说，太多的人讲的都是形式，都解释"马原为什么用这样的形式"，却没有一篇让我心悦诚服。马原用这样的形式自然是因为他有这样的内容。事实上这个话题不是今天才产生的，很多年来我和很多朋友都谈过。一个小说家用心地创作，却发现整个社会对他存在着巨大的误读，完全忽略了小说另外的重要部分，这是一个永远无法释怀的悲哀。而且我初始的创作动机不同于现在许多流行的作家，更接近于外国那些作古的作家，接近他们那种创作的热情。

如你所说，小说除了社会教化功能外，还有自身审美的价值。这是中国文学的两大块，我们只能择其一，不可能面面俱到。但是我国有文以载道、文必载道的传统，中国小说承担了太多的社会道德责任。哲学追求的是抽象的精神，而小说是具体的、实在的。

在小说里我一直非常注重阅读者的心理感受。这是我的独门特技。你刚才用了"行动文学"一词，说充满了动感。其实我们当时创作是一边生活一边写，我永远不知道我下一部小说的内容。

张英 许多人说你的小说好懂又不好懂，因为他们找不到意义。

马原 这是个老问题了，总有人说看不懂，问我小说到底说明了什么，我说我什么也没说明，你看一幅画需要说明什么吗？人们太习惯于一篇小说要给予什么、说明什么。我的小说中没有价值判断者，我会给你一个故事，这个故事可能复杂了点，不是一目了然的。

现在情况已经有所变化了，对于一百年前很难接受的小说，现在我们很容易接受了。先锋小说刚出现时，可能和读者的原有阅读习惯冲突，阻碍了阅读；后来新的阅读习惯经一代代作家培养起来，就减少了阅读障碍。

许多事物从异端到被公众接受，最后成为主流。我国现在的文学意识很多是模仿外国的，人家上百年走过的路我们十几年就走过了。其实我不太认可"先锋派"这个说法，我是个古典主义者，比如我特别强调小说的故事传统，这正是古典主义的精髓。我排斥意识流之类的小说，因为它违反了故事法则。我写的话剧时间、地点、人物、情节都是齐全的，只有这样，我才能感到快乐。当然我对真正意义上的传统是有所改良的，我不喜欢用"革命"一词，它意味着全盘的摧毁，摧毁之后再重新建设不是那么简单的。

张英　你为什么对小说的未来持悲观态度？

马原　小说最后的功能就是获取读者广泛的审美意义。我前段时间不写小说准备讲课时，就对小说的前途感到很悲哀。小说的消亡是必然的。有几个问题，第一是新的艺术载体如网络。假使小说还存在，它必然被媒体改为跟传统不一样的新东西。今天小说有如此广泛的影响力，与工业化是分不开的，如造纸业、印刷业等，随之而来的是小说功能的膨胀，有了过多附加的东西，与古典小说只有训诫和愉悦两种功能的情况越来越不一样，随着传播工具的进步，小说的功能越来越多。现在原有的工具被新兴的工具——网络代替，小说要生存，必须适应读者，上网的人都很忙碌，没有耐心阅读慢条斯理的东西，想看时最多到网上找一篇网络小说，花五分钟瞄一眼。所以媒体已经决定了小说的严重萎缩。

张英　在现代小说里，时间、节奏、速度比以前的小说快了很多，我们看十九世纪的小说，就觉得很难忍受。

马原　因为托尔斯泰的小说是在十九世纪，而你上大学时已经二十世纪末，过了一个世纪，对他缓慢的节奏自然难以忍受。而最近10年又相当于一个世纪。比如八十年代出生的读者绝对不能忍受八十年代的那些小说，不管是马原还是王安忆的小说。前几天我们参加一个网络文学的会议，他们把我们当作传统作家。老大是阿城，老二是我，还有王安忆、陈村等。余华是六十年代出生的，也被他们划到传统作家中。其他的年轻人叫网络作家。然后一些媒体竟然开始说网络作家和传统作家到底谁说了算。

一个世纪后，你都不能忍受一个世纪前的作品，哪怕是最伟大的作品。那么你想，今天的网络读者们又怎能忍受纸本小说？所以我说小说正在萎缩，正逐渐被淘汰。这是百分之百的。

张英　网络文学有这么大的力量吗？

马原　当然，现在连手机文学都出现了。你低估了电子时代的速度。当年连比尔·盖茨都没有预料到因特网会统领这个时代，我儿子现在十几岁，他已经不买书了，都是在网上看。50年后还会保留纸本小说吗？可能性微乎其微。

现在的网络小说都是在线下完成再贴上去的，还不是真正的网络小说，以后就是每笔每画都在网上完成的。这种方式和手段就决定了传统小说的灭亡。真正的网络小说是什么样的，这是传统作家不愿看到的，毫无艺术可言，因为他们的标准是时间和快感。我们看好的他们不喜欢，他们看好的我们不喜欢。

张英　但是，会有新的标准出现，垃圾是留不住的。

马原　新的标准会建立起来，这毫无疑问，但绝不是传统的标准，也不是他们的标准。这需要时间。虽然传统小说与网络小说相比，在网上的排名仍具有绝对优势，但是它对读者并没有产生很大影响力。我儿子在上网之前不看传统小说，他看他们这一代人写的东西，他们这一代将建立新的秩序和规则。因此传统小说将成为博物馆艺术，就像古典音乐一样，不再以日常的方式存在。

1979年以后，全中国有能力的都在写小说、读小说，因为那时候以精神形式为释放才能的方式。现在选择的机会太多了，只要你愿意，你做什么都可以，因此小说也不再重要了。

西藏情结

张英　为什么在"出国热"的时候，你去了西藏？

马原　当时出国很热，但我觉得出国没多大意义。我是东北人，我在中国的版图看发现最远的就是西藏和新疆，就决定去西藏。我1976年就想去西藏了，但当时西藏没有铁路。另一个原因是1976年我非常敬重的国家重要领导人去世，国家事务都停顿下来。两年以后考大学，四年以后大学毕业，我才有机会去西藏。1982年我才去西藏，当时大学生少，很吃香，学校担心人才外流，不愿意我出省。后来我再三坚持，学校才放我出省去西藏。在西藏一待就是六年，人生没几个六年。

张英　是为了文学去西藏的吗？

马原　不是，当时我自己都看不清自己，我也不知道我是否能够当作家。我相信性格决定命运这句话，什么样的人什么样的命。我最不能忍受知道自己今后的路是什么样的。可能我的小说写成那样，就因为我这人一生都在变化之中，从来没有真正清醒过。

张英　可是你的小说逻辑性非常强。

马原　你用辩证逻辑等分析是有逻辑的，但在常态时它们是不"逻辑"的。人不可能完全关注一件事超过两分钟。生活原态就是时而逻辑时而非逻辑的，你能用逻辑确定一个作家的创作吗？也能。大多数作家创作的过程是逻辑的，像推理小说，它自己不是逻辑的，但它可以做得像逻辑学的教程一样。

小说有结构不一定就是有逻辑。最著名的《怪圈》，小说看到最后却又回到开始，都不知道怎么回去的，这就是建筑的而非逻辑的典型例子。我的小说也常这样，是反逻辑的。我个人特别喜欢的是《拉开生活的三种世界》，它把过去、现在、将来混淆在一起。人的意识经常在过去、现在、未来中穿梭，可能有些神秘。世界分为可解析和不可解析两部分，真正的创作是不可解析的，像艺术、文学、神学等。《蒙娜丽莎》的魅力绝不在于它是逻辑的，好比王羲之的字，它的间架结构肯定比不上现在的正楷印刷体，但它却有印刷体不及的美，这也说明了逻辑无法进入美这个层面。现在评论家制造成卡车的评论，从逻辑层面解释，但没有能解释得清楚的。你凭什么就断然判断张三写得比李四好呢？艺术是用心领悟的，而非用脑解析的。

张英 去西藏对你的人生与创作起了非常大的作用，对你来说，离开西藏意味着什么呢？

马原 在八十年代莫言曾对我说，去西藏是你的幸运，他的意思当然也是说，离开西藏将是你的不幸。去西藏使我成了一个写小说的马原，西藏使我脱胎换骨；离开西藏后原来的马原也就不见了，原来的那种创作冲动、那种灵感、那种不可遏止的喷发欲望也就随之而去。回到东北老家后我才深切觉悟到：离开西藏是我一生中走错的最大一步。离开西藏的最后一步似乎成了一个分水岭，之后我失去了原有的心理平衡，一种强烈的失重感让我无所适从，我真不知道该做什么，还能做什么。回来后不久我写了一篇小说《总在途中》，说一个人从西藏回到老家后百无聊赖，产生严重的心理障碍，但不知道这种障碍是什么，这实际上也是我当时真实的心理状态。

离开西藏好像使我的一切都乱了套，我的生活也改变了，我虽一直试图冲出重围，却迟迟进不到原先的写作状态。从那以后，我再也没写小说，更确切地说，是没写成一部完整的小说。有时我不服气，想重新证明一下自己的余勇，写了几篇东西，但每一次证明都使我越来越清醒地意识到自己其实已经陷入困境，那情形很像自杀前的海明威，拼了老命挣扎。那种苦恼，就差用头去撞墙了。当然，我决不会放弃最钟爱的小说，没放弃寻找原先那个马原的努力。从1995年起，我每年都要用三到四个月的时间到某一个地方专门写作，海口、西藏、成都、深圳都去过，我手里现在有大量的手稿，可惜都只是某一部完整小说的开头。

张英 西藏被内地的文化人看作是灵感的来源，到西藏去搞艺术的人特别多，画画的、搞音乐的、摄影的，在当时好像成为一种潮流。你去西藏的时候，是不是人也特别多？

马原 对，大家都想去，好像找什么东西的感觉，像能发掘什么似的。如果你内心有需求，你就会发现西藏的东西特别多，你当然会有所获。假如你说马原当初去西藏写那么多小说，你也去西藏，这样的事情是有的，但是你去了以后回来，你发现你不会写什么小说，但是在别的方面，你也会有很多收获，它绝不会让我失望，我在这里再次赞美西藏。

西藏有几点特别的，一是全民信教，二是海拔特别高，离天近。我对自己早年的作品特满意，如有神助。我从1985年开始发现我原来可以这么写，怎么写都好。到32岁突然中断了，不知道什么原因。

在西藏的时候，你会觉得太阳每天都是新的，会觉得今天生活里可能会有奇迹，就是你有所期待。而且非常奇怪，我走过世界的很多地方，但是没有一个地方能让我像在拉萨一样，觉得每天都可能有奇迹发生，只有在拉萨会有这个感受。当然也有像拉萨那么神奇的城市，我曾经在巴黎也有过类似的感受，我当时和一个朋友在街上走的时候，我突然就跟他说："你给我三天，我一定会还你一个故事。"在拉萨的时候，我每天都能给你一个新的故事。你出门的时候，你就不知道今天会有什么事情发生，会遇到什么人，在八角街上会遇到你完全意想不到的人。说心里话，每个人都会有对奇迹的期待，但是谁会真的从自己的家里出去，突然遇到一个千里万里之外的人呢？在拉萨你真的可能遇到，因为全世界那些好奇的人都一定会对拉萨好奇。

我去西藏以前，已经差不多写了 10 年的小说了，绝不是因为我去了西藏才成了小说家。西藏确实是一个可以造就好的艺术家的地方，我知道很多画家到了西藏后成了大画家，比如陈丹青。西藏这个地方真的是造就了一大批艺术家。

张英 是的，西藏成就了多少作家、音乐家、画家！它像是一个宝藏，人人都能够找到自己想要的东西，你找到自己想要的东西了吗？

马原 西藏不会让有才能的人失望的，每次去都是收获颇丰。前两年有一大堆人去西藏，天才能够在那里找到自己的灵魂，平庸的人去了那里还是他自己，不是什么人都有收获的。那么多的音乐家去西藏，搞出来那么多的音乐作品，到最后都是些不伦不类的东西，像《珠穆朗玛峰》《阿姐鼓》实际上还是流行歌，西藏的味道并不多，跟《青藏高原》没法比——我觉得这是我听过的关于西藏最好的一首歌，那么伟大。我去年去西藏的时候，西藏做音乐的人说《青藏高原》太厉害了，像我们在西藏的人也写不出那么好的旋律，居然还有人能够把它写成歌，听了一两句有点热乎乎的感觉，真是了不起！像《青藏高原》也是绝唱，包括歌词都是那么好。

张英　你现在写不出小说来，主要原因在哪儿？

马原　我觉得离开西藏可能是我中断写作的一个比较重要的原因。我小时候看过一本书叫《把一切献给党》，是革命作家吴运铎写的。他写小时候他去小煤窑里做工，夜里去排队的情形。他说，他去得太早了，结果一个人都没有，他就躺到记账的桌子上睡着了。突然，他在梦里就觉得一下坠入万丈深渊，原来是工头过来把桌子从他身下抽掉了，他一下子落到地上。我觉得我离开西藏那个瞬间大概就是这么一个感受，就是身下一下子被抽空了。因为在以前的信念里边，西藏对我差不多是全部了，它就是我的心理依托，突然把西藏从我身下抽掉了，陷入一种虚空当中，完全不能适应。当然还有其他的问题，比如离婚、工作，诸如此类的一些事情，但是最主要的一个因素，我认为就是西藏，从 1989 年离开西藏那一刻起，我的小说写作就处于一种休眠状态。所以我一直在想，我写不出东西可能跟我从西藏回来有关系，因为我的写作资源断了。

洪峰

■

我写作的动力和压力源于生死

洪峰是我喜欢的作家，近20年以来，这个人写出了非常好的作品，却一直没有受到评论界的关注和肯定，也没有引起媒体的关注，更没有在图书市场上火起来，基本上是处在冰封冷冻的状态。这是个奇怪的现象。

多年以来，他一直居住在东北，在沈阳与长春之间行走，为人处世保持着低调的态度，出言谨慎，是那种典型的沉默而内向的人。也许是太寂寞了，当我以一个朋友而不是记者的身份和他聊天的时候，他的热情和健谈让我感到有些吃惊和意外，谈话于是变得非常简单。在谈话之前的准备工作都显得多余了，我只用打开录音机就行了，在近一个小时的谈话过程里，我只略做些提示，剩下的就是聆听。洪峰滔滔不绝的话，像一条河流涌了过来……

关于作品

张英　刚刚看完你的新长篇小说《生死约会》（我觉得可以把它称为《男人传》，相对海男的《女人传》而言）。你有没有考虑到，读者在读到你这个小说的时候可能会有两种反应：一种是连洪峰那么优秀的作家也开始写性爱小说了，很黄，你是在向市场做妥协；另外一种是觉得你写得非常好，比那些市面上的爱情小说干净得多，是不可多得的一部爱情小说。你有承受的心理准备吗？

洪峰 可能会有你说的那两种反应，我承认我有些担心这个作品会被误读，但是，我想作品本身还是比较干净的，它应该还是能够找到那些能够真正理解它的读者的，我相信，也会有一部分人喜欢它的。作品写完了，经过发表、出版，它就不再属于我了，属于被社会接受的公共产品，外界有什么样的评价，我是无能为力的，所以我会坦然面对。

张英 《生死约会》这个爱情小说充满了激情，这实际上是一个出生于二十世纪五六十年代男人成长的书，从某种社会意义上来说，也是那一代人共同经历过的人生体验，在道德与社会风气的压迫下，爱情与肉体的分裂给那个时代的人性造成了巨大的伤害，他们在经历那么多的苦难以后，才走近幸福的大门。对这部小说，你有什么要说的吗？

洪峰 我觉得你一点也没有误读这个小说。这个小说我写的是一个男人的成长历史，他有些笨拙，是那种老派男人，他成长得挺没有劲的，我就是这样的感觉。我其实老早就想写这个作品，但是总是找不到感觉，我觉得自己没有这个能力，而且这样的题材特别难写，更何况这世界上已经有过那么多的爱情小说了。到今年我突然觉得自己可以写了，然后就动手开始写，过程非常顺利，而且很快就完成了。这个作品究竟是怎样来的，我也不知道，可能是这么多年我的这些感受一直在内心深处，总是处在一种被抑制的状态，突然就爆发了，然后就有了这个作品。现在看这个作品，我还比较愉快。

张英 有一点我想说的是，《生死约会》这个作品非常好，但是从它的整体来看，结尾有些匆忙，甚至有点生硬，女主人公小南的性格变化过于突然，男主人公情感上的变化也过于简单，事实上他们在那么多年的分别以后情感和内心在突然重逢的时候是比较复杂的，但是在作品里，他们像是昨天还刚刚见过面的夫妻，太过自然了。

洪峰 嗐，这个结尾吧，我改了好多次，在《收获》发表的时候，根据编辑的意见后来又重新写了一次，但是，他们在发表的时候还是用的第一稿的结尾。我不知道在出版单行本的时候，他们有没有改过来。但是，结尾也确实很难写，我自己写了好几次，也不满意，但是，也没有更加好的办法了。

昨天你不是和我谈到结尾不好嘛，我深深感受到可能有很多人对那个结尾不满意，那我真是没有办法了。写到最后，我发现我原来设定的结局根本不是那样的，但是，写着写着，故事和人物自己有了自己的选择。最后我发现当人解决不了许多问题的时候，我们会偷懒，有的时候就解释为命运，大概也是对时下环境很多东西产生一种不能适应（的感觉），然后产生了一种看似很浪漫的态度，写到那个时候，我也没有什么办法了。

我曾经想过很多结果，但是又觉得哪一种结果都不是很现实，虽然眼下这个结果是不现实中间更加不现实的一种，但是这可能是我作为一个人的一种想法而不是一个作家的想法。其实每个人真的能够扭转自己的命运吗？但是又没有什么更加好的想法，我想那可能就是暗示一种生活吧，可能就是小说开头的题记中引用《圣经》的想法吧。说心里话，我写了大概有10个结尾，从精彩程度看可能有比现在用的那个结尾要好的，但是，我最后没有选的原因就是我觉得这些东西已经够骗人的了，可能是一种好的结果，也可能是一种差的结果。我写作一到黔驴技穷的时候，我都会让这个人死掉，我的很多作品都是这样的结尾（笑）。早期的小说都是这样的，一到小说结尾写不下去的时候我就想，算了，死了吧，然后小说就结束了。其实与其说是这个故事在说话，还不如说是作家自己的态度在这样想。

张英 另外，让小南在幸福和高潮中间突然死掉，好像也透露了某些你的心态（不知道它是不是受到了《失乐园》的影响，结尾差不多，有相同的地方），她苦了那么多年，如果他们重新和好，日子过得也很平常，这样的生活也是残酷的，因为它没有了想象的可能和新鲜感。像童话里的王子和公主，在千辛万苦以后，他们从此过上了幸福的生活。以后的日子该怎么过呢？现实是残酷的，小南和阿洪在以后的日子里会过得怎么样呢？答案我们都可以想到的，平平凡凡，没有了戏剧色彩和其他可能。

洪峰 我觉得你说的这一点我特别赞同，真的，就是你阅读完把它延伸过来就是你说的这么个问题，是这么回事。他们好了以后怎么办？也许他们以后的生活会遇上更加可怕的东西。咱们现在不讨论这个作品，就拿现实生活来说吧，两个人等待了那么久，真的能够那么容易走到一起吗？这中间那么多年的空白，怎么去填补啊，在这段空白中间，每个人都会有自己的许多经历，这些经历是否能够被彼此容忍和接受，其实这都是问题，他们该如何面对这些问题？怎么办？我实在想不出来。在这个时候我觉得我作为一个作家是最低能的，我认上这个账，我没有写好结尾。可能换了其他同行，他们能够处理得比我更好一些。

幸福的日子总是相同的，不幸福的日子总是各异的。是啊，他们重新在一起的生活可能就是和现实的生活一样，没有了光彩、戏剧性以及其他的可能了。写到最后，我也不甘心，但是，按照大部分普通人的想法，他们应该在一起好好过日子了，要个孩子，老老实实过日子。我觉得让小南死在幸福中间，也让她得到了永生。

爱与温情

张英　难怪有人说你够狠的，过于感性，作品老是随便死人。

洪峰　我希望在面对自己的时候也能够那么狠，而不是在小说里做给别人看的，我希望写作和生活是一样的，比如我不赞成我们在写作的时候内心是纯净的，在生活中却可以乱来胡搞，我不太喜欢。这当然没有指导意义，只是对我个人有意义，我觉得写作是我自己的生活，它应该是我生活的一部分，那我怎么能够把它割开呢？所以正是在这一点上，一些兄长似的作家觉得我过分感觉化，太注重自己的感受和太形而下，我想其实真正的一种形而下的形成必须有真正形而上的过程，它完成了这个过程才能回到这一点。

在阅读和研究方面，我自己对这些问题都是有数的，只不过一回到一种真实的生活当中，那些东西就变得特别没有用、特别没有意思。比如我在散文中间，很少去谈这个大师怎么样，那个大师是什么意思，我不愿意那样是因为我不高看自己，其实写作有什么牛的，也是一种生存的方式。从人的价值和人格这个角度讲，作家真的就比一个工人、农民高贵吗？不是。所以我觉得人的态度很重要，尤其是对生活而言。

张英　像你这样的写作态度实际上很清醒，不仅尊重自己，也尊重你笔下的人物，很少有上纲上线的，或者人为拔高人物形象，故意夸张煽情的，这也是对小说的尊重。

洪峰　其实你想，你写作不尊重自己的人格和内心生活，你去尊重这个世界，这可靠吗？肯定不可靠。在文学作品中间，也存在这种情况，就是自己对自己撒谎，不是那么回事情你非要说是那回事情，人为地拔高自己和笔下的人物。通过一定的技巧、手法也可能造成一定好的阅读效果，但是我想它也局限于一般的读者。假如这个读者有一定的修养，你就蒙不了他，他一读就能够体会作品本身的缺点和问题所在。我觉得写作就是自我医疗和自我修正的过程吧。我们可能通过写作来治疗我们自己心里的一些病，比如心理不健康，写作过程可能对它是一种清扫，让它干净干净。当自己被自己的创作感动了，你自己做人肯定也会慢慢变得好起来。

在生活中我一听见有人说搞文学的不好、坏，我就特别生气，我说文学不可能使人变坏，它是使人变好啊，如果它不能使人变得特别好、真、善，那它不是文学。其实这些年一些作家去责怪社会，说社会对作家的态度改变，不如说说我们自己在很多时候就不给作家长脸，为名利做一些违背良心的事情，比如拿了人家的钱去吹捧一些社会上的骗子和腐败官员，树碑立传，自己把自己的形象搞坏了，也把作家的形象败坏了。这是主要的原因。

张英　你的作品里有一种少见的温情，《锦州那个地方出苹果》生活气息浓郁，把战争也写得温情脉脉的。以至于有人说，洪峰在生活里可能是个"小资"情调十分浓郁的人。

洪峰　我想不管在什么样的背景下，即使是战争年代，人最美好的天性也会顽强地显现出来，所以我写的战争也没有太多的残酷，那里面总有一些挺讨人喜欢的东西，比如说爱情、亲情、友情，这些东西永远会让人感到温暖和幸福，那就是生活的魅力所在，也是文学的魅力所在。像韩国的一些电视剧在中国比较受欢迎，好多人也喜欢看，我觉得这种现象的背后意味着一些可贵的东西可能会出现，就是韩国电视剧里要表现的东西曾经是我们都比较熟悉的那些东西，那些古典、传统、温暖、纯真的情感，是不是又重新受到我们的珍惜和重视。我觉得这才是正常的，经历一段丧失以后，相对而言，只要你是一个正常的人，总是会渴望正常纯洁的情感。我想说在我们谈到的《生死约会》中间，我特别知道作品里肯定没有任何肮脏的东西可言，包括那些两性中间的描写，特别的干净。我不想把它放在审美的范围以内，但是它是我们写作者和读者都比较喜欢的人与人的生活。可能它不是特别完美，但是在这些过程中间，内心的许多愿望好像都是挺好的。但是生命的一次性决定了这一点，它总得出来，那有什么办法，其实对那些后来的人也不见得有什么提示作用，大家该犯同样的错误还是得犯同样的错误，写来写去，就变化成为你内心的一种生活了。

张英　你理想中的好小说是什么样的?

洪峰　我特别希望我写出的小说能够被所有不同年龄的人喜欢，如果他们能够理解我的作品，我就觉得是非常幸福的事情。好的小说应该有共同的品质，它们是可爱、好看、漂亮的。在我的写作历史中，《东八时区》和《和平年代》之后，我也写过很多作品，比如《海边河水也结冰》，也不能说它不好，那写的是历史上曾经发生的一些事情，那里面也有一些爱情故事，虽然我也能够把这样的小说认真写完，但是，它不是我特别欣赏的那种创作，我自己欣赏的创作是和我自己内心世界密切相关的，而且只要我去写那些和我自己不相关的作品，写作带来的快乐就少了，没有那种刺激。从这个意义上来讲，《生死之约》是属于我自己的，也是我自己最满意的一部作品。所以，你说你喜欢这个作品，我觉得你不是光在阅读作品，也是对我在生活里作为一个人的理解，是对我作为个人存在的一种支持，这是最让我欣慰的。尤其是你比我小 10 多岁，还能够理解、喜欢我的作品，我就更加高兴了。

张英　从《生死约会》这个作品来看，那个我们所熟悉的激情、血性的少年洪峰的青春期终于过去了，这个作品就给他的青春期画上了一个句号，他终于成熟了，长大成人。

洪峰　（笑）也该成熟了，琢磨琢磨也该完成了，潜意识里那种自我暗示可能就表现出来了。在写完这个作品以后，我又给《大家》杂志赶了一个中篇小说《跟自己说再见》，我想潜意识中间可能有你说的这种暗示吧。

它可能完成了我自己的生命阶段的故事。然后我再想，接下去我还需要做点别的事情，但是在写作中间我现在还没有想好。有一点是可以肯定的，我的创作生命与我自己的生命活力是相对应的，如果我的生命活力下降，我可能就不行了，在这一点上和许多同行比可能我是要吃亏的，我和朋友们开玩笑说：可能有一天我看见一个漂亮姑娘没有感觉了，我就不写作了。因为这个世界上已经没有什么让我感到很好的东西了，因为我觉得能吃能喝、身体好对于我已经是不太重要了。世界上就这两个品种：爱情和文学，要是觉得它们没有劲了，那活着就没有意思了。可能我关心的东西主要在这里，其他东西是派生出来的，战争啊和平啊，其实我想来想去也在这里面了。我记得西方一个作家说的话：其实一个作家一辈子都是在写一个主题。的确是这样的，我自己就是这样。

我所有的作品都是在写爱，在我的作品里，很少有读到恨的，因为我觉得人活着，没有什么值得恨的，人活着不需要恨，最坏的事情在过去许多年以后重新看，你发现还是没有恨的。

张英　所有伤心的事情会随着岁月的流逝变化，那些曾经的忧伤、痛苦会逐渐变得美好，人会宽容自己也宽容他人，生命变得更加纯粹、透明、美好。

洪峰 比如说很多感觉不好的事情，时间会把其中的很多东西过滤掉，会呈现出另外的意义，你去考察自己变化的过程的时候，你会发现自己曾经也活得很脏，你为什么对自己能够容忍呢？那他人的错误你应该也可以容忍啊，这个时候去看以前的不如意的事情，你会发现当初那个令你很生气的人其实也挺好的，生活里有许多不如意的东西，那也没有关系。一个现代人的标志应该是接受生活中很多好和不好的东西，许多人光接受那些好东西而不愿意接受坏东西，他并不是现代人。对现代人的理解我们如今已经没有差错了，其实现代人的最佳状态应该是古典主义的，最古典的就应该是现代的。我们所看到的一些不喜欢的作品，像你前面提到了什么"身体写作"这样的作品，我们不再欣赏，其实根本的原因在于那不是一个真正的现代人。现代人根本不应该是这个样子的。你活着，随着你生命的不断继续，你应该变得好一点啊，比如一个现代人要把从古典到现代这个过程之间人最初形成的然后在中间丢失的那些东西捡回来，否则我不认为你是现代人。

关于生活

张英 多年以来，你一直活在一种近似于隐居的状态里，在活跃的文坛上根本就看不到你的身影，找也找不到你。你是不是喜欢躲起来过一个人安静的生活？

洪峰 也不是故意的，我天生喜欢清静从容的生活。我仔细想想，快10年了吧，去年在北京一家出版社出书，因为签合同，去了一次北京，因为出版人的关系，见到了余华，在一起吃了顿饭。1998年看见过叶兆言和苏童，和他们在一起的时候，就是谈生活，之后我就没有怎么和其他人来往了。我喜欢现在这种安静的生活。一个人生活一点也不觉得自己孤单，反倒是一大群人在一起的时候，我不知道该说些什么，人还特别紧张。人就是活着呗，怎样都是活着，只要自己觉得好，就行了。

张英　一个人觉得自己生活得好，快乐、幸福、充实，就够了。

洪峰　我们把情感生活归纳为一种幸福，有的时候我们意识到这个时刻就失掉了，包括我为什么说和朋友们在一起的时候，在交谈中间面对自己的生活，每个人的体验有可能是同样的，比如你爱上了一个女孩，你得到了爱情，接下去是失去，你幸福过、痛苦过，在谈恋爱这一过程中你可能是幸福的吧，也是美好的。当一种追求的东西变为可以被规定的一种现实的时候，它完全就不一样了。

张英　我同意。

洪峰　有一句话说，人只相信他看到的东西。放在这里就完全不合适，所以越是这样你就越觉得每一个过程的开始对你来说都变得十分重要，然后越感到一种结果要出现的时候你就越紧张，恐惧就出现了，你的恐惧开始出现了，就变得比较吓人了。这大概也不是一种好的生活状态，一种好的生活状态应该和大家一样，知足常乐，过得挺好。我知道即使是一种很稳定的生活也伴随着许多不满足，这种不满足，如果是双方的整个知识结构、文化背景都比较接近，还好说，如果背景差距很大，这种不满足可能会导致一种新的问题出现，甚至是悲剧。反正就是这个过程很好。

张英　在生活中，你写作的动力来自哪些东西？是什么东西让你一直有兴趣写到现在？有没有压力？

洪峰 说出来不好意思（笑），我特别怕死，经常被这些东西搞得睡不着觉，有的时候会在半夜醒了，就会很害怕，就得唱两句歌，把这个劲给缓过去。还有就是你在特别得意、幸福的时候，也会想到死亡，这样我就想，我得去寻找一些答案，去解决我内心的恐惧。咱们要解决这问题也没有什么办法，只能靠读书，读了很多种，读哲学的、宗教的，读一种书有一种答案，然后就写一个小说，比如写《第六日下午或晚上》《走出与返回》那个阶段就是一种不想活的状态。后来因为解决了这个问题，又写了好多好多别的小说，结果有了很多很多答案，于是有了很多小说。但是到后来，我发现这个问题没有已知答案和真理，这些年这个问题困扰着我，没有真理帮助我解决这问题。我曾经和人争论过：人为什么会死呢？太没有道理了。对方告诉我，这很简单，自然规律呗。我的意思是说，我既然要死，那为什么要生下来呢？这问题其实有好多人问过，但是始终困扰着我，而且影响我的日常生活。到现在科学还无法解释人为什么会死，什么也解决不了这个问题，可能到最后就导致了我对这些问题的追问与思考，像你刚才谈的我那些作品，就由此产生了。

我现在有某种特别的愿望，你知道你活每一分钟都面临着另外一种可见的结果，所以你就特别希望这个时刻能够好一点，大家都好一点，我们在表达的时候就倾向于朴素一点、普通一点，我不愿意去引用什么其他东西，我想那些东西对我们没有什么帮助，最后剩下的就是我们对这个世界的感受。比如说这些年来我没有形成那种压力，我当时刚刚开始写作，被一些人知道，不就被评论打了一家伙，说我是追随马原，我是马原模仿者，还被人直接列举我的《极地之侧》是模仿之作，我当时觉得特别委屈，非常痛苦。但是我的感觉是好像挺过那个时刻也并不是很难，我当时就想，就是模仿或者不模仿马原又有什么呢，那马原模仿谁我们也不知道。我觉得你如果承认文学是个传统就别介意那些事情，终究有一天你会写出确实与众不同的作品的，是否能够写出与众不同的作品也变得不是那么重要了，因为你渴望那是一种生活，你挣扎努力了半天确实是你自己需要的一种生活，有的时候你在日常生活里找不到你想要的生活，可能你在艺术中间就找到了，它表达了你内心的一种声音，就会被一些人听到，他们可能理解你，这就是幸福的事情。我有时候甚至在想，等我到了晚年，我会和一些作家共同买房住到一起，然后互相照顾，谁死了就把钱留给那些活着的人，谁先死谁划算，他不是很孤独地离开人世，很温暖。

我想的东西不是特别理性，总是想寻找对生活或者对自己活着的那种状态和感觉，我知道如果我对生活失去了特别好的感觉和愿望，那个时候我就不会再写作，因为实在没有什么意思。你比我小很多，在读我的作品有些时候你可能会喜欢，也会特别感动，在这样的意义上讲我可不可以这样评价自己：我比你多活了好多年。有时候我会问自己，我少睡一个钟头，是不是就可以多活一个钟头呢？这样的念头我也说不清楚。许多人会笑话我怕死到这种地步，但如果可以用许多人的生命去换一个人的永生，如果有这样一种方式可以去维护人的尊严，那我特别愿意献出我的生命，我觉得挺好的。我觉得人在生命这个问题上特别没有尊严，特别被动。什么时候我们能够自己做自己的主，那我们就彻底解放了。

走过的路

张英 我前些时间和一些年轻的评论家聊天，我们发现一个奇怪的现象，有些非常优秀的作家，由于他们不在北京、上海这些引人注意的大城市，他们的作品非常优秀，可就是得不到评论界的关注和肯定，比如像你这样的作家，有那么多的作品而且很好，但几乎被评论家所忽视，这是一种很奇怪的现象。即使是在先锋文学热的时候，人们更乐意把你放在以马原、余华为代表的先锋派文学的阵营中间，也很少有对你作品细致的解读和评论，新闻媒体对你也很少有报道，你觉得这样的现象是什么造成的？是不是觉得有些委屈？

洪峰 委屈倒是说不上。从我写作开始，我就知道它是一种个人行为。多年以来，支撑我写作的动力是我在写作和阅读中间得到了快乐，这应该是主要的原因。我觉得你所说的现象也不局限于我一个人，有好多优秀的作家，面临的都是这样的状况。

以我个人来说，这大概是因为我在大学读书的时候是搞美学的，自己有一些很固定的想法，不那么容易被评论界的意见所左右。另外可能在漫长的读书、旅行中间，我并没有因为读了很多书就觉得自己格外聪明，反倒经常会觉得自己的理解力下降了。所以一听见一些评论家在谈论文学作品的时候用那么陌生的术语，心里就觉得比较烦，这种时候就会表现出某种不合作，或者是涉及个人之间的关系，我想这也可能是原因之一。因为我特别清楚我们文学目前的状况，就跟足球界的情况差不多，不是特别干净，很多人都希望自己在文学潮流中间充当一个领袖，或者要大家认可他自己是第一的，但事实上我们知道体育是有第一的，小说这样的东西就很难评出第一，就像你说我写的作品很多，也很好，为什么会受到评论界的忽视和冷落，让我自己找些原因，我只能找这个原因。

但同时对自己的写作我心里也很有数，我的作品究竟怎么样，我猜测我的同行们心里也有数，正是因为这样的状况，我心里还比较平静，因为我想文学史会是这样的状况：经过很多年，它把许多作品淘汰掉，然后会剩下一些作品，我希望我的作品是能够在这些作品中间的。我特别希望这样：有人在 2001 年拿起洪峰在 1991 年写的小说看，他会说，哦，这还是个好小说，再经过很多年还是个好小说。正因为是这么想的，其他的想法就顾不过来，包括我在北京鲁迅文学院的那几年，我都不太愿意参加同行们的一些文学活动，我觉得许多活动和文学没有什么关系。另外可能是因为我个人的性格比较孤僻，说话比较直，不招人喜欢，让人不是很高兴。其实你也知道，现在许多人觉得文学本身已经成为一种互相帮助的活动，他们不理解它是一种个人行为，如果得不到帮助，那么作品在批评界得到关注的机会，以及得到出版和发表、获奖的机会，都会减少，所以大家要相互帮忙，一起搞很多活动。不过，我觉得现在这几年的情况要好多了，许多更加年轻的评论家，包括郜元宝、谢有顺等人出现以后，这样的情况得到了改变，他们是认真地在读作品，对这个时代的文学在认真地进行发言。

张英 现在，你会关注一些新出现的年轻作家的作品吗？

洪峰 我觉得这个时代总是一种年龄的争夺，它总是要让位于年龄，比如我们上一代的作家，无论是从作品还是从作家的意义上，都逐渐退出人们的视野，让位于年轻一代的作家。如果我自己靠作品能够争取到许多更年轻的批评家或者是同行的肯定，我觉得作为一个写作者，我会很高兴的。这其实远比你在一个时期内被文学界和社会注意，过了几年，你不再是一个作家，写作也不行了要好得多。因为我一直把写作当成我终身的事情去做，比如说每一部长篇小说我都希望它能够对我自己产生刺激，这一部长篇小说写得很好的话，我就不会借这个劲再去写，而是休息、读书一段时间。

张英 这些年有关中国文学在世界文坛地位提高的说法很多，包括有人乐观估计中国文学已经和世界文学平行、中国文学已经成为世界文学的中心。你对目前中国文学的面貌与状态持有什么看法？

洪峰 我觉得中国整个文学的状况并不是像人们估计的那样得意、乐观，文学整体的水平不是特别高。马原当年搞《中国文学梦》的时候对我的采访就涉及这个问题，他的意思就是说，他采访了中国几十位作家、批评家、编辑，我是属于对中国文学整体水平估计最悲观的一个，因为我觉得中国文学作为一个大传统，还很难说已经很彻底、很好地汇入世界这个传统中间去。其实这些年我们在文学内所学习的东西，还是直接源于现代西方哲学，这些东西在一定时期内给中国文学带来了一些革命性的变化，但是最终我们也进入了另外一个误区，比如说美国从二战以后就不再产生那种大师型的作家，一个很根本的原因就是美国文学里那种很温暖的理想色彩丧失掉了，比如说每一个作家都变得像坏人一样，吸毒、嫖妓……乱七八糟的东西什么都干，然后去写作。我就总想，一个人把自己的生活用一种高高的状态，在写作中间表达一种理想是很困难的。我们的文学这么多年，从八十年代中期开始到现在，我觉得文学真正有革命性的变化，还是在马原出现以后开始的一段时间。在此之前，我看了很多作品，觉得它们还是没有提供一种新的写作经验和新的写作想法。

张英 被评论界和媒介冷落了这么多年，你对自己的写作有没有失去信心？读你的作品总是有一种很温暖、透明、纯净的感觉。

洪峰 我一直记得我在 1985 年刚刚开始写作的时候（那个时候我还是《作家》的一名编辑），史铁生对我说，写作这东西在技巧、花样玩完以后，最终还是要靠作家本人的想法和人生体验来写出好作品。一个好作家最主要还是能够把人们讲过的故事重新讲述，然后赋予它新的意义。我现在的写作还基本上是在向这个方向努力。其实比较熟悉我的作品的读者都知道，我的作品题材很少是别人没有写过的，你把它的故事啊、细节啊、情节啊单挑出来，其实一点也没有什么新鲜的，我想我的作品与别人的作品不同主要是因为我对一些事情的评判和态度不同于别人，读起来有另外一种东西。说实话，其实我还是怀着另外一种希望，可能会有一天，有些读者、评论家从我的作品中间能够看出，我所真正要写的东西是什么。包括现在，我就是不想说我写的是什么东西，因为我觉得，如果一个真正的作家写的东西别人看不出来，肯定是这个作家不行，你声明了你在作品里写的这个那个别人看不出来，你的意图他无法领会，肯定是你自己输了。

但是，我心里边还是有数的，也正是因为这个，这些年熟悉我的朋友都知道，我的心态特别好，活得比较安静，最后也憋出毛病了，参加一些活动，人就特别紧张，不知道该怎样面对大家说的一些话，比较困难。曾经看过郜元宝和胡河清对我作品作的评论，他们说的一些话，特别对我的心思，我对这类文章充满了感激，我不在意他是否说我作品如何好如何坏，我特别介意他们是否知道我作为一个人是一种什么状态。郜元宝 1988 年在他文章里说我特别注意写一些很温情的东西，我觉得他真正看出了我作品表达的意识，这令我很幸福。

我记得我在北京鲁迅文学院的时候，曾经和余华在一起讨论小说应该如何写，我就特别介意这一点。我当时的想法比较简单，这么多年过去了，现在我依然这么简单。我的想法是，人活着总得有个理由，你总不停告诉我们这个世界是荒诞的，是丑恶的，但是你为什么活着呢？人活着肯定是有所依恋的，所以支持我们活下去的东西可能有时候比较简单，比如说一个好女人，或者是这几天的一顿好饭，可能就使你活得很快乐。一个人的精神和情感很难坚硬得像冰一样，能够面对那么多的人生烦恼和问题。所以我想这个东西其实并不单纯是文学所要表达的，它是日常生活中间我们每一个人都渴望的一种东西，就是我们在家庭关系、同事关系中都有一种温暖的情感存在，他觉得活着很快乐。

关于想象力

张英 你是被归纳到先锋作家之列的作家，作品题材范围广阔，变化也很大，令人应接不暇。从乡村到城市、历史到现实，你用了那么多创作手法和技巧，一步步从对外在世界的思考转入自己的内心生活，作品也返璞归真，越来越简单，这样的变化是否意味着你对文学的看法有了转变？

洪峰 像这些年有些评论家也说我是先锋作家之一，为什么在那个时代没有被人所关注，事实上我从来都没有想过，从我开始写作的时候我也没有想过我要做一个先锋的作家，或者是做一个写实的作家。在我刚刚开始写作的时候，每一种写作方法对我都是一种认识世界、理解世界的方式，掌握叙事的一种手段，打基础的过程。在我的作品结集出版以后，我发现中国文学这些年从国外文学引进来的每一种写作方法，我在作品里都使用过了。试过之后我才发现，哪种写作方法不合适，哪种写作方法是可以的，最后都不重要。而你想要写的，你的需要是什么，这是最重要的，其实你心里应该清楚。我想作家姿态放在第一点：你把你作为存在的一个人去看，你活着的时候其实也需要许多温暖的感觉，需要别人爱你、喜欢你，你也同样去喜欢别人、爱一个人，所以你在作品中不可能去装腔作势、去搞些别的。有的时候大家也会想些别的，更加抽象的东西可能多一些吧，比如当年我读到胡河清写的《洪峰论》的时候，我读完以后就有一种感觉：特别想哭。别的评论家评价我的作品是什么东北男人的粗犷，而他看见的是另外一种东西——我作品里的温情和软弱，这让我特别感动。同时，一些小说家也看出了我在作品里表达的东西。我记得在

1991 年的时候，到张家界开笔会，我头一次见到山西年轻小说家吕新，他就对我说，你怎么长得那么壮啊，看你的小说，我觉得你是个又瘦又弱、有病的人。他能够那么敏感地从我的作品中间感受到我的内心世界，他没有被我作品的那些表面呈现的东西所欺骗，而是看到了我的内心世界、我在作品下深藏的另外一种面貌，我听了他的话以后深有感触。好多评论家都对我的作品写过评论，但没有引起我内心的反响，就是因为我总觉得他们所说的和我内心所想的和写的是两回事情。

张英 关于评论，这可是一个老话题了，你应该是对此感受最深的，你对现在的文学评论有什么看法？

洪峰 其实我对现在有些二十世纪六七十年代出生的年轻评论家有非常好的印象，他们都比较聪明，有智慧、有学问，他们对于作品的理解都是建立在自我内心世界的一种感受上的，文章里很少有专业术语，也不是老在那里搞新的理论派别，他说的是自己的声音，而不是像其他的评论家一样，让自己变成一个大师、学者的代言人，最后就是没有了自己的声音。

但是有一个问题，总体上大家都比较忙，不是生活的忙，而是大家都急于建树，没有面对自己的时间。看现在任何一篇文章，引用的观点非常多，都挺有学问的，最后发现他在那里基本上是自言自语，他不解说作品，也不管作家写啥，结果就造成写作和批评之间没法相互尊重起来。有的时候你看了一篇批评就觉得还不如不看，你引用了那么多的理论，怎么写得那么浅？反正觉得他们怎么那么没有思想。我特别希望那些敏锐的、聪明的年轻批评家，能够关注今天刚刚出现的年轻的作家，对他们的作品进行解读和评价。

张英 谢谢你的鼓励，我想今天那些年轻的评论家，都面临一个问题，即如何在掌握许多知识的同时，走出书本和理论体系的围栏，以自己的心灵去体验、阅读作家们的作品，做出自己的评价。以感性、敏锐的判断能力和理性、冷静的专业修养，写出准确、清楚、鲜活、简单明了、一目了然的文章，这应该是大家要去做的。我希望评论文章和文学一样，也应该是有趣好读、容易懂的，这正是我的理想。

张英　现在，评论与文学作品之间的关系非常奇怪，大家彼此都不买账，作家说评论家没有好评论，评论家说作家没有好作品，大家把文学被冷落的原因同时丢给对方，弄得彼此之间的关系也很紧张。你觉得好评论和好小说应该是怎样的？评论家和作家之间的关系应该是怎样的？

洪峰　我觉得好评论是这样的——在某种意义上讲，评论家与其说是在给一个作品定位好坏，不如说是给一个作家的内心世界定位，当他这样去评论文学的时候，他就找到了解读这个作家作品的最佳方法。比如我也不可能喜欢所有作家的作品，我觉得你可以不喜欢某个作家，但是你不能随便说人家不好，他涉及的领域可能对你来说完全是未知的。你所受到的教养、教育体系、爱好，包括你对艺术的某种偏爱，都可能导致你对某种作品的喜欢和不喜欢，但是你的这种偏爱并不意味着这个作品不好。因为这个作品对它的作者来说，是解决他自己的问题，而不是解决你心里的问题。

但是严格说来，我对那些没有想象力的作品真是不喜欢。因为我觉得缺少想象力、把想象力禁锢的写作，我是不能接受的，对这样的作品，至少我是拒绝评论的，我不会说不好，因为大家的能力不一样，可能在某方面他的能力更加强一些，而我更加弱一点，这种丰富可能对写作是需要的，总是有人写这个或者那个的，比如说有人就是为得诺贝尔文学奖的，有人是为茅盾文学奖的，有人是为自己而写作的，这都挺好的。如果中国的作家们都摆脱一些特别功利的想法，大家互相有一种良好的愿望，或者说彼此对各自的写作采取一种宽容和祝福的态度，它本身就会变成一种生活，不同的领域里面都会有不同的生活和不同的环境，这样的文学形态是非常不容易的。如果中国作家在面对面和背对背的时候所呈现的面孔是一样的，其实这本身就让人期待，那种温暖的感觉比写作的好坏要令人高兴多了。其实仔细想，人活到一定的岁数就会发现，人活着本身所包含的东西并不是很多的，你写作成就的大小到最后的时刻对你本身并没有多大的意义，像西方的一些大师到了晚年，都会面临这种困境，如果中国的作家和评论家之间的关系特别好，在一起的时候特别开心，离开久了会特别想，打个电话，写封信，背地里别说坏话骂人，这是特别好的情况。这样的关系应该和日常生活里的人际关系是一样的，从这个意义上讲，我对中国的精英文化特别特别不信任，我觉得那些精英，有些人我看见过，有些人我没见过，对他们的行为我也知道一些，他们本身都不精英，你不可能信任他们，对这些东西我也有些直言不讳的想法会使人不愉快吧。包括一些作家同行，日常生活中关系虽然说也不是很恶劣，可能我的一些行为比较出格，又可能忽略了别人的一种现实的需要，结果说来说去变得令人讨厌，现在最好的方法就是自己管自己吧。

关于理想

张英 你的作品对日常生活特别关注，你的创作几乎涵盖了新时期文学的整个步伐，从乡村到城市，从历史到今天，人与土地，人与城市，少女与战争，英雄与平时，你始终在关注人的现实生存状态，记录着时代的变化、人的变化、生活的变化、情感的变化，与那些假大空和为市场的写作拉开了距离。你在现实土地上寻找着自己的理想，你为什么会选择这样的写作？

洪峰 现实生活给写作者带来许多方便，它写起来不费力，这是有原因的，因为日常生活中间一些行为和过去不同得多了。过去的生活我们可以归类总结，就那么几种，但是现在不一样了，几乎每个人在自己的行为上都会有特别的东西，比我年轻的一些作家，他就可以把自己的生活写进小说里去，这些东西又是现实中人的关系的描述，它很难就不是小说了。

我强调的想象力，其实确切地说是一种理想，这种理想不是我们所习惯的一般意义上所说的理想，我说的理想就是对人间一种很温暖的情感的渴望和一种需求，这已经构成一种理想了。就像我们现在这种理想，绝对不是要改变这个世界，或者是要给我们生存的这个环境带来某种革命性的变化，其实已经不是这种东西了，它就像美国在二十世纪六十年代很流行的一句话：集体英雄的时代已经结束了。这个时候更加看重的是一个单个人在世界里的表现，甚至一个时代的精神是通过个人的品格去表达的，而这种东西它就不是在生活中间随处可见的。

想象力的含义甚至不是我们一般意义上说你作为一个作家，能够瞎编一些故事，而是一个人在现实生活中间的精神想象空间。我们读到的许多作品在这方面是欠缺的，他只能把这个故事经过想象写出来，他所渴望的东西在现实世界中已经得到了，但是他自己在内心寻求的那部分东西往往还是模糊不清的。其实在很大程度上，目前的现实，有点像是把什么东西都打坏了，又什么东西都没有建立起来，在这种过程中，人们发现，每一种东西都是理想，每一种东西又都是现实，这大概是因为我们缺少一种宗教文化中拯救的东西、原罪性的东西，或者对地狱恐惧的东西，可能理想就丧失掉了，每个人都满足于对现实的享乐和获取所带来的一些东西，忽略了精神和心灵的焦渴和满足。我经常在想，等我到了晚年回忆自己的生活，我会想我这一辈子是不是过得有意思或者很没意思，在这一路上是不是伤害了很多人，回忆不多就过去了，连供我忏悔的事情都没有，或者是这一辈子糊里糊涂就这么过来了，这让我想起来就害怕。我想我们现在的一些创作，它就是这种样子的，是原封不动的，我想我们不必考虑现实主义和现代主义，我想文学作为一种存在，肯定是要表达人对理想的需要，它是人对一种温暖情感的特殊渴求，好像这种东西眼下比较少。但是我并不能责怪一些同行，你就努力那样干吧，想写什么就写什么吧，因为他也是在写作，我想我可以宽容到这种地步：即使是地摊文学，他毕竟不是在偷东西吧，他也没有干坏事情，你就别要求那么多了，你自己渴望的东西你自己去表达。如果有你自己的同类，他能够接受和理解你的作品，这也就行了，现在一个作家在这个时代里能有多大作用啊，作家不可能去改变这个世界，作家最大的意义就是他的作品能够在一些人的内心得到反馈和回声，其实作家的作用就在这儿。我觉得这个过程是自然的，我不像批评界那样着急，也不像同行那么疾恶如仇的，我相信那些东西会自然淘汰的。

我注意到这些年你一直在跟踪中国文学的创作走向，采访了好多作家，可能也有这种情况，你会发现，这里面有些作家到后来也慢慢不是作家了，因为创作需要以实际的作品去说话，他所呈现出来的那种理想逃不脱一些聪明的批评家的眼睛，也逃不脱一些作家同行的眼睛，他慢慢地就被淘汰掉了。在这种过程中，作者和读者的素质也会不断地提高。当年的一些小孩子喜欢琼瑶，现在的大学生可能就不再看了。

张英 我对很多优秀的中国作家是有失望心理的，他们的才情和天赋决定了他们是能够写出好作品的，但是，当他们有一天放弃对文学的思考、对生活的观察、对时代的洞见的时候，用感官、身体去写作而不是用大脑写作的时候，对这个正在变化中的社会采取一种视而不见的态度的时候，我觉得文学的力量就丧失了。

洪峰 那就是你们这些批评家的责任啊，我觉得对这样的文学环境，批评家是要负责任的，在这个时候，批评尤为重要。我想你的失望也包含了对批评家的失望。你说中国的批评家真的傻吗？不见得。我想有很多批评家都看到了这一点，为什么还那样视而不见呢？这要问他们自己了。所以我觉得中国的知识界有一个很大的问题，他们很少去想自己，不太去批评自己，总是眼睛向外。我们知道，有些学者有着非常强烈的自省意识，有问题出现的时候首先考虑的是自己有没有责任，找来找去他发现自己是有问题的。其实我觉得我们的一些作家、学者还来不及达到这一步，现在应该首先解决这个问题：面对还不是特别复杂的环境，还不是特别强烈的物质诱惑的时候，我们顶不顶得住？现在，好多批评都是怎么出来的：有人掏钱开作品研讨会，请了一些批评家去参加，去了又不得不说话，有时候说的话自己也不一定喜欢。因为批评家拿了一些钱，他在说话的时候，自然就会说好话，但是你说的话会变成文字，产生影响。拿钱写的评论文章自然就没有力量了，然后这些文章又靠钱发在报纸上，整版整版地报道，去引导读者购买他的书。读者在买书读过以后，发现根本就没有评论说得那样好，这样的情况多了，他不会再相信批评家和作家，影响读者对文学整体的看法。有一些批评家在这个时候就硬顶住了，也有一些批评家良心不安，他会承认自己就是胡说的，当时就没有办法，就那么说了，其实我不是那么想的。

对我个人来说，我从来都不会否认我自己的过失。如果一个人曾经干了一件坏事的时候你不喜欢，但是反过来想想，有的时候轮到自己也有可能去做，以比较宽容的心态去面对这个世界，你创作的心态就会不一样，有一种新生的感觉。

张英 在你们这批作家中间，有些作家始终在向前，作品保持着稳定的水平，有些人的变化是很奇怪的，越来越下降。作家的创作水平有高潮和低谷，变化和波动起伏也很正常，但是有些作家的作品水准的下降，一看就是屈服于现实物质利益的考虑而导致的，这让人无法忍受。

洪峰 你说的让你失望的现象我觉得是很正常的。其实，现实对每一个作家来说都是相同的，为什么有的作家选择了这种，有的作家选择了那种？我觉得他从根本上就是那种东西。所以包括我过去的一些作家朋友，他们做别的，不再写作，我都一点不觉得奇怪，特别正常。因为他们在搞文学的时候并没有真正喜欢过文学，文学和他现在的选择一样，只不过是追求名利和物质的工具、手段而已，有很多人是用文学来混生活的。所以这些变化没有什么奇怪的。

张英 记得在几年前我和一个朋友就对中国作家的创作寿命太短做过探讨，有些作家在自己的创作刚刚达到成熟的时候，水平就止步不前了，朋友对很多作家的成名作品就是这个作家的毕生代表作品这一现象提出尖刻批评。作为一个还在生长中的作家，你对这一现象有何看法？

洪峰 我可能是国内比较少的会经常阅读同行们作品的人（现在很多国内作家都去当大师了，都声称自己不看国内作家的作品，把眼睛投向国外的作家作品），因为我特别介意我的同行们在写作上走到哪一步了，自己的作品是否比他们的差。但是，我和你有同样的感觉，很多人都在不断地写，但是好多年里，作品却一直没有变化（我说的变化不是像批评家说的手法变了、题材变了、主义变了那种变化），我指的变化是他自身在精神境界上的变化和提高，这一点是可以从他的作品里看出来的。不管你多么能编出好看故事，你这个人的精神境界是庸俗还是高贵的，都能够在作品里读出来。所以我感觉到有这种问题：有些我喜欢的作家，包括有些我非常尊重的作家和创作上的兄长，读着他们的作品，我心里逐渐开始不太尊重他们了，这个时候我心里就觉得挺失望的。突然觉得自己完全可以给他们做老师，但是又不可能去教育谁，只好写自己的东西。

我现在经常写一篇散文，隔一两年清算一下我自己的想法。我当时写散文的时候有一个比较单纯的想法，可能我在很多人的眼中，还是值得他们注意的人吧，我特别想让他们知道，洪峰在这两年里，在想些什么，在做些什么。特别希望让一些关心自己的人所了解，我总是觉得，写作在很多时候就是为自己找个朋友，比如说，突然有一个人告诉你，他正在读你的作品，正读哪一段，有什么感觉，你听到后会特别快乐。这样的阅读的交流，比起来那些批评家的意见，要有意思得多。

我不喜欢那些把简单东西复杂化的文章，甚至会把日常生活里的常识神秘化，或赋予超出原来事物内在所能承载的意义，这样的文章和作品我不喜欢。在当年我开始写作的时候，我就和搞写作的朋友争论过。有一年我和李劫、史铁生在一起，讨论创作的问题，他们都是我尊重的兄长朋友，他们在谈我作品的时候，说我作品太形而下，不能形而上，我就一直不认可他们的意见，因为在我看来，最形而上的东西肯定是以最形而下的方式得到显现的，我不喜欢在作品里装蒜、在作品里装大师、告诉读者生活的一些真理。我渴望的是写出我面对的一些问题，像快乐也好、痛苦也好，可能也是大家共同感兴趣的，我希望我能够很谦虚地面对那些阅读者，告诉他们我是怎么看的，不一定对，你看看有没有别的。这么多年，我一直是以这样的一种态度去写作的。因为我们每个人的眼睛都会有死角，我们误以为理解了这个世界的某一件事情，其实差太远了。所以有的时候，阅读经验使你对这个世界充满了敬畏，然后你在写作的时候更加小心翼翼，去表达自己内心的世界。

余华

■

我只为自己的内心写作

我和余华是在 1996 年认识的。当时我刚刚离开上海，到北京南海出版公司就职。和余华第一次见面，是在一个下午，我和袁杰伟、杨雯代表出版方，和余华在北京方庄购物中心吃了顿饭。

当时余华正在写一个新的长篇小说，但进度非常慢，袁杰伟希望能够获得这部新作的出版权，余华没有明确的答复。为了表达诚意，南海出版公司在 1998 年再版了《活着》。

没想到，南海版的《活着》成为畅销书。此前，余华这本《活着》在长江文艺出版社出版过，印数是一万。南海版的《活着》每个月再版一次，一口气卖了 20 多万册。

仔细回顾，这个版本畅销的因素之一是当时请康笑宇设计了独特的封面；另外一个因素是赶上了纯文学大环境的复苏，袁杰伟主要靠民营渠道和民营书店分销图书；另外一个重要的原因是当时余华拿了格林扎纳·卡佛文学奖，为媒体的宣传提供了新的话题。

南海版《活着》让余华史无前例成为畅销书作家，也为袁杰伟和余华奠定了长期合作的基础。

此后，袁杰伟策划了南海版的《许三观卖血记》《在细雨中呼喊》，出版了余华的散文随笔集《灵魂饭》。这些书后来都成为市面上的畅销书。甚至，袁杰伟和余华还有一部长篇小说的约定。

这部长篇小说余华写了十几年，还未完成。"在下一部长篇小说里，我将写到这 100 年中国人的生活，以一个江南小镇一个家庭四代人的人生经历切入，正面描写、逼近我们这个时代。"

而我，在离开南海出版公司后，到《音乐生活报》《北京文学》当了记者，后来又转到了《南方周末》。因为工作关系，我和余华成为朋友，在不同的时间里，先后对余华进行了七次采访。

这些采访，多是因为新书出版，因为袁杰伟、杨绍斌、赵寒露，从《活着》《我能否相信自己》，到《兄弟》。地点也多变，从三联书店到余华在玉泉路的家；采访方式也多变，从面对面到电话，再到网络邮件。

这些年里，我目睹了余华的作品从不畅销到畅销，余华从纯文学作家转变成一个畅销书作家，还走出了国门，影响力从国内扩散到国外，成为一个有国际影响力的作家。

余华无疑是个好的采访对象。他尊重自己，也尊重采访者，回答认真，逻辑性强，系统有条理，每次采访，从不像其他作家那样要求审稿，或者对稿件进行删改。在我20多年的记者生涯里，这样的采访对象，不算太多。

唯一的一次是在《兄弟》(下)引发争议后，余华用邮件回答了我的问题。余华的新作《第七天》出版后，再次引发争议，这些争论如今看起来，和《兄弟》(下)的争议有相似的地方。

必须承认，对一个作家来说，争议和转型是有意义的。在余华身上，写作转型往往伴随着的是争议。在他几百万字的作品里，截至目前，引发争议的一个是《活着》，余华的写作在此从先锋回到现实主义，而《兄弟》则是又一次转型。

限于篇幅，这些采访往往只有极少的部分在报纸上出现。这里收录的谈话是关于《兄弟》的两次采访，分别在2005年和2006年进行。

借这个机会，我也重听了录音，虽然时过境迁，流水匆匆，经过岁月的淘洗，我觉得，这些交谈涉及的话题，并没有过时。

上篇

当我开始写《兄弟》的"文革"部分的时候，我突然找到了进入当代生活的方式。——关于《兄弟》上部的谈话

从 1995 年到 2005 年，余华从 35 岁变成了 45 岁。当《许三观卖血记》完成之后，余华马上启动了一个长篇。"可是写得不顺，大概写了两万多字吧。现在连当时的稿子都找不着。"

1996 年，应汪晖之邀，余华给《读书》写随笔，这一写就上了瘾。之后，是《收获》杂志两年的随笔专栏。这些关于读书、音乐和文学创作的随笔为他赢来了"学者余华"的声誉。可是，等到余华回过头准备写小说时，他发现自己写了三年多随笔，感觉已经回不去了。

手里在写的那部长篇小说写的是某江南小镇上一个家庭里的四代人的生活，时间跨度是 100 年。"当时怎么写也进不了状态。头一次写了 8000 字，废掉，第二次写了四万多字，又废掉，后来感觉好一些，一口气写到了 18 万字左右，后来来了美国待了七个多月，接着又去了法国，等安心坐下来想接着写小说时，感觉已经完全不对了。"

这几年里，因为精神上的压力和对自我的怀疑，在很长一段时间里，余华的身体也开始出问题，每天晚上只能睡两个小时。睡眠不好，写作的状态就会出现问题。"写小说对记忆力和身体状况的要求非常高，应该趁写得动的时候尽量多写。随笔大可以到 70 岁写不动小说的时候再写。"

"在 2004 年 4 月份的时候，我就想，写个小长篇吧，也许会容易些。"就这样，余华开始写《兄弟》。没想到这一写，竟然非常顺利，很快恢复了写小说的能力，五六万字之后，从控制叙述的状态进入了

被叙述控制的状态，一年多就写完了小说，原计划中的 10 万字到后来写了 50 万字。

《兄弟》讲述了江南小镇两兄弟李光头和宋钢的人生，李光头的父亲不怎么光彩地意外身亡，而同一天李光头出生。宋钢的父亲宋凡平在众人的嘲笑声中挺身而出，帮助了李光头的母亲李兰，被后者视为恩人。几年后宋钢的母亲也亡故，李兰和宋凡平在互相帮助中相爱并结婚，虽然这场婚姻遭到了镇上人们的鄙夷和嘲弄，但两人依然相爱甚笃，而李光头和宋钢这对没有血缘关系的兄弟也十分投缘。

通过一个重新组合的家庭在"文革"劫难中的崩溃过程，小说展示了个人命运与权力意志之间不可抗衡的灾难性景象，也凸现了人性之爱与活着之间的坚实关系。

在十几年前，余华曾经和莫言、刘震云等人读过鲁迅文学院与北京师范大学研究生班，可直到现在，余华在创作上才有了研究生毕业的感觉。在他眼里，之前的作品可以说是本科毕业，而《兄弟》就是一部可以代表研究生毕业的作品。

和《在细雨中呼喊》《许三观卖血记》一样，余华把《兄弟》的故事背景放在了自己的家乡，浙江海盐的一个小镇。书里写到的那些日常生活，是他亲身经历过的，书里写到的每一个人物，也都是他当年在小镇的街上当牙医摆摊所熟悉的，比如童铁匠、关剪刀、刘作家、张裁缝、王冰棍。甚至，他在小说里把当作家以前的自己也写了进去，那就是牙医——余拔牙。

我不是畅销书作家

张英 突然成为一个畅销书作家，你怎么看自己的变化？

余华　我的书其实不畅销啊，不好的话就是自己砸自己。我的书当然在纯文学领域中算是不错的，但是在整个文学图书市场其实不算什么。

像郭敬明的书一上来就 100 万啊。还有现在那些悬疑小说，也是一上来就三四十万的。这是我从媒体上看到的。

张英　现在国内的文学界还有这种观点，就是畅销并不是值得骄傲、光荣的事情。

余华　我在美国的时候，哈金告诉我，像菲利普·罗斯的《反美阴谋》在美国一年就卖了 200 多万册，加西亚·马尔克斯的《活着为了讲述》一个月就卖了 30 万册。后来我离开了，也不知道这两本书后来怎么样了，因为他那书和我的同是兰登书屋出版的。

2004 年我在美国住了七个月，真正是定下心来了，我太太和孩子，我一家人都去了嘛。我就开始对美国书店的格局有所了解了，从书店的格局你就可以看到人家的出版已经进入一个非常稳定成熟的时期了。不像现在我们中国，比如《达·芬奇密码》一进来，马上就引起了"悬疑小说热"了。去年有几本卖得都不错。

他们出版商告诉我，今年悬疑小说可能会有一两百本，这样一来可能大家都没饭吃了。就像"80后"一样，第一拨大家都很好，第二、三拨以后，每年要是出了几百本"80后"的书的话，最后大家又都没饭吃了。在中国大家都是一拥而上的。

美国那些大的连锁书店，像博德斯（Borders），它的布局就很清晰，哪块是青春小说，哪块是爱情小说，哪块是悬疑小说，就是那种畅销书类的；哪些是虚构类的、非虚构类的，它全是分开的，虚构的一般都是严肃文学。进门桌子的位置，永远就是两路人马，一路是畅销书，还有就是名人传记，像克林顿、希拉里这样的。

另一类就是大作家的书，像加西亚·马尔克斯、托妮·莫里森的书，永远就是在这个架子上，当然三个月后可能放到后面书架上。一进他们的书店，你就感觉到他们的出版业已经是很稳定了。它每个月有一定数量的悬疑侦探小说、青春爱情小说，你写一部悬疑小说的畅销可能性和写一部严肃文学的可能性一样多。

中国这两年，悬疑小说火的可能性或许还比纯文学大吧。包括他们每年重版的书，那个量就是控制在 12 万。我们是每年都在增长，现在已经有 20 多万了。而业内的人告诉我说，品种在增加，总码洋却在下降，那就意味着大家都没饭吃了嘛。我去了广东，江门的书店经理跟我说，现在是编的（类型文学）比原创的（纯文学）多，我到了杭州的购书中心，也是这样一个情况。原创的作品越来越少了。

张英 你经常出国，怎么看待国外的文学变化？

余华 现在美国的几个大出版社的高层，比如那个兰登书屋的高层，他们对文学类的图书有那么一个预测，他们认为十九世纪的文学是欧洲的文学，那时候是最辉煌的，二十世纪的文学是美洲的文学，拉丁美洲和北美洲，二十一世纪应该是亚洲的文学。

北美洲主要是指美国了吧，我到了美国和欧洲以后，我觉得它那个文学的态势、经济的状况和文化的传统都是紧密相连的，到了欧洲，尤其到了法国，那里所有的人都是懒洋洋的，当然巴黎还是有很多很匆忙的人的，但是整个欧洲文学到了法国新小说为止，它的整个文学已经是一个没落的标志了。而美国就不一样，它虽然不像中国那么生机勃勃，但比起欧洲来，真的是很有生气，美国作家的确如此。欧洲的整个社会气氛让人感觉到死气沉沉，这肯定要影响到文学。不像我们中国的社会生活是生机勃勃的，文学也同样如此，这已经是一个长达半个世纪的事情了。

所以他们兰登书屋的高层就认为，他们很重视中国市场的，他们的眼光肯定是比较宽广的，信息比我们也多得多，他们认为二十一世纪的文学可能是以中国为主的。因为中国的土地真是太生机勃勃了，我想的确也是如此。比如拉美，马尔克斯那时，他们身处的是一个动荡万变、生机勃勃的时代。美国也是一样，二十世纪作家真是层出不穷，欧洲真是没法和他们比。法国、德国、英国，和我们同时代作家比，我真不觉得他们写得有我们好，和他们的前辈完全不一样。但社会生活变成一潭死水的时候，文学也很难活跃起来，大家都在追求形式，就像你说的，他们每本书印个200本，那整个文学就进入死胡同了。

张英　在资讯发达、信息爆炸的时代，艺术的各门类都在努力挽救自身，扩大影响，文学也是这样，你觉得呢？

余华　其实文学的情况与整个市场、与经济有很类似的一点。我们来看看拉美文学，就是所谓的爆炸文学，当时那么风靡世界，真正一流的作家就那么四五个。在我眼中，也就是四个，而其中超一流的就那么一个，就是加西亚·马尔克斯，另外我觉得就是略萨、富恩特斯、科塔萨尔，我觉得就这四个是真正一流的。你想拉丁美洲有多少国家啊？整个西班牙语文学中疯狂的就这四个。有个加西亚·马尔克斯就能把整个拉美文学给拉起来了。因为文学这个产业，不是某个基础提高了，它才提高的。它是某一个点抬高了，它再抬高的。所以我们回顾现代文学，鲁迅是最重要的，很多人回顾现代文学，就是鲁迅，他就是这样一个点。

创作突然就遇到了问题

张英　在你的同时代作家中，你是发表作品最少、成品质量最高、研究最充分的一位小说家，但 10 年时间里没有新长篇小说出版，是怎么也说不过去的。

余华 从 1996 年到 1999 年我一直在写随笔，之后一直在写那个反映一个江南小镇上一个家庭里的四代人在 100 年里的生活变化的长篇小说。在这个过程里最困难的还是叙述方式的问题，可能是写了三年多的随笔以后，重新回来写小说就觉得陌生了。

现在想一想，当时最大的错误还是选择了一部巨大的长篇小说，其实我应该选择一部比较小的长篇小说开始的，等我恢复写小说的能力以后再写大的长篇小说。我三年多在忙那个长篇小说，才写了 18 万字。我在 2003 年 8 月去了美国，在那里待了七个月，后来又去了法国，本来那个长篇小说写得还不错，那么一走，然后在法国又很悠闲，另外一方面我心静不下来，回来以后，写那个长篇小说的欲望不像以前那么强烈了。感情总是接不上去，而且在写这个长篇小说中间，我又有了更大的想法。应该先写一个简单点的故事，锻炼一下自己的能力，再写这个大的长篇小说。

写随笔和写小说的思维还是有很多不一样，有些地方完全两样，现在看起来，我当时的自信是没有道理的。你长期在做另外一份工作，就像你离开一个工作几年，做一份新工作，回来重新工作，你应该有适应和恢复的过程。

就这样，我很愉快地开始了《兄弟》的写作。像我们的生活一样，当你急于求成想达到某个目的的时候，这个结果可能会和你想要的结果相反。当我写《兄弟》的时候，我的理想应该是一个十几万字的长篇小说，但我没有想到的是，这一写就越来越长，语言方式、叙述方式都找到了感觉。

张英 有人说你是太爱惜自己的羽毛了，写了那么多小说，一直不肯拿出来发表。

余华 不是爱惜自己的羽毛，而是我对自己很苛刻，不管作品写多少字，多长时间，如果我自己不满意，我是不会拿出去发表、出版的。我觉得要对得起自己的读者，我写了20多年的小说，我自己的经验会告诉我，到什么水平上，小说才能交出去发表、出版。

就像《兄弟》，上部写完，我觉得拿出来不比前面三部长篇小说差，我才交稿。其实出版社希望在今年五月出版，这样能赶上天津的图书订货会，但我后来不满意，觉得还有可以改动的地方，所以一直就改到现在，在八月份才出版。

其实这些年里，也有很多诱惑，很多出版商拿着现金跟我讲，不管什么条件，只要我写完了，就可以出版。

张英 在写不出作品的时候，你会有压力吗？

余华 压力肯定会有，有读者、同行、出版社、杂志，这些压力都会有。从1996年到1999年，1999年到2003年，写这个大长篇小说写得很不顺利的时候，心烦意乱。后来从美国回来，写这个小说的感觉已经接不上了。我就想换个题材。

在烦恼的日子里，有一天在看电视，忽然看到新闻里有一个人打算跳楼自杀，下面很多人围着看，麻木不仁地在起哄。我就想写一个在下面起哄的人，结果写到三万字的时候，我就预感这个人可能不需要了，等写到10万字，这个人就没有了，消失了，出来的是李光头和宋钢这样一对兄弟的故事，这在我长篇小说的写作经历中是从来没有过的。那个人就像鱼饵一样，把鱼吊上来以后它就不重要了。

我没想到一写《兄弟》就进入疯狂状态，一写就是四五十万字，而且特别顺利，每天我都不知道小说将向什么地方发展，人物的结果会怎么样，直到写完最后一个字的时候，我的感觉就是，行了。我很轻松地就出门闲逛去了。

其实那个小说已经写了18万字，情节、人物都很精彩，我自己也很满意，但是在叙述上，始终不是那么自然、流畅，根据我的经验，这肯定有问题。当时我就停下来，花一两月的时间思考，越思考越觉得有问题，渐渐会怀疑自己，当时是当局者迷，不像现在我站在几年时间后旁观者清。因为我始终没有进入疯狂的状态，也没有失控的感觉，其实我要写下去，我相信这个小说的质量也不会差到哪里去，但是离我自己写一部伟大小说的愿望和要求还有距离。

张英 《兄弟》是一部伟大的作品吗？

余华 伟大的作品，我不是把它作为一个结果去写的，而是作为一个过程去享受的，当心里满怀着去写一部伟大作品的念头，我就不会随随便便去写小说，你会很认真对待你在写的每一部小说，这部出版以后是不是伟大的作品，别人怎么评价它，这已经不重要了。

通过《兄弟》写现实

张英 在你以前的长篇小说《活着》《许三观卖血记》中，"文革"只是作为背景出现，这一次，《兄弟》里，"文革"成为小说表现的主题。为什么有这样的变化？

余华 我这是有意地这么写的，这个小说里人物和"文化大革命"相联系了。在《活着》里，我写了福贵，他的死虽然与"文化大革命"有关，但是关系不大。但是，在《兄弟》里，宋凡平的死，长头发孙伟和他的父母，还有李兰的命运被他们的时代所左右、所选择。而在《活着》《许三观卖血记》里，人物的命运在冥冥之中，并没有被时代所左右。

就中国来说，"文化大革命"和改革开放这两个时期是人类文明历史上的最疯狂的阶段，在这 40 年里，中国人经历了西方社会要 400 年才能经历的社会变化。

我一直在考虑一个问题，像"文化大革命"这样一个人类历史上发生的大事情，过去、现在、将来也会有很多人写，但是，假如你找到一个特别好的角度，那你的小说肯定有意义。假如要正面去写，我一直没有找到正面写它的价值在什么地方。

从我的成长经历来看，"文化大革命"和改革开放，我全部都经历了。今天这个社会，千变万化，就像我们在七年前坐在一起谈论文学的时候，我们没有想到这个社会会有这么大的变化。反过来，要寻找一种独特的角度写今天这个社会时，我发现如果把这两个时代放在一起写，它们的价值和意义就全部都显现出来了。把两个截然不同的大时代变化放在一个人的身上，相得益彰，这太吸引人了。

要找一个独特的角度去写的话，肯定没有正面写那么有力量。这是叙述中一个永存的矛盾。所以当我把这两个时代的变化放在一代人里的两个人的身上，就有写的价值和意义了。

张英 说说你所说的"正面强攻"吧，怎么理解呢？

余华 其实我一直想写当代生活，但是我一直没有找到好的角度、价值进入当代生活，而当我开始写《兄弟》的"文革"部分的时候，我突然找到了进入当代生活的方式。以李光头、宋钢这两个年轻人的成长（为线索），他们从"文革"时代走进一个改革开放的时代，他们的人生会有什么样的变化？按照这条线，改革开放以来这 20 年的生活顺理成章就进入了我的小说。

我可以写现实了，而且是不躲闪，迎上去，这对我按理说是一个巨大的变化。所以《兄弟》这部小说为什么对我意义重大，因为我能够对现实发言，正面去写这个变化中的时代，把人物的命运作为主线，把时代和他们联系起来，他们的命运都是这个时代造成的。

为什么作家都愿意写过去的时代？因为它已经稳定成形，对它的变化容易归纳，而且今天这样一个时代太复杂了，现实的世界变化已经令人目不暇接了，出现的稀奇古怪的事情太多了，而且还出现了网络虚拟的世界，网络上的结婚，什么都出现了，上网络去看看，那些正在发生的事件是你怎么想也想不出来的。

对这样一个现实，作家怎么表现，怎么表达自己的思考和态度，找到独到的方式，把握时代的脉络，反映这个时代里的人的处境和精神状态，这是需要智慧的。

同样，中国这20年间发生的变化，为我们这些作家提供了千载难逢的好机会，你可以看到西方社会几百年的漫长演进过程，中国仅仅用了20年就完成了，不管这个过程好不好，在这个激烈动荡的大时代里，中国的变化和中国社会的变化令人目瞪口呆、叹为观止。这个过程充满了矛盾、冲突，眼花缭乱，像一个万花筒一样，你根本就看不清楚它的面貌。它时刻在变化中，如何把这个变化时期的中国人的生活在作品里反映出来，这是一个挑战。

对我来说，生活于这样一个变革的时代，作为一个中国作家，真的很荣幸。

张英 虽然你说在《兄弟》里用的是"强度叙述"，但是也有人批评你在小说的叙述上越来越啰唆了。

余华 不，我觉得不啰唆，而是很有节奏。比如小说里写到宋凡平死，李兰去送葬，这里的六七万字在小说里起的是一个很重要的铺垫作用，它和《许三观卖血记》不同是因为我在这里用的是大量的细节去推动故事往前走，而不像《许三观卖血记》那样靠人物的对话推动叙述，如果按照《许三观卖血记》的方式，也就是 5000 字写完。李兰从上海回来，如果我是继续以《许三观卖血记》那样的写作方式，可能我几千字就能写完，但是，在这个小说里，这六万字我是一口气用两个月的时间，用层层推进的方式把它写完的。

这样很密集的方式，不是用对话堆的，而是把人物的情感、人的内心、人跟外部环境的简单关系表达得非常充分，从李兰不在外人面前哭也不许两个孩子在外人面前哭，到自己拉着板车到了城外无人的地方，对李光头和宋钢说，哭吧，他们才无所顾忌地哭出声。这种一直压抑的情感，我一直让它压着，在这个时候，才让它爆发出来，写到这个时候，我眼泪哗哗直流啊。

"他们四个人放声大哭地向前走，现在他们什么都不用担心了，他们已经走在乡间的路上了。田野是那么的广阔，天空是那么的高远，他们一起哭着，他们是一家人。李兰像是在看着天空似的，仰起了自己的脸放声痛哭；宋凡平的老父亲弯腰低头地哭，仿佛要把他的眼泪一滴一滴种到地里去；李光头和宋钢的眼泪抹了一把又一把，甩到了宋凡平的棺材上。他们痛快响亮地哭着，他们的哭声像是在一阵阵地爆炸，惊得路边树上的麻雀纷纷飞起，像是溅起的水花那样飞走了。"

其实像这样的强力叙述在小说的下部里表现得更为充分。

张英　你越来越在意读者的感受了，在你的小说里，越来越重要的是故事和人物，而不是结构、文体、技巧了。

余华　现在过分考虑技巧的话，这个小说是写不出来的。这是我的经验。而且像我这样呢，现在也不太在意技巧了。

因为毕竟写了 20 多年了，技术上也过关了，我觉得关键还是在于对这个小说的认识。比如二十世纪的文学就认为十九世纪的文学不真实，它所谓的不真实就是它太故事化、太情节化。然后二十世纪小说就开始分崩离析，各走各的路。有那种平铺直叙的生活化的直白，有日记体的，还有走到极端的形式主义。

现在大家对小说的认识，无论是与中国的还是外国的作家，态度基本还是一致的，还要回到小说本来的宗旨。假如我要写生活的话，就不用写小说了，去写随笔好了，那是一种纪实类的东西，比小说表达得更加真实一点。

假如你要去写一个人的一生，我们读卓别林的自传，肯定比读一个无名小卒的自传要有兴趣得多吧。因为卓别林的一生肯定是充满传奇色彩的，普通人的一生也没有人给他写传记。既然你小说的主人公是一个普通人，肯定不应该用写传记的方式去写他，肯定是要用故事的方式去写他。

这还是一个对小说认识的问题。很多人到现在还用法国新小说的方式去写小说，这是文学商业化以后出现的一种流派。现在人们慢慢地都达成一种共识了，当一个作家没有力量的时候，他会寻求形式与技巧；当一个作家有力量了，他是顾不上这些的。当文学越来越没力量了，形式主义就开始泛滥了。

因为我写了20多年小说了，我太知道了。使用各种语言方式，把一个小说写得花哨是件太容易的事。让小说紧紧抓住人，又那么地打动人，同时不至于流入浅薄，那是不容易的。

能写出好故事，是我很大的一个追求，比如小说这样的形式，它的本质还是一个故事，这一点大家都已经形成共识了，没什么疑惑的。只是谁把故事写得更有力量、更吸引人而已，就是这个区别。我本身也不是很能够完整地写一个大故事的人，目前还没有这样做过，但以后可能会去做，只是把它的细部写得很充分，至少要写得吸引我自己吧，要是连我自己也不吸引的话，就肯定写不下去。

张英　现在的电影、影像对小说创作的影响越来越大了，对你有影响吗？

余华　这不仅是对我有影响，对我们这个时代的所有人都有影响，甚至我们的阅读真是没有耐心了，我们不能去指责读者。崔永元曾经跟我说了这么一个例子，他在大学的时候，读文学杂志上的作品，一上来两页都是风景描写，他都读得津津有味，而现在一部小说，开头两段不吸引他的话，就会马上放下。他代表的是现在我们大家普遍拥有的阅读观念。20年前，一部全是风景描写的小说，我们都能从头到尾全部看完，现在不要说是我们这种读者，甚至包括那种还在写那些很难读的小说的作家，他们恐怕也不爱读那些很沉闷的小说。整个时代，整个阅读群体都在改变。

张英　大家认为余华一直是一个在探索艺术的先锋派，突然在你回归的时候，你开始写故事、写人物，把对世界的观察掺入，你那些最早的读者反而会不习惯。

余华　读者喜爱你的某一种写作方式，被这种写作方式吸引，当你改变写作方式之后，可能会引起他们的一些变化，喜欢或者不喜欢，习惯或者不习惯，这都是很正常的。但或许过几年后情况又会改变。当年我在写《活着》的时候，在文学界内部受到多少批评，外面的读者可能不知道，但文学界内部的人都是知道的，他们并不认为我写《活着》有多不好，他们认为这还是一部好作品，但他们就认为我不应该写《活着》。他们的观念是作家写什么不是由作家来决定的，而是由读者来决定的。

我记得有个好朋友很直接地对我说，我不是不喜欢《活着》，我是不明白你为什么写了一个不是先锋派的小说。当时我就告诉他，没有一个作家是为了一个流派写作的。《许三观卖血记》出来的时候更有人告诉我，你是先锋派作家，为什么取了这样一个书名，简直跟赵树理差不多。我觉得这对我来说是很难做到的，我肯定是按照我的方式来写我的作品。

张英 六年前跟你做访谈时，你说《活着》有个变化，标志着你不再关注知识分子，你把眼光投入人民中间。现在又过了六年了，你觉得自己变化了吗？

余华 我觉得这个本质还是没有变。

有宋凡平这样完美的人吗？

张英 《兄弟》让我想起《芙蓉镇》，大时代的动荡、政治、残酷隐藏在生活之中，但《兄弟》又多了种幽默感和喜剧感，看上去反而更加沉重和悲伤。很多人看了小说，认为宋凡平是一个过于理想的人，没有存在的可能性。

余华 "文化大革命"是很多人不敢直面的一段历史，"文化大革命"造成很多家庭悲剧。

但是，我们也忽略了另外一面，往往在最黑暗的时刻，你会看见人性的美最耀眼地闪亮着。环境越残酷，人的身体被打倒在地的时候，人的精神意志越发高大。如果没有这些发生，那人肯定生存不下去了。

有一些媒体给我提了个问题：宋凡平的家庭温暖超过了福贵和许三观。我一想，《活着》里福贵和孩子的温情，并没有多少。《兄弟》里的外部环境更加恶劣，那么对他们温情的烘托比较明显。假如没有温暖的东西存在，作为作者，我也写不下去。

一直有人问我，有宋凡平这样的人吗？当然有，我见过。11 年前，我有一个亲戚，他的父亲就投井自杀了。我当时印象非常深的是，前天晚上，小镇上有个父亲牵着儿子的手，给他买零食，在街上快乐地走，结果第二天凌晨，父亲就自杀了。

宋凡平这样的父亲，是中国传统家庭中的典型父亲，他们没有办法在外面实现个人价值，便把所有美好的人性都在家庭中释放出来了。

外部世界的恶劣，我并不是用一种大声喊口号的方式完成的，比如宋凡平的命运、李兰的命运、孙伟的命运，用很幽默的方式表现出来。当我写到那些"文革"里发生的事情，是用幽默的笔法写成的。

张英　这个人和孩子们之间的关系，非常像电影《美丽心灵》里的爸爸和儿子之间的关系。

余华　我看过这个电影，但它对我没有什么影响。宋凡平这个人物我是在叙述中找到的，最早他应该是一个什么人物我都没有想好，只是感觉这个人应该很愉快。2002 年有一次我去澳大利亚，有一个中国人接待我，她在国外大学里当教授。"文革"的时候，她妈妈为了保护丈夫、不让她受到伤害，完全变成一个泼妇，采取了一种很特别的方式保护她的丈夫和家庭：谁要是上台批斗她丈夫，她就冲上台去，在话筒里大喊，你妈是地方主，你爸爸是反革命。甚至还到造反派头头家门口去贴大字报。就这样，她以这种方式，在"文革"那样残酷的时期，保住了她的丈夫和家庭。结果那些红卫兵，谁都怕她，也就放过了她的丈夫。

"文革"中间，有很多这样充满人性的故事。因为那个时代外部环境太恶劣了，包括那些死去的学者、专家，在他们身上这样的故事有很多，只不过被人忽视了。

张英 《兄弟》里那些悲剧场面，比如宋凡平之死和孙伟及他父亲之死这样的事情确实发生过吗？有原型吗？

余华 宋凡平被打死当然可能是渲染了一下。

现在的很多人都觉得不可思议，其实有什么不可思议的？有人说偷窥那段，游街为什么要游那么长？我亲眼所见一个农民到我们镇上偷窥，被人游街，天黑了还绑在电线杆上。就那个时代，镇子里抓住一个在厕所偷窥女人的家伙，其实整个小镇高兴死了。那还不得好好游街，比李光头游街的时间要长得多了。

昨天我还和一个记者说，再过50年，你把我们去年发生的佘祥林案件告诉人们，他们肯定认为这是极其荒诞的。但在我们今天的社会，它却是真实的。

张英 在小说里，你越来越容易动感情了，不像以前那么冷静了。

余华 假如你让我用另外一种叙述方式去写，比如很冷静的方式去写，我没有兴趣写下去。我在写这段故事的时候，我是以很认真的态度去写的，我自己写的时候，情绪常常跟着故事和人物走，彻底被它控制，比如在李兰从上海回来的时候，她把兄弟俩领到一个没人的地方，把宋凡平埋葬，说可以哭了，才放声大哭，写到这个时候，我自己也哭了。

李光头和我年龄相似，"文革"的时候，我才上小学。我记得那时候，对贴出来的大字报一点感觉也没有。我们孩子事先一点预料也没有，大人不可能与孩子们说什么的，宋凡平教他两个孩子认字，就是祸从口出。在小说里我已经将外部环境写得如此恶劣，那么在写人物时，我不能写得那么残酷，所以应该有些温暖和情感，李兰是个我非常满意的人物。人与人之间，比如疫病啊，磨难啊，在伟大的人性面前，根本就不算什么。

在那个年代，人的恶被逼到极端的时候，人的善也被激发出来了。人的恶和美好，只不过是发生在不同的人身上而已。在"文革"中，这样的人也有很多。

只为自己的内心写作

张英 有人评价说，《兄弟》里有"文革"、性、酷刑、死亡，它太像是写给国外读者看的小说了。

余华 我在网上看到过这种说法，说这部小说的很多点是为外国读者设计的，其实他根本不懂。这是我第一次正面去写时代，比如"文革"，以前我都是选取一个角度的，包括在下部里面也是正面去写的。当你正面去写一个时代，那当然是一个事实了。我觉得还是写作方式的不一样，我书中的那些情节都是欧洲或美国的读者所不能接受的。

你看美国畅销书的排行榜，基本都是那种温暾水般的作品。像斯蒂芬·金，他的小说介绍到中国来以后，读者不喜欢的原因是说他不恐怖，而在美国，过于恐怖的美国人就不要了。你可以残忍，但你最多是开枪把人家打死，绝对不能用刀把人家砍死，他们说美国人写小说，用刀砍最多砍三刀，第四刀读者就受不了了。这完全是中国人瞎猜，我是太知道了。

西方人的心理承受能力是没法和中国人相比，欧洲人的心理承受能力又高于美国人，美国本土 100 年都没打过仗。美国其实是非常保守的一个国家，任何写得激烈一点的东西，他们都受不了。那些猜测的人，他们根本就不了解美国和欧洲的出版情况。

我的这本小说中有许多点是没法翻译的。我的小说中，大致有七八处，在写的时候我就发现了，但是写的时候不能考虑翻译啊，因为当时的环境就是这样的。这让我想起，很多从来没有去过国外的人总是在说国外怎么怎么好，去了以后回来就说国外怎么怎么不好。

在写这部小说的时候，根据我以前的书在国外的出版经验，我觉得这本书不会像我以前的书那么受欢迎，起码在某种程度上。而且很奇怪的一点，我在二十世纪八十年代那种带有欧化的语言，特别容易翻译。到了《活着》和《许三观卖血记》，翻译起来非常困难。

《兄弟》一出版，我给我国外的翻译寄出去了，他们回复说写得非常好，但是翻译起来太难了。因为一般人不了解中国当时的特定环境的话，有很多段落是无法翻译的。他们在法语、英语、意大利语中找不到这样的词汇，他们觉得翻译真是很困难。结果国内却有言论说这是为方便外文翻译写的，你说谁更权威？是我的翻译更权威还是他们更权威呢？

张英　还有人批评《兄弟》里性的描写太多了，比如开始就是李光头偷窥女人屁股，在写作上越来越考虑商业性了。

余华　在《兄弟》里，上部是一个性压抑的时代，下部是一个性泛滥的时代，这样的进入方式难道不好吗？如果一写到"文革"就是打打杀杀、贴标语、喊革命口号，那就好像有点单调了。

所以开头我就写一个少年偷窥，再重新回到他的出生、他父亲的死，让读者一读就知道进入了一个什么时代，一个禁欲的和反人性的时代。下部一开始两章则进入一个纵欲的、性泛滥的时代，让人一看就知道进入了我们今天的时代。所以这是有一个结构上的考虑的。我是比较喜欢开门见山的结构方式，我的小说基本都是这样的。让读者在读上部和下部时，在进入前面两章时，都会有一种强烈的感觉，即我在进入一个什么时代。当时主要就是出于这样的一个想法。

在叙述的时候，我希望用一种幽默的方式来表现"文革"时期的荒谬。余拔牙和李光头的一段对话（大致是说）："你搞电线杆，你是什么立场？""你搞电线杆，你是把它们当成阶级女敌人，还是阶级姐妹？如果是阶级女敌人，你搞它们，你是在批斗它们。如果你搞的是阶级姐妹，你要登记结婚，否则就是强奸，得坐牢枪毙。"这些对话，我是很满意的。

张英 "文革"类的作品在国外好像一直是有很好的市场，一直是个热点。

余华 现在不行了，大概从三五年前，美国的出版社已经不再出"文革"的书了，包括欧洲也是这样。为什么呢？因为太泛滥了，读者也不喜欢。最近这几年，除了比较有名的还在继续出版，那些没有名气的基本已经找不到出版社了。这个情况我是很清楚的。

张英 像哈金的小说那么受欢迎，是不是也是这个原因？

余华 他写的是"文革"到改革开放初期。他的小说是很扎实、很有力量的，不是那种畅销书的风格，他是纯粹的文学，不是通俗文学、投机取巧的文学，像"文革"那种文学在西方已经很难找到出版商了。作为一个题材这已经过了，人家已经不关心了。但像哈金，以一种独特的方式去写整个"文革"过程，那是一种真正的文学作品，出版商还是很欢迎的。因为他看中的并不是你的题材是什么，而是里面人的命运、人的感受。

下部比上部还要丰富

张英 因为《兄弟》只出版了上部，下部还没有出来，所以有人说你现在越来越懂商业操作了。

余华 我当初的设想就是分上下部的，相对来说也是独立的，上下部之间有相对的独立性。

上部写的是李光头和宋钢他们的童年和少年故事，他们的命运被时代所安排，他们没有能力去反抗这个时代。中年的故事应该是在下部，20多岁最牛的一段故事在下部里展开，到了八十年代以后，他们可以与时代搏斗，自己安排自己的命运。所以小说开头就是2000年以后，进入二十一世纪了，然后再回到他们18岁参加工作嘛，兄弟俩的故事和时间段又和上部接上了。兄弟往往在恶劣的环境里感情非常好，互相照顾，但是到了一个和平的社会里，他们开始走各自的道路。

从我完成的下部来看，下部比上部还要丰富，我可以说，我可以准确地反映时代的面貌和变化了，一点问题都没有了，而且让我写作的能力有了一个质的飞跃。

下部的28万字已经写完了，但是还在润色，有些故事和情节还得重新写，基本上来说，这个作品已经完成了，我想改得满意一点。

我和出版社都想上下部一起完整推出，但是出版社的上级单位上海文艺出版总社不同意，因为他们要考虑书展。

根据我的了解，西方有很多作家的大部头小说都是一部部出的，所以有一些读者也想等到上下部出完以后，再去买完整的一套书，这样的情况也是有的。

张英 你越来越自信了，你怀疑过你自己吗？

余华 这是根据自我创作经验的判断，只要我还能写，我会在写作中发现自己的写作能力，因为人的才华是无穷无尽的。

经常有人问我，你是否准备超越某某作家，有些作家已经去世，有些作家还健在。在我看来，这是一个无法回答的问题，因为每个作家都是自己的个性，走的路也不一样的，你如何超越呢？

当我写完《许三观卖血记》以后，我就想，我已经连着写了《在细雨中呼喊》《活着》《许三观卖血记》三部长篇小说了，我必须有一些变化，所以我就想，应该读读书了，好好想一想，怎么换方法写小说。所以当时汪晖请我在《读书》杂志上写随笔，我就同意了，但是我自己也没有想到，这一写就是三四年时间，以致我写小说的能力都丧失了。

通过《兄弟》，我重新找回了写小说的能力，在技巧、方法上有了质的提高，而且越写越有灵感，就在写《兄弟》的过程里，我又冒出了几个小说的想法，所以，我觉得在现实创作上我会进入一个新的阶段。

一个作家没有必要在数量上跟自己较劲，其实一个作家一辈子能够拥有10部长篇小说，已经是非常壮观了。现在资讯那么发达，书店里的书那么多，一年出版几千部长篇小说，能够有一部流传下来，已经是非常了不起了。

我把《兄弟》改完以后，在下一部长篇小说里，我将写到这100年中国人的生活，以一个江南小镇一个家庭四代人的人生经历切入，正面描写、逼近我们这个时代。

在以后的15年时间里，我都会写长篇，随笔是我晚年的工作了。

张英 《兄弟》印量这么大，你又那么卖力地配合媒体的宣传、频繁曝光、演讲、签售，对一个作家来说，这是必须的吗？

余华 这是必须的，你想我也10年没出长篇了，但我在国外学到了一个作家的敬业。你想君特·格拉斯出《我的世纪》时，都已经70多岁了，还在德国各地开朗诵会，其实他身体已经非常虚弱了。我在美国的时候，两个大作家出书了，托妮·莫里森出了她的新长篇《爱》，加西亚·马尔克斯出了他的自传《活着为了讲述》，这两本书与我的书都是兰登书屋的同一个部门出的。马尔克斯得过癌症，身体不好，现在还在治疗中，所以他是没来，但是托妮·莫里森有70多岁了，全美国跑，毫无怨言，她在纽约的朗诵会就开了三场。所以美国与欧洲的作家对出版社很负责任，当然出版社给的钱也多，仅预付费就有400—600万美元。像加西亚·马尔克斯这样的大作家更是这样，所以他们不管是年轻的还是年老的作家都要这样。很多年轻的作家出了新书，想出去跑，出版社还不让，他们舍不得花钱。我觉得中国作家应该改过来，他不能去了国外以后，让他去哪他就去哪，回到中国以后就哪儿都不去，摆架子。我觉得不应该这样。

在前面的五六年里，我几乎谢绝所有的媒体采访，理由是我没有新作品出来，但是我也表示我有了新作品一定会接受媒体采访。其实有些采访我是很为难的。第一批采访下来，有些媒体对我与出版社都很不满意，说余华只接受大型媒体采访，不接受小采访。所以我就和出版社说媒体采访不分大小。第二，报纸过了以后，杂志开始了，先是周刊，再是月刊，你就发现进入了一个怪圈。所以只能所有的采访都接受，否则就有批评说你太功利。这与我现在不愿去大学演讲是一个道理，否则去了北大，别的又要邀请，就必须去五六家。三个月里，要去好几所学校。要不一家也没有，要不就全部照顾到。所以我只能这样，否则人家说你太势利。

所以我就充分地配合出版社，只要我时间安排得开，我肯定是尽量地配合他们。这些都是目前必须要做的事情。

下篇

今天和过去最大的不同是，在评论家和作家之间，多了网络和媒体。——关于《兄弟》下部的访谈

"现在《兄弟》的争议因为网络和媒体的介入，其声势让我自己都吃惊。"2006 年 4 月 12 日，作家余华在某网站聊天时，突然宣布停止接受关于《兄弟》的任何采访。在《兄弟》上部出版时，为配合完成出版社安排的工作，余华花了三个月时间接受媒体的采访。而他花在《兄弟》下部上的时间只有一个月。

在接受我的采访（这也是他关于《兄弟》的最后一个媒体采访）时，余华感叹说，今天和过去最大的不同是，在评论家和作家之间，多了网络和媒体。"很多媒体根本没有采访我，也发表了对我的采访，下部出版后这样的事更多，甚至出现了一些伪造的采访，让我在伪造的采访里滔滔不绝地说蠢话。现在我上网去看自己说过一些什么，结果差不多有一半的话不像是我说的，还有一些根本不是我说的话。"

虽然外界对《兄弟》有猛烈的批评，但余华至今认为这是他最好的作品，在写这部作品时，他把 46 年的生活积累全部放到小说里。"我已经写了 20 多年了，在中国文坛经历了 20 多年，我应该是见多识广了……回顾自己 20 多年的写作，如果我对自己还感到满意的话，就是我一直努力走在自己的前面。"10 年前，余华曾经对记者说："我认为我始终是走在中国文学的最前列的。"今天他还是这么认为。

在长期的写作中，余华一直在写他的家乡海盐小镇。他在那里生活了 30 年，在遥远的北京居住多年，他仍然感慨"只要写作就是

回家"。

在现实生活里，余华也保持着和海盐的联系。他的父母、哥哥一大家人仍然生活在小镇上，平时都靠电话联系，每年余华都会回去看他们。"我每年都会回去，我仍然目睹了它的变化。""今天的海盐已经面目全非，已经不是我虚构中的那个南方小镇了……刚开始写作时和海盐还有点关系，现在毫无关系了。那个现实中的小镇在我的写作里越来越遥远，最终完全消失了……我现在叙述中的南方小镇已经没有明确的地理位置，是一个抽象的南方小镇，是一个心理的暗示，也是一个想象的归属。"

日常生活中，每天坐在书斋里的余华，靠网络、电视、报纸与外界保持联系。"我想这些真实发生的事件，或者传闻中的事件，对我的作用是激活了我的内心世界……我以前就说过，一个人的生活经历不是最重要的，最重要的是他的心理经历，简单地说就是感受到什么比正在经历什么重要得多。托尔斯泰的《复活》就是起源于一则报纸上的新闻，这则新闻震撼了托尔斯泰，或者说激活了他的内心、他的人生感受、他对世界的认识、他的怜悯和同情等等，然后诞生了一部文学巨著。"

对自己下面那个写一个江南小镇在 100 年里四代人的生活的长篇小说，余华不愿意多谈。"1998 年我接受采访时还信誓旦旦地说：我不会写作超过 50 万字的小说。结果八年以后我挥手打了自己的嘴巴，现在我有教训了，就是不要预测自己以后会写什么。"

从不为批评家写作

张英 《兄弟》下部出来以后，你还说要把所有的工作做完，配合所有媒体采访，但为什么会突然决定终止媒体的采访？

余华　不是突然终止，在下部出版之前我已经告诉出版社，下部的采访时间为期一个月。上部出版时我没有经验，接受了差不多三个月的采访，重复话题让我疲惫和厌倦。下部出版前我有经验了，也有心理准备了，所以确定一个月的采访，事实上不到一个月话题已经开始重复了。

虽然 4 月 12 日新浪的访谈是确定的最后一个，可是我仍然接受了你的采访，当然这是事先约好的，是在那一个月的采访期里来不及完成的。而且我还要在五月去深圳和广州，八月去参加上海书展，这都是去年确定的行程。我已经努力在把所有的工作做完。

事实上在《兄弟》上部出版时，很多媒体根本没有采访我，也发表了对我的采访，下部出版后这样的事更多，甚至出现了一些伪造的采访，让我在伪造的采访里滔滔不绝地说蠢话。现在我上网去看自己说过一些什么，结果差不多有一半的话不像是我说的，还有一些根本不是我说的话。没办法，因为我生活在荒诞之中。

张英　是因为评论家的批评吗？但你也说过从不在意评论家的意见，为什么？

余华　我说过从不在意评论家的意见，不是我对这个群体的不尊重，是很多年前我就发现了事实真相，作家的写作思维和评论家的写作思维有天壤之别，好比《兄弟》上部和下部所表达的两个时代一样有天壤之别，天空会去倾听大地的意见吗？事实上不是我一个作家这样，很多外国的作家或者中国的作家也一样。反过来说，有多少批评家会在意作家对他们的意见？

张英　既然不在意他们的意见，为什么会考虑重新出版《兄弟》

的修订本？

余华　我不会因为评论家的意见去修订一部小说，这是因为我无法用他们的思维方式来修改自己的小说。在我的博客上，有几位读者给我留言，指出了《兄弟》的几处疏忽之处，我相信还有其他仍然没有发现的疏忽之处，我希望以后有机会可以修订，到目前为止这只是一个愿望。

我在接受采访谈到修订时反复说过，我前面的三部长篇小说完成后，我都有过以后修订的想法，可是后来都没有修订。一方面是时过境迁，已经没有当时写作那部小说时的确切感受了，如果无法还原当初写作时的确切感受，就很难做出正确的修改，让一个作家去修改 10 年前完成的小说，好比是让这个作家去修改另一个作家的小说；另一方面是我深知任何一部小说都无法做到完美，花多少时间去修改都无法改正隐藏在里面的全部缺陷，甚至修改的同时还会制造出新的缺陷。

张英　在写完《兄弟》、拿到样书的时候，你自己有没有完整看一次作品？

余华　读过一次，可能是太近了太熟悉了，修改的时候读了几十遍，已经看不见句子里面的字了，看到的都是句子之间是如何过渡衔接的，只发现了一个疏忽，就是在最后一页上，"李光头的眼睛穿过落地窗玻璃，看着亮晶晶深远的夜空"，我已经让责编将"眼睛"改成"目光"了。有几位网友也发现了几个错别字和几个疏忽之处，我都立刻转发给责编了，责编已经修改过来，在最新的印刷里这些问题都得到了改正。我相信还会有疏漏之处，半年或者一年以后我会再次重读一遍，那时候可能还会发现一些问题，而且还有网友们的发现，我会不断改正。

张英 你说，《兄弟》遭受的批评是你前所未有的，是"最猛烈的嘲讽"，具体表现在哪儿？你说写《兄弟》的时候，你"完全进入疯狂的状态了，完全控制不住"，是怎么样的"控制不住"？这样的"失控"对你是好事还是坏事？为什么？

余华 你只要到网上去搜索一下，就可以读到那些"最猛烈的嘲讽"，这里指的是不带恶意的批评，还有很多谩骂，很多造谣，让我有时候觉得自己仿佛是"文革"时期的现行"反革命分子"。

至于写作时的失控，是我求之不得的，只有当笔下的人物走出了自己的人生道路以后，作家才会有失控的感受。我写作时对虚构人物的尊重，不亚于在生活中对朋友的尊重。

张英 怎么看待这些批评？它是否会对你产生影响？你一点也不因此紧张、怀疑自己吗？

余华 当我开始写作，批评就伴随我了，面对批评是这份工作的一部分内容，我已经习惯了。事实上生活中的每一个人都会面对批评，不管这个人从事什么工作。如果我因为批评而紧张、而怀疑自己的话，我就不会走到今天。

张英 你说，"在写作《兄弟》的过程中，我意识到是过分的精雕细刻影响了创作——大部头的作品应该是粗糙的，只有中短篇可以精细。造小花园是应该精细的，而大城市则难免粗糙"。你是在以此为自己辩护吗？

余华 我不需要为自己辩护，我只是把自己写作中的教训和经验告诉别人，其实这也是人生的教训和经验，生活中这样的道理随处可见，比如测量我们国家的海岸线有多长，应该是用纳米计算，还是用公里计算？

张英　在接受媒体采访时，批评过你的谢有顺、李敬泽都一致表示，没有看过下部，也不会看。作为批评家，是不是应该看完全部作品再下结论？你怎么看他们的姿态？

余华　他们是否读《兄弟》的下部，是他们的自由和兴趣，我不会在意，因为我不是为两个人写作的。我要说明的是，不要以为几个批评家出来发言，写几篇千字文，说几句笼统的采访话，就是整个中国文学批评群体在说话了。

我相信中国的文学批评会正式发言的，而且这样的发言可能会持续，至于是批评还是赞扬这不重要。我前面说过的，伟大的阅读应该是后发制人，中国有不少严肃的批评家，他们在仔细和反复阅读了一部作品以后，在深思熟虑以后才会开始发言。

放出去写现实的《兄弟》

张英　你现在还认为《兄弟》是你迄今为止最好的小说吗？它在哪些方面超过了你以前的小说作品？

余华　15年前我刚写完第一部长篇小说《在细雨中呼喊》的时候，别人问我这样的问题，我的回答毫不犹豫，就是《在细雨中呼喊》，可是一年以后我就不这样说了。《活着》出版时，别人问我自己最好的小说是哪部，我就说《活着》，也说了差不多一年。《许三观卖血记》出版后，我又说《许三观卖血记》是自己最好的小说，一年以后我就改口说三部长篇小说我都是最喜欢的。

现在我肯定说是《兄弟》，以后就不知道了。作家对自己作品的喜爱都是"但见新人笑，哪闻旧人哭"。读者不要当真，况且在那些成为经典的作家作品中，作者自己最喜爱的作品往往不是读者最喜爱的。我今天之所以如此喜爱《兄弟》，是因为我发现了自己新的写作能力，叙述需要强度的时候，我可以给它们强度，叙述需要放开的时候，我可以肆无忌惮。作家的写作经历就是这样，从小心翼翼开始，然后有恃无恐地达到写作的高峰。

张英　现实太庞大了，说真的，在这一点上，是电视和纪录片的时代，尝试用文字描述它是一件非常困难的事，尤其是《兄弟》这么宏大的现实主题，在写之前，你做了哪些准备工作？

余华　这确实是一个电视、纪录片的时代，也是一个网络和媒体的时代，同样也是一个文学的时代，或者是更多的什么什么的时代，因为它们之间的关系是紧密结合却又不可互相替代的。用文学语言去描绘出来的，是其他任何方式无法达到的。

你问我写作《兄弟》之前我做了哪些准备，我46年的生活就是最基本的准备，这样的准备不仅让我可以写《兄弟》这样的作品，也可以去写作古代的神话故事。生活是什么？它不是一种单纯的经历，它包罗万象，里面有梦境、有想象、有记忆、有猜测、有怀疑、有感受、有情感、有一切词汇可以表达出来的，还有更多的现有的词汇无法表达的，文学就是从这样的地方出发的。

张英　你在博客中也说："描述一个还在进行中的未完成的时代充满了风险。"但是你还是毅然写了，为什么？请谈谈你写的想法。

余华　我的意思不是指我叙述中的风险，是指读者对《兄弟》这部作品认同上的风险。《兄弟》上部所处的时代，"文革"的时代已经结束和完成，对已经完成的时代，大家的认识容易趋向一致；而《兄弟》下部的时代，从二十世纪八十年代一直到今天，是一个未完成的还在继续的时代，身处这样一个每天都在更新的时代里，地理位置和经济位置的不同，人生道路和生活方式的不同，以及诸如此类的更多的不同，都会导致极端不同的观点和感受。

比如我曾经在网上读到有人对带吸管的小包子的怀疑，对八十年代中期是否有易拉罐的怀疑等，让我意识到了中国地理的广阔和经济发展的不平衡，在一些经济发达地区存在已久的事物，在某些经济落后地区可能尚未出现。举一个例子，九十年代中期的时候，湖南一些外出打工的人过年回家时，给乡亲带的礼物是可口可乐，显然生活在穷乡僻壤的一些人还没有见过可口可乐，可是生活在沿海经济起飞地区的人，八十年代中期已经在喝这种进口饮料了。

张英　你说"《兄弟》之前的所有写作都是收回来叙述的，只有《兄弟》是放出去的，尤其是下部"。怎么理解你这些话？

余华　我想这是我叙述的方式决定的，以前的作品都是找到一个角度去叙述的，这类叙述基本上是"回收"式的，《兄弟》是我第一次正面去写作两个极端的时代，正面叙述就会不由自主地变成了"开放"式。

这是我经历的两个时代让我这样写作，我第一次知道正面去写作会带来什么。当时代的某些特征不再是背景，而是现场的时候，叙述就会不由自主地开放了。写作上部的时候，我就努力让自己的叙述放肆，可是被叙述的时代过于压抑，让我的叙述总是喘不过气来。到了下部，进入了今天这个时代，我的叙述终于可以真正放肆。为什么？是因为我们生活在一个放肆的时代里。

张英　因为出版问题，我读《兄弟》上部、下部的时间跨度是半年多，当我分开读的时候感觉很好。但当我把它合起来读的时候，可能是因为时代背景的落差和作品叙述手法的不同，在读的时候我有些不习惯、不舒服。一些读者也有我这样的感受，你怎么看这个问题？你说要在《兄弟》里写两个有"天壤之别"的时代，你达到你要的效果了吗？

余华 我已经在自己的博客里回答了这样的问题，一位名叫安子的网友提出上部和下部之间的落差，我这样说：《兄弟》上部和下部的叙述差距，我想是来自两个时代的差距。上部出版时，应责任编辑请求，我为封底写了一个后记，我说上部是"精神狂热、本能压抑和命运惨烈"，下部是"伦理颠覆、浮躁纵欲和众生万象"，我用了"天壤之别"这个成语来区分这两个时代，是希望上部和下部的叙述所表达出来的也能有天壤之别，我不敢说自己已经做到了，不过上下两部确实不一样。我要说的是，有天壤之别的两个时代在叙述中表现出来时如果没有差距的话，应该是作者的失败。

张英 作家陈村说你（作者）离作品、离作品中人物太近了，所以失控，缺乏节制。你怎么看他的意见？

余华 我不认为自己在《兄弟》的写作里缺乏节制，我的几个朋友告诉我，他们20年前就读我的小说了，他们说《兄弟》里的语言和句式仍然是我一直以来的简洁。离作品中人物太近了会出现写作的"失控"，离作品中人物太远的，也同样会出现写作的"失控"。失控是一个作家最好的写作状态，《许三观卖血记》我就失控了，开始是写一个短篇小说，写着写着发现是一部长篇小说。

荒诞的现实和时代记忆

张英 你说现在是你写"时代记忆"的最好时机，具体来说，你的"时代记忆"是什么？由哪些组成？请举例说明。

余华 作家为什么都愿意去写过去时代的作品？一方面没有读者认同上的风险，另一方面作家可以在过去时代的题材里轻而易举地发现叙述的传奇性。当我写到《兄弟》下部时，我突然发现今天这个时代的传奇性比任何过去的时代都要丰富。当然这种传奇性充满了荒诞的色彩，这也是我对这个时代最强烈的感受，而且是总体的感受，不是那种点滴的感受。

《兄弟》出版以后，有位名叫沐风的网友在我的博客上贴上了这样一段话："余华老师在解释《兄弟》下半部'写得放肆'时说过，'比起我们现实的荒诞，《兄弟》里的荒诞实在算不了什么，我只是集中起来描写而已'。前几天看了中央电视台一则新闻，深有体会——重庆某镇因为农转非分房，为了多得些利益，几乎 95% 的家庭故意假离婚，并且再找其他人假结婚，弄得盖章的部门应接不暇，其中还发生了这样几件事：

"一、一位老奶奶几个月内被晚辈背着领过三次结婚证；

"二、有男人假离婚后找理由搪塞，不愿再和前妻复婚；

"三、一位老爷爷假结婚后，号称对年轻的对方一见钟情，不肯离婚。"

后来其他网友也纷纷将荒诞的现实贴到我的博客上，我请求他们不要再贴了，否则我的博客就会变成一个荒诞博物馆。我们在荒诞的现实里生活得太久了，我们开始麻木了。我不知道《兄弟》这部作品以后会是什么样的命运，这已经不重要了，重要的是我发现很多人和我一样意识到了自己正在生活的现实。

张英 上一次我们采访谈到了《兄弟》"文革"部分内容，你给我列举了很多你亲眼看见、亲耳听见的真实的人与事，令人震撼；在写

"当代"部分，有多少内容是你亲身经历、遭遇和听见的？

余华 有关"当代"，我有更多的所见所闻，但是很难进入《兄弟》下部的叙述系统，上次对你说的我过去经历中的所见所闻也一样没有进入《兄弟》上部的叙述系统。因为每一部作品，不管它的篇幅有多大，它都是一个相对独立的现实和生活世界。就像一个人，不管他的生活经历有多么丰富，他也只有一条人生道路，可能别的人生道路更加吸引人，可那是别人的人生道路。一部文学作品也同样如此，它也只有一条叙述道路，虽然有别的道路向着更有意思的方向延伸，但那都是其他作品的道路，不是它的道路。

张英 有些事情看起来荒诞，却是真实的，在写的时候，这些你听说、阅读到的现实事件对你的写作有多大帮助？

余华 我想这些真实发生的事件，或者传闻中的事件，对我的作用是激活了我的内心世界。内心是一个无比丰富的地方，二十世纪八十年代的时候，中国流行过雨果的一首诗："世界上最宽阔的是海洋，比海洋更宽阔的是天空，比天空更宽阔的是人的内心。"其实任何一个人都不知道自己内心深处究竟潜伏了多少宝藏，生活虽然点点滴滴，可是却能够激发出一个人内心深处强大的感受能力和认识能力。

我以前就说过，一个人的生活经历不是最重要的，最重要的是他的心理经历，简单地说就是感受到什么比正在经历什么重要得多。托尔斯泰的《复活》就是起源于一则报纸上的新闻，这则新闻震撼了托尔斯泰，或者说激活了他的内心、他的人生感受、他对世界的认识、他的怜悯和同情等等，然后诞生了一部文学巨著。

张英 你很推崇陀思妥耶夫斯基那代作家的"强度叙述"，在《兄弟》里也进行了尝试，怎么看自己的试验？效果如何？

余华　正面叙述的小说其强度必然高于通过角度来叙述的小说，十九世纪的伟大小说大多是正面去写作的，二十世纪也有正面的，比如《静静的顿河》。我第一次通过正面的方式来叙述一部小说，由此获得了以前没有过的写作能力，也就是叙述的强度增加了。这不是试验，是在写作中生长出来的，或者说是写作中爆发出来的。

张英　从阅读的角度来看，《兄弟》是一本非常好读的小说，《活着》《许三观卖血记》也是，非常注重故事和人物塑造，写实性越来越强，叙述越来越朴素（平实），细节生动活泼，越来越好看了。这些年来你是不是在有意识地追求这一点？特别想听你详细谈谈你的思考。

余华　写作时出现的新景象不是有意识可以追求到的，完全是无意中突然出现在叙述里的。叙述从本质上来说就是不断地发现，当然只有写作才会有叙述上的新发现，就像生活必须要去经历一样，叙述必须要去写，写就是一种经历，生活中的经历常常会出现意外的惊喜，写也会带来意外的惊喜，当然是虚构世界里的惊喜。

张英　这些特点和你以前的那些先锋小说截然不同，你为什么有这样的转变？你是什么时候意识到故事的重要性的？为什么说"故事是小说唯一的活路"？

余华　其实当我开始写第一篇小说的时候已经有故事了，后来从短篇小说写到中篇小说，都有故事，我写作之初就知道故事的重要，没有故事我根本无法写完一部小说。只是那时候没有多少人注意到我的故事讲述能力，他们都去关注我当时的叙述表现形式了，也就是所谓的先锋派。

二十世纪九十年代我开始写作长篇小说，要知道，一部长篇小说对故事的要求远远超过一部短篇小说，我想自己讲述故事的能力是在长篇小说里真正得到了发挥。然后很多人开始说，余华是一个会讲故事的作家，其实我以前就会讲故事，只是没人注意而已。

"世纪"野心与"史诗"情结

张英 在阅读上，你和别人不同，从二十世纪现代派文学往前读，一直读到十九世纪的古典传统文学。无论是阅读还是写作上，你对陀思妥耶夫斯基、托尔斯泰、狄更斯等这样十九世纪的作家由不屑到敬佩，到越来越喜欢，甚至受到他们的影响，为什么会有这样的转变？

余华 不是你说的那样。我最初阅读的就是十九世纪的西方文学。《罪与罚》是我最早认真阅读的文学作品，那是 1979 年，我还在宁波进修牙医的时候，一位名叫张建南的眼科医生借给我的，她下午的时候借我，要求我第二天上午就要还给她。我用了一个晚上的时间，读得心惊肉跳，极为震撼，以后有两三年时间不敢再读陀思妥耶夫斯基的作品，他的作品太强烈了，当时 19 岁的我还有些难以承受。

接下去读了《高老头》《红与黑》《大卫·科波菲尔》，和大仲马、小仲马的作品，还有很多十九世纪的作家，托尔斯泰、屠格涅夫等等，差不多著名的我都读到了。当然那时候也接触二十世纪的文学作品了，由于翻译介绍得不是太多，我读到了川端康成等不多的作品。我开始大规模阅读二十世纪小说时，已经在文化馆工作了，已经发表小说了，此后有 10 年左右的时间我都在读二十世纪的文学作品，这和后来写下的那些所谓先锋小说有着紧密的关系。

1995 年《许三观卖血记》出版以后，我写了几年的随笔，这几年我安静地重读了过去阅读过的文学作品，十九世纪的和二十世纪的，这对我是弥足珍贵的几年时间，因为我对这两个时代的文学有了和以往不同的感受。

张英 因为你对十九世纪的古典文学的赞赏和肯定，甚至有人认为你在文学观念和创作上开始"退步"和走向"保守"，你怎么看这样的观察？

余华 总是有人热衷于猜测，当我赞扬某一位二十世纪的作家时，就有人站出来说我在受到这个作家的影响。同样，当我赞扬狄更斯和陀思妥耶夫斯基的时候，有人就说《兄弟》是向他们学习的。事实上《兄弟》这部小说和狄更斯的小说、陀思妥耶夫斯基的小说完全不一样，可是因为出版《兄弟》的时候，我说了一些赞扬他们的话，然后《兄弟》就被他们扯进了十九世纪文学的继承者行列了。

在文学观念上的"退步"和"保守"，这是一些年轻人的想法，我年轻的时候也曾经这样认为，现在我不会这样去想了。喜欢二十世纪的小说就是新观念？喜欢十九世纪的小说就是旧观念？如果喜欢莎士比亚和蒙田，是不是应该进入考古学家的行列了？以此类推，现在二十世纪也结束了，那么喜欢二十世纪的小说也应该是"保守"了？事实上在文学里，根本不存在什么"保守"和"退步"，只要是伟大的文学作品，不管是什么时代的，什么叙述形式的，都会被一代又一代的读者怀着赤诚之心去阅读。

张英 你的先锋派作家身份在《在细雨中呼喊》以后就结束了，在写作上开始告别个人和内心感受，告别先锋和实验，开始走向历史和现实、社会，比如《活着》《许三观卖血记》，甚至包括你那个写江南小镇一家四代人生活命运的长篇小说，再到《兄弟》，你好像越来越喜欢宏大叙述了，你描写一个"世纪"的野心、"史诗"情结是从哪里来的？

余华 在我过去的作品中也有历史、现实和社会，比如《现实一种》等；从《活着》到《兄弟》的叙述里，也充满了内心的感受，只是明显的程度不一样而已。

一个作家的小说越写越大，我想是一种必然，随着人生阅历的丰富和生命的成熟，还有时代的变迁等原因，作家把握叙述的能力也会不断加强，小说的结构也会随之扩大。

虽然十九世纪的作家写下了很多巨无霸式的小说，二十世纪的作家也有这样的巨著，其实这是很多作家内心深处涌动的愿望，就是一生的写作里，一定要有一部大的作品。

况且我又是一个不断变化的作家，为此我在博客上专门回答过一位名叫冰雪蓝的网友的问题，我这样说：我越来越清楚自己是一个什么样的作家。我只能用大致的方式说，我觉得作家在叙述上大致分为两类，第一类作家通过几年的写作，建立了属于自己的成熟的叙述系统，以后的写作就是一种风格的叙述不断延伸，哪怕是不同的题材，也都会纳入这个系统之中；第二类作家是建立了成熟的叙述系统之后，马上就会发现自己最拿手的叙述方式不能适应新题材的处理，这样他们就必须去寻找最适合表达这个新题材的叙述方式，这样的作家其叙述风格总是会出现变化。

我是第二类的作家。20年前我刚刚写下《十八岁出门远行》时，以为找到了自己一生的叙述方式。可是到了《活着》和《许三观卖血记》，我的叙述方式完全变了，当时我以为自己还会用这样的方式写下几部小说。没有想到写出来的是《兄弟》，尤其是下部，熟悉我以前作品的读者一下子找不到我从前的叙述气息。

说实话,《兄弟》之后,我不知道下一部长篇小说是什么模样。我现在的写作原则是:当某一个题材让我充分激动起来,并且让我具有了持久写下去的欲望时,我首先要做的是尽快找到最适合这个题材的叙述方式,同时要努力忘掉自己过去写作中已经娴熟的叙述方式,因为它们会干扰我寻找最适合的叙述方式。我坚信不同的题材应该有不同的表达方式,所以我的叙述风格总会出现变化。

我是畅销书作家吗?

张英　由一个被少数人知道的纯文学作家,变成一个大众所熟悉的畅销书作家,怎么看发生在你身上的这些变化?

余华　这是 20 多年漫长的经历,不是那种一夜成名的经历。我确实意识到了《兄弟》一书所受到的关注程度,我想原因十分复杂,在《兄弟》之前,我的其他作品已经受到关注了,毕竟我已经写了 20 年的小说了,20 年的逐步积累,起到了推波助澜的作用,《兄弟》的出版给我的感觉是,这种关注突然爆炸了。

事实上很多作家都有过类似的经历,从被少数人关注,到被大众所熟悉。加西亚·马尔克斯在《百年孤独》出版之前,已经出版了四部小说,在拉美的文学界已经被注意到了,可是《百年孤独》的出版,让马尔克斯立刻爆炸成一个大众熟悉的作家,在 1000 万人口的哥伦比亚就卖出去了 100 万册。还有法国的杜拉斯,她在晚年写下了《情人》,此前她已经是一位法国文坛瞩目的作家了,可是《情人》在法国卖出去了 500 万册,杜拉斯立刻成为一个大众熟悉的作家了。

在 13 亿人口的中国,《兄弟》的上部和下部仅仅是分别接近 50 万册,就已经如此议论纷纷了,我想这是我们共同的悲哀。不要说美国和欧洲的那些大作家了，就是韩国和日本的那些严肃作家，一部新书销售超过 100 万册根本不是新闻。

台湾的一位朋友告诉我，按照人口比例的话，《兄弟》的销售也就是达到了台湾作家张大春、朱天文"还好"的时候，不是他们"最好"的时候。

张英 我记得，在南海版《活着》之前，你的作品卖得并不好，怎么会突然就开始畅销了，你分析过其中原因吗？是不是和电影有关？

余华 《活着》不是突然畅销的，是慢慢畅销起来的。我想这和电影肯定是有关系的，不过最重要的是当时的出版环境实在糟糕。我记得当时一位著名作家的新长篇小说出版前向书店征订时，仅仅收到 30 多册的订单。

长江文艺出版社最早出版《活着》时，就是这样的现实，当时《活着》给任何出版社都会这样。1998 年的时候出版环境好了，所以南海版的《活着》也好起来了。

张英 《兄弟》出版以后，已经卖了 40 万本，在出版前，你有这样的心理预期吗？

余华 《活着》各种版本的销售加起来也快有 100 万册了，上海文艺出版社出版了才两年时间，就印刷到了 27 万册。《许三观卖血记》的几个版本加起来也肯定超过 50 万册了，就是《在细雨中呼喊》也差不多接近 30 万册。应该说《兄弟》卖到 40 万册，我不会吃惊，我吃惊的是这么短的时间卖到 40 万册。

市场不在我控制的范围

张英 市场和读者对你重要吗？会对你写作有作用、影响吗？

余华 我想为市场和读者写作是做不到的，因为市场瞬息万变，读者众口难调。我以前就说过这样的话，对于一个作家，认真写好自己的每一本书是他的势力范围，一本书出版以后的命运如何，已经超出了作家的势力范围。就像每一个人都有自己的人生道路，每一本书也都有自己的道路（命运），父母无法控制孩子的人生道路，作者也无法控制作品的道路（命运）。

张英 怎么看《兄弟》一方面让专业读者（包括你以前的读者）失望，一方面却在普通读者（包括 1980 年以后出生的网络读者）中走红的这种现象？

余华 我是在《兄弟》出版之后才知道还有"专业读者"这个词组，这是一个奇怪的词组，要知道文学是大众读物，不是专业读物，为什么现在出版社分为大众读物出版社和专业读物出版社？前者是非实用的，后者是实用的。

我想你所指的"专业读者"是文学圈内的人士，我确实听到了他们中间批评的声音，可是我也听到了他们中间赞扬的声音；在你所指的"普通读者"里，这两种声音也同样存在，所以才会有争议。你括号里所指的1980年后出生的读者，我觉得基本上是我过去作品的读者，他们关注我，继续读我的新作，这是很正常的现象。

对我来说，只有读者，没有"专业"和"普通"之分，我昨天在博客的互动里说了这样的话：用先入为主的方式去阅读一部文学作品是错误的，伟大的阅读应该是后发制人，也就是怀着一颗空白之心去阅读，让内心在阅读的过程里迅速丰富饱满起来。

张英 你说"我深感幸运总是有一些人在理解我",但现在更多的是大量的人不理解你。谁对你影响更大,是那些一直支持你、理解你的老读者还是新起来的一代年轻人?

余华 有多少人在理解我,又有多少人不能理解我,这是无法计算的;理解我的是老读者还是新读者,这也是无法计算的。《兄弟》下部出版只有一个月的时间,虽然有着很好的销售业绩,但是这还不能说明一本书的真正价值,在那些刚出版就畅销的文学作品里,有些与世长存了,比如《百年孤独》,另一些销声匿迹了,也就没有比如了。

同样的道理,一部文学作品刚出版时得到的评价也不能证明其真正价值,有些作品开始时好评如潮,可是最终被人遗忘,另一些充满了争议,可是最后成为经典,比如纳博科夫的《洛丽塔》。对一部文学作品的价值判断,我只相信时间,50年以后是否还有人在阅读《兄弟》?现在谁也不知道。

张英 在创作上,你越来越不在意他人的观点,你的自信来自哪里?从什么时候确定的?

余华 我一直关注读者的意见,只是我对那些空洞的大话、套话不屑一顾,对那些认真严肃的意见,我会认真思考。你说到自信,其实一个作家写作之初就有自信了,否则他无法写下去,只是开始时的自信比较脆弱,随着时间的流逝、经历的丰富,自信也会逐渐强大起来。我已经写了20多年了,在中国文坛经历了20多年,我应该是见多识广了。

张英 10年前你曾经对记者说过:"我认为我始终是走在中国文学的最前列的。"现在你在什么位置?

余华 现在我仍然这么认为，只是我觉得 10 多年前的这句话说得不准确，没有一个作家可以走在文学的前面，但是重要的是一个作家应该始终走在自己的前面。回顾自己 20 多年的写作，如果说我对自己还感到满意的话，就是我一直努力走在自己的前面。这也是为什么每一个时期我的作品都会有争议，先锋派的时候有争议，《活着》和《许三观卖血记》时有争议，现在《兄弟》的争议因为网络和媒体的介入，其声势让我自己都吃惊。

故乡与写作

张英 说说你马上要写的那个江南小镇上四代人命运变迁的长篇小说吧，我知道它已经纠缠你很久了。

余华 这是在《兄弟》之前的一部小说，我现在放下了，什么时候拿起来续写我现在还不知道。在闭门写作《兄弟》的两年时间里，我将很多事务拖延了下来，现在到了我要去处理的时候了，我想也许九月以后我有时间安静下来了，那时候我再考虑下部小说是什么，也许是这部巨大的长篇小说，也许是另一部短一些的长篇小说。

这部小说的故事发生在一个名叫溪镇的地方，四个家族三代人一个世纪的动荡。其实我只想写一部大规模的小说，就是这一部，没想到后来发生在"我们刘镇"的《兄弟》竟然也超过了 50 万字，如果把这部小说完成，我就有两部大规模的小说了，我觉得足够了，我可以写其他相对规模小一些的小说了。

可是谁知道呢？1998 年我接受采访时还信誓旦旦地说：我不会写作超过 50 万字的小说。结果八年以后我挥手打了自己的嘴巴，现在我有教训了，就是不要预测自己以后会写什么。

张英 其实你长大以后不久就离开了故乡海盐小镇，但你一直在小说里写它，还说"只要写作就是回家"。其实在中国现当代小说一直是在"农村"和"城市"背景展开的，写"小镇"生活的作家并不多。在写作时，海盐小镇对你意味着什么？它是一种现实存在，还是一个想象背景？

余华 今天的海盐已经面目全非，已经不是我虚构中的那个南方小镇了，所以它已经不是一个现实存在。我叙述的所有的故事几乎都发生在南方的某一个小镇上，刚开始写作时和海盐还有点关系，现在毫无关系了。那个现实中的小镇在我的写作里越来越遥远，最终完全消失了，消失以后回来的是一个想象中的小镇了，一个具有南方小镇普遍特点的小镇，所以我现在叙述中的南方小镇已经没有明确的地理位置，是一个抽象的南方小镇，是一个心理的暗示，也是一个想象的归属。

张英 海盐小镇对你的写作有多大帮助？在离开它的漫长岁月里，你和这个小镇有什么日常联系？通过什么渠道了解它这些年的变化？你怎么看待它的变化？

余华 我在海盐生活了 30 年，现在我的父母和哥哥一家仍然生活在海盐。我每年都会回去，我仍然目睹了它的变化。事实上我也目睹了其他南方小镇的变化，它们差不多是用同样的速度和同样的方式在变化。

海盐对我写作的帮助？很简单，它控制了我童年和少年时期的全部生活，我曾经说过童年和少年时期的经历决定了一个人一生的方向。世界最初的图像就是在那时候来到我们的印象里，就像是现在的复印机一样，闪亮一道光线就把世界的基本图像复印在了我们的思想和情感里。我们长大成人以后所做的一切，其实不过是对这个童年时就拥有的基本图像做一些局部的修改。当然有些人可能改动得多一些，另一些人可能改动得少一些。

苏童

■

我只忠于小说想要表达的东西

我记得，差不多是1995年夏天，我在南京第一次采访苏童。

当时采访的地点，大约是在鼓楼和新街口之间的一个茶馆还是咖啡馆，我记不清地点了。时间是下午两三点的样子，苏童穿着T恤衫，短发，浓眉大眼，身材魁梧。我采访了一个半小时，把他的中短篇小说代表作，还有他当时的长篇小说，都问了个遍。

那时，我正在复旦大学读书，一边读书写作，也给《新民晚报》《羊城晚报》和《作家》《山花》杂志撰稿，谋生养活自己。那一次的采访，是应《作家》杂志编辑李健君的约稿。那次的苏童采访，完全根据录音整理出来，一字一字写成稿件，寄给了《作家》。

李健君在电话里说，稿件收到，已经编得差不多了，准备在下两期发表。后来不知道怎么回事，又说稿件找不到了。宗仁发老师也催他查找，但稿件最终没找到。我当时也没有留底稿，那个采访的录音带，留在了武汉老家，就彻底没了音讯。

后来，我到北京，在《音乐生活报》当记者，因为丁晓禾策划了一套书，由作家王朔、余华、苏童、莫言选编了《影响我的10部短篇小说》，苏童那本选编的是《枕边的辉煌》。当时做了一个电话采访，算是弥补了第一次的遗憾，发表在《音乐生活报》文化周刊上。

再后来，图书策划人石涛做了"重述神话"出版项目的中国部分，在引进版权、翻译出版了几本外国小说后，他请苏童、叶兆言、阿来、李锐等作家，分别创作了几部长篇小说，加入"重述神话"这个国际出版项目。苏童选择的是《碧奴》，写了孟姜女哭长城的故事。

那时，我已经到《南方周末》工作。2006 年 6 月 11 日，在上海的一家酒店里，我先后采访了苏童和石涛，话题主要围绕《碧奴》展开。此前，美国《滚石》杂志中文版创刊，应主编郝舫邀请，我电话采访苏童，文章《我是一块不滚动的石头》发在了创刊号上。可惜这本杂志出了一期就停刊了。

此后是 2009 年，苏童的长篇小说《河岸》在人民文学出版社出版，在潘凯雄的陪伴下，我在上海市中心的一家老公馆里，一边看足球，一边围绕《河岸》和写作转型，做了一个采访。

最近一次采访，是在 2013 年 8 月的上海书展，作家出版社出版了他的长篇小说《黄雀记》。那天，本来主办方安排在签售前有个座谈会，可惜排队的读者太多，从一楼排队到二楼，座谈会取消，最后只能进行电话采访。

2020 年，《青年作家》委托我采访苏童。但因为手里的长篇小说写作不畅，烦恼的苏童最后拒绝了采访。我理解苏童，一旦进入创作期，他顾不上别的事情。

以下内容根据前几次的访谈内容梳理，系首次发表。

《河岸》弥补了多年未遂的心愿

张英　与完全虚构的《河岸》不同，《黄雀记》有很强的现实背景，人物也有现实原型，这个小说是怎么来的？

苏童　《黄雀记》这个小说来源于真实生活，二十世纪八十年代，我认识的一个街坊里的男孩子，看上去老实巴交，但他后来莫名其妙地卷入了一起青少年轮奸案，变成了强奸犯，据说还是主犯。尽管他一直喊自己无辜，想让当事的女孩更改口供，但没有成功，最后坐了很多年的牢。

这个事情在我内心存放多年，最后变成了《黄雀记》小说的起点，男孩成为主人公保润的原型。小说的故事，也围绕那起强奸案展开，回到香椿树街，讲述的是在三个少年之间的友情、爱情和背叛、复仇。

这个小说在《收获》发表时删了五万字，后来在作家出版社出版，恢复了全本。后来，导演高群书很喜欢这个小说，买了电影的改编权。

张英 相对《黄雀记》，其实我更喜欢《河岸》。

苏童 从《河岸》到《黄雀记》，我写的其实都是时代背景下的个人的心灵史。就我个人而言，《河岸》《黄雀记》是我比较喜欢、满意的小说。

《黄雀记》回到香椿树街，回到了《城北地带》的故事。如果说，以前的中短篇小说，我建构起香椿树街这个文学地理，我写了一些街道，甚至是门店里发生的故事，《黄雀记》通过二三十年的长度，则是建构起了香椿树街的标志物，就好像有了中心广场，有了建筑标志物，这个地方有了代表性的重要标签。

我现在手里写的这个长篇小说，也是有关香椿树街的故事。我想给香椿树街的故事继续添砖加瓦，用文字构建一个更大一些的轮廓。但手里的这部小说还在反复打磨，写了改、改了写，我现在还不太确定这部作品未来会以什么形式出现，目前还在持续的思考过程中。

张英 每次采访你，你都会把刚完成的长篇小说当作最喜欢的作品。

苏童 这怎么说呢，我的结论都是诚实的。因为我不是一个说谎的人。现在每个家庭都只有一个孩子，但是以前老式的家庭有很多子女的，最小的老疙瘩最受人宠爱。也有可能我五年后又写了一部长篇，又说是最满意的。

从理性上说，我在《河岸》当中确实做了最大的努力，实现了我以前很早所设想的自己的创作道路，就是要从自己身边绕过去，而且要绕到最远，从距离上来说，这是我离我自己最远的一部小说，因此我很满意。

张英 《河岸》的故事是怎么来的？

苏童 我的所有创作计划都是比较感性的，不是那么理性的。纲领性的规划，我从来都没有这个东西。"河流"这个词，在我对于世界的感受当中，是一个特别的词，我觉得它不光是诗意，它与我的生命确实有相关的地方。

在很早以前，我就想过要写一部关于河流的小说，但什么时候写，写一个什么样的故事，我没想过。我曾经想过这样的形式，像高尔基的一个小说，写他家乡的河，我也是沿着河流走，写人间万象。

确定要写这个小说，是因为我女儿，她在回加拿大之前，我说我带你去看看运河吧，我们正看的时候，突然来了一个船队，船上大概十来个船夫，我当时就想，可以写一条船的故事。这个时候开始有了动机了，开始有了小说的这个形式，小说里要有人和河流和船。之后的小说，就是这个起点的一系列发展。

张英 对你来说，童年经历在创作上的作用有多大？

苏童 《河岸》的时间背景，主要是"文革"后期。因为像我们这个年龄段的人，出生成长在什么样的年代，都是身不由己的。当然，我不太同意过于强调人与时间的胶着状态，这是可以分离的。但一个人生活在什么样的时代，这是绕不开的，是一个情结。

我的这段童年的成长经历，在之前的小说里我没有写到过。写《河岸》，我觉得这是一个机会。这也是我的一个心愿，我想了这个情结。这是完全建立在属于我个人感受上的一个时代。在《河岸》里，我不想复原那个时代，一个是不相信，我也不希望这样做。

我用两种手段和两种武器，去打捞这个时代。我觉得一种肯定是理性，打捞起来的邪恶或善良，前进或倒退的道德判断，这个是理性的。另一个是我想极力去挽留的：我小时候的生活记忆。尽管那个时代是动荡的，但它同样也是值得铭记的人生。

我不想通过事件来写那段生活经历，我主要是想挽留那个镇，那个所谓的油坊镇，油坊镇的芸芸众生，他们所留给我印象当中一些零碎的片段，就像是电影胶片，我脑子里对这些人的记忆，更多的就是挂念。

我很清楚，在《河岸》这个小说里面，其实就是河与岸的这么一种来回穿梭式的描述，内心一直在表达这么一种意愿，其实是想寻找一个人，和那个时代若即若离、互相寻找和逃避，又互相制造痛苦的这么一种关系。我想还原这么一种时代的感受。

张英 你在《河岸》里，保留了哪些儿时的记忆？

苏童 这个小说里头，我觉得有一个比较明显的标志，就是我对于文字的记忆，到处可见的横幅，刷写在大街小巷墙上的标语，还有贴在墙上最招眼球的法院布告，我一直在努力地书写我对于文字的记忆，还原和推理那个时代。

我这个年龄段的人，在"文革"后期还小，对那个年代，我印象最深刻的是对于文字的记忆。我们家还没有字，舅舅家墙上的字我到现在还记得。

那些零零碎碎的文字，潜藏着最初的文字与政治，最后牵涉到暴力。我一直在说，荒诞的年代不需要批判，荒诞的年代谁都知道荒诞，不用去说。所以我关注的是那个时代的人，人的命运是不同的。一个人和他生活的时代的关系，这是绕不开的。我之前没有写到过"文革"，我觉得这是一个机会，也是我的一个心愿，我想了了它。

张英　在处理这段历史时，你举重若轻，很多作家在书写这样的历史时，为打动读者、震撼人心，往往会借助历史的力量。

苏童　我和别的作家不同，我不想借助历史的力量，也不想拿材料来用。我写时代是很轻的，我一方面想刻意表达那个时代，但我要用轻的方法。

这个可能是潜藏在我内心的一个情结，或者说是，我觉得并不是写了这个会怎么样，应该怎么样，没有那么明确的目标。就觉得该有这么一个机会去说这个故事，这个小说提供给我一个机会。而且，二十世纪七十年代并不是一个时髦的、很多人都在写的时代，但它对于我自己很重要。

我自己其实是城市的第二代移民，父亲那一辈则是在完全的乡下，到我这一辈，乡土完全在旅行之中，随着父母家的变迁，我的乡土在旅行。我为什么写河与船，其实也暗示了这么一种想法在里面。

我们说乡土也好，家乡故土也好，甚至写乡土小说，其实说到底，是一个大的修辞。很多作家就活在修辞当中。既然我是活在修辞当中，那么我必须用修辞来形容我的生活，最后我选择了河流。我愿意把它作为我的一个特别的书写对象，不光是二十世纪七十年代的记忆，也是我在河流之上的生活。

我以前说过一句话，我现在还是相信的，就是一个人的童年和少年时代这十几年，够一个人写一辈子。但是恰好，童年是非常重要的一部分，我以前正好没有去碰，不是我不想碰，而是没有一个合适的机会来写。所以现在正好是一个传达的机会。

张英　你笔下的油坊镇、香椿树街，其原型"苏州城北地带"还在吗？

苏童　全都没有了。我其实从来没在小镇上生活过，我家住在苏州北部，这个城区很古老，后来又大规模建设工厂，南来北往的人特别多，工业化的痕迹很重，社会秩序也比较乱，所以我笔下的油坊镇也保留了这样一个特色。

枫杨树乡算是另外一个区域，我也以此为背景，写过一些以乡村为背景的小说。后来因为我不太想把乡村一直写下去，就在地域上做了一个区分，构建了油坊镇。

我以前住在南京，住在市中心，现在我又搬到北部去了。我小时候住在苏州河边，现在住在江边，在写作上，我现在有了点依靠。

我的写作到2008年才突飞猛进，速度加上去。我现在有点迷信，哎，这搬到水边，就对水有了灵感。

我们经历的禁忌时代

张英　《河岸》让我想起《西瓜船》，有些场景有连贯性，在气韵上，两个小说有联系吗？

苏童　《西瓜船》跟《河岸》相同的是，都有河流，都有船，都写到城乡的东西。但那个故事内容相对简单，就是一个乡下男孩子到城里卖西瓜，就是为了一个西瓜，出了人命，他就死掉了。这个故事过去了就过去了，不是某个时代的暴力。每个时代都有这样少年之间争狠武斗的故事。

但我要说的是，这个儿子是借的别人的船，他母亲到城里来，知道儿子死了，她必须掩盖内心的悲伤，把船摇回乡下的家去。我想写的是一个很简单的故事，船上有一滴血，老太太是踩着儿子的血回去的。

《河岸》这个小说说到底，我写了三个半孤儿的故事，所谓纠葛都是孤儿的纠葛，他们的情仇爱恨，都主要放在这个人物圈里面。这是我设计的人物脉络图，这不能说是一个寻宝图，它是小说人物的一个主要动力。

还有他们三个人对故乡一系列的寻找，寻找乡土也好，寻找屋檐也好，寻找母亲也好，这其实是孤儿共有的特性，那么延伸下来，后面还有寻找爱啊，寻找人生的希望，别的什么东西，整个小说的一个动力是寻找。

后面的船队也好，整个油坊镇的世界也好，相对封闭，与外界保持这么一个传声筒的关系。那个世界是相对静止的。

张英 听说，现在的《河岸》和你当初想写的故事，落差很大。

苏童 《河岸》最初是父子关系，那条船其实是流放船。因为父亲犯了作风错误，还有烈士的问题，七十年代就倒霉了嘛。那个时代倒霉有很多原因。因为父亲的政治境遇到头了，那个孩子跟着父亲去流放，从这个孩子的视角，引入第一个孤儿，就是女孩子慧仙，再后来是一个傻孩子扁金，他父亲说自己也是一个孤儿，所谓的烈士孤儿。结果他这个光荣的身份不断被解构，最后化为乌有。

所以《河岸》最初是父子关系，后来写着写着，推进到一个并不存在的暗恋的状态，一个很苦的单相思的状态。另外一个动力是，究竟谁是烈士遗孤，还有库家父子和扁金之间的暗斗，所谓正统的血统之争。这个看上去有些荒诞，但也是我用很多篇幅去表现的。

张英 《河岸》中的性描写，你说写得很艰难的，为什么？对今天的作家来说，这已经不是一个问题。

苏童 坦率地说，在《河岸》里，在"文革"那个年代，"性"真的是其中一个很大的问题，这是小说的重要目的和主题，我必须得写。在一个强烈压制性的时代，从道德借口出发，以性问题把一个人搞臭，在那个时代随处可见。我觉得性问题是人生中间的大问题，性处境是人生中间的大处境。性对人性的挤压，有时候你在生活当中能够意识到。我想我说的是这种挤压，看得见与看不见的性对人性的挤压。

在《河岸》里，我想通过七十年代一个比较特殊的对比，做出一个交代。库文轩不幸做了我的炮灰，所以他被了断了。我要用一个非常极端的人物形象的例子，关照我所要表达的这么一个主题。

为什么难写，好多年前我也说过，"性"不好写，因为"性"有色情的成分，谁都不愿意做色情的写作，所以它的难度就在于这个尺寸和度的把握，再聪明的作家也有可能误入歧途。所以我说它的难，其实就在于这个尺寸和分寸的把握上。

张英 性是欲望、野心，也是生命、活力的象征。《河岸》里叙事还是够狠的。库文轩剪掉阴茎，也隐藏着暗喻。

苏童 我在写的时候，觉得性问题其实是一个人性的问题，性环境是一个重要的人性环境。最重要的一点，我想表达的性这个东西，它对人生的这个挤压，到现在我觉得仍然是个社会问题。它并不是一个时代，或者说只是七十年代的社会属性问题。

直到现在，性的境遇仍然是一个人的命运和遭遇问题。但很多人都在回避这个问题，这个问题作为一个话题，在很多作品当中可能都略过去了，擦过去了，不会作为一个主要的写作目标。在《河岸》里，我其实是把性当一个严肃的社会问题在讨论。

库文轩也好——做父亲的这一方，儿子库东亮也好，我一直在表达他们的性处境，其实也是人生处境，库东亮他拿起父亲写的交代书的时候，突然就勃起了。他母亲永远不准他勃起。他在青春期成长方面，受到的从身体到灵魂的约束，是全方位的。

对于库文轩自残的行为，很多人觉得他的自残很突兀。那个女人守在船边，她本来就是一个复仇者，库文轩自残的行为，从某种意义上来说，是种逼迫，是走投无路下的必然之路。

所以我在想，我有哪里没表达清楚吗？我自己感觉到并不突兀。因为他父亲必然会丢掉半个阴茎，所以从此之后才会不上岸，从此一直在河上，把河作为他的屋檐。

张英　因为库文轩不是一个知识分子，所以读者会觉得突兀。库东亮的成长压抑，是隐喻，是象征，也是很多人经历过的黑暗青春。让我想起王小波的小说《时代三部曲》。

苏童　但我觉得还是把他写得很有文化的。库东亮的压抑，一本书就把他的欲望压住了。可能有的读者会觉得不舒服，因为父母的这个爱是很阴郁的，母亲不准他勃起，勃起就要打，父亲时时看管他的手，不准他碰到生殖器，这个是有点夸张的。

但这样的青春期和成长，形成库东亮对于爱情的苛求，所以他的爱情，最后走入一个死胡同。这个细细品味，是很哀伤。如果说是一个爱情故事的话，是一个很哀伤的爱情故事。库东亮呢，他没有伤到自己的身体，还算好的。

其实更大的悲剧是库东亮，而不是他父亲。他的父亲其实已经洗清了，已经得到救赎了。一次救赎的过程，随着他剧烈的运动已经解决了。但是库东亮一直没有解决这个问题，因为他一直被动的人生状态，不是因为自己的父母，就是因为他人，他总是东奔西突的，不是随波逐流，却总是被带入种种深渊之中，陷入茫然失措的状态。

最后是扁金，从他父亲一开始，从他父亲的来历开始，从水上来，回到水上去。父亲的轨迹很简单，最初是被放逐，后来是主动的放逐，放逐的是自己。他是鱼还是婴儿不重要，不让他上岸，可能就是让他做一条鱼。有一个超现实的地方在那里，有可能就是要放逐到河里，不能上岸，最后走上跟父亲一样的人生。最后我的小说结局，是开放性的，让读者想他能不能上岸。

张英 你从来都不提供一个光明温暖的结局。

苏童 我不太善于提供一个温暖的结局。小说里的慧仙，其实是配的一条线。慧仙是一个孤儿，她和库东亮这个半个孤儿之间，形成这么一种对应关系。我给他们起的绰号，所谓水葫芦也好，向日葵也好，他们应该是有故事的，无论怎样，他们是在寻找爱与温暖。

张英 人老了，就开始回忆了。这两部小说，都是往回走。

苏童 其实我的小说一直都是一种往回走的方式。当然并不能说因为时空不同就是往回走，这只是一个姿态。一个作家潜意识中会流露出对于某一种小说时空的惯性，我的惯性是依赖于往后。这个是很奇特的，我不知道是什么原因，反正我在创作上是一直往回走的。

我的小说都是虚构的，但我写的时候，很多都是小时候的事情，但是很多时候你会被带入，像一个符号一样，有时候这些生活的记忆会被唤醒。我在《河岸》里一直在写我自己比较喜欢的人，还有他们与河流的关系，这样的关系，之前的小说没有人去表达，但我很感兴趣。我有很多笔墨是在写人与河流的这种欢愉。

我小时候，常年住在河边，我小时候很安静。因为如果你不是长年累月住在河边，你对河流的感受仅仅是流动。但如果你常年生活在河边，你会发现很奇特的地方，比如说河面的光经过折射，反射到你家的窗玻璃上留下的那个光斑。我小时候回家就能看到，而且每天都不一样。

还有就是，有一年的冬天，我在河滩上玩，地上很滑，我就咣一下滑到了河里。在这个时候，我觉得河水是重物，就是石头一样的，我被"石头"啪一下砸到，如果是在雨季，河水还会带走生命。河水是石头，我有这样的感官认识。

到了夏天，那是我跟河水最亲密接触的时候。我最喜欢的是，啪，一下潜到河里，像我这样水性好的，两分钟没问题。我小时候最感兴趣的是有人说我们的河底是有枪的。"文革"的时候，有人把枪从江对面的塔楼上，啪一下扔进河里。河里的声音真是，咕咚咕咚。所以在写库东亮时，我用到了自己的记忆。

我一次次潜到河底时，会发现那个声音。不一样，季节不一样，颜色不一样。冬天河水不是黄的，是黑的，其实是你的恐惧。那个不期而遇的时候，我觉得河水"吃吃吃吃"那个声音也很微妙。小说里的库东亮，永远听见河水对他说下来下来，所以他父亲最后下去了，再也没回来。

我现在怀疑，我以前是否听到了"下来"两个字，但它真的是可能说出来的。所以我并不是想渲染水的这么一种神秘啊、暗喻啊，都没意思，但我本身对于河流的这样一种描述是蛮着迷的，所以小说很多篇幅上，或者说情绪上的因素，对小说来说，是绿叶、是助力，也是叙事的动力。

还有更多的是，河流把人的内心放大。游泳池里是没有感觉的，不是那么回事，你只有在那种天然的河流里去听，人说话是听不见的。因为河水的河床，两边建筑物的高低造成了河流的声音，那个声音确实是很好听的，很空洞，很空旷。

我小时候住在工厂，在水里听到那个声音，嗡嗡嗡嗡嗡，有时候觉得是马达的声音。我在六楼，能听到一楼的孩子的声音。我们小时候那个河里头，东西不要太多，二十世纪六十年代的老人，就在水里只靠手去捞甲鱼，还有螃蟹、螺蛳、鱼，我自己去捞过鱼。

这些经验，很少在小说中看到，我自己也写过随笔散文，但总是不甘心，所以都用在了这个小说里，极大地满足了我的心愿。以前我没有意识到，这些都是很有意思的记忆。我写小说没有那么势利，有时写小说往它的主要功能上靠，有时往它的次要功能上靠。可能有人读的时候，会觉得这些场景，是可有可无的。

张英　《河岸》是不以男人为主角的小说，你以前的小说里的女性很出彩，你怎么看你"女性专家"这个称号？

苏童　因为《妻妾成群》《红粉》那组小说，几乎把我搞成女性专家了，而我一方面觉得这个很荣耀，一方面负担也很重。所以我也不知道是幸运呢，还是不幸。说到苏童的作品，很多人觉得就是写女人的。写女性的这些作品在我的所有作品当中，它只是一个系列，就像所有的驳船船队，它只是一条船，却把它当作一支船队，别的船都看不见。这让我多少有些失落和遗憾。但说实在的，写作本身有遗憾，写作的传播对于一个作家来说也多少有遗憾。

关于女性的写作，我很有可能写完这一部，我下一部又是一个女性的视角的，或者以女性为主的一个小说，很有可能。《河岸》中的女性慧仙是到好几万字以后才出现的。从一个小女孩儿，到一个少女，到一个姑娘，她在这个小说中可以说是唯一的主人公，但这个小说里最重要的其实是库文轩、库东亮父子的荒诞命运。

量身定做写《碧奴》

张英　石涛是怎么说服你写《碧奴》的？

苏童　当时我正好出了一本《我的帝王生涯》英文版，这就是他找我的真正的原因。在二十世纪八十年代初期，石涛也是一个作家，我们上大学的时候，他已经在《萌芽》等文学杂志上发表小说了。我们上大学的时候，文学青年就是读文学刊物，而且非常关注那些发表作品的年轻人。

石涛那时候写得好，我当时在大学时代对他印象非常深。后来他成为第一批去美国的留学生，回国后开始做图书了，但我从来没有见过他。

石涛给我打电话，跟一般的书商打电话是不一样，他并不了解我，从来没有见过我，以一种很信任的态度，介绍了这个国际出版项目，说了萨拉马戈、玛格丽特·阿特伍德是参与者。他一开始就把这个全球作家阵容给我亮出来了，让我很惊讶。

我很耐心地听他说，很快知道他要做什么了。"重述神话"系列图书项目，由英国坎农格特出版社著名出版人杰米·拜恩发起，这个出版社在英国是个非常独立、专出版纯文学的小出版社，他们也是突发奇想，要做一个有理想的大事情。它能够在全球拉到那么多的著名作家参与，肯定是这个事情让作家们都有兴趣。

我认为萨拉马戈是一个伟大的作家，我个人的评价是他从才华和创作上仅次于马尔克斯；还有一个玛格丽特·阿特伍德，是我印象很深的加拿大女作家。他们都参与进来了，那我也做参与者，我也觉得挺好的。

张英 你怎么看策划者的动机和目的?

苏童 如果你是一个知识分子,如果你对这个事,对文化这个东西比较敏感的话,你会觉得一个所谓的民族神话和一个民族的当下创作,是一个非常好、非常高尚的炒作点。这真的是个好事情,只有我们能够明白这个东西的价值,把我们各民族、各国家被冷落的神话传统,让今天一个正当创作盛年期的作家用新的面目、新的方法重新进行创作,把这个源头作为一个创作资源,看你能写出什么样的东西。

西方很多民族的文化传统有一个同源性,来自希腊神话、罗马神话、《圣经》,东方比较复杂,非常复杂,有很多不同性,他们也没有把握判断文本,所以他们找的都是非常有名的作家。

我非常认同英国出版商那种倡议的动机,神话对一个民族的精神、对一个民族的文学传统产生多大的影响,在东西方是不同的,西方的创作是笼罩在《圣经》和希腊神话这样的传统下慢慢成长的,在国外,作家经常起用希腊神话、《圣经》故事进行二度创作,其实《尤利西斯》也是来自神话,西方更普遍的一种说法是小说本来就是脱胎于诗歌,诗歌又是从《荷马史诗》中走来,《荷马史诗》来自哪里,还是神话。

而我们就是非常纷乱、混乱,没有一个稳定的传统,而是层出不穷,一个接一个的神话和传说,经过了几个世纪的大浪淘沙颠覆以后,我们反而看不清我们的文学来源,这个来头被覆盖了,被遮蔽了,这么多年我也没有认认真真地回头审视这个神话资源。

因为要参与这个项目,我做了大量的阅读工作,发现我们中国的神话已经很牛了,这是我头一次想这个问题:所谓魔幻从哪里来? 拉美的魔幻,其实就是来自神话的第一手资源,想象力借助神话非常容易飞翔。你看中国的神话，你会非常理解拉美的魔幻现实主义，其实它是没有间隔，它从一步直接跳到这一步，因此所有的东西都是飞起来的，所有的东西都是夸大的。这次写《碧奴》，再一次帮助我确认了解某一些被认为是现代派的作品，那种写作姿态，给了我一个明确的坐标，因此我也有信心写这样一部作品。

张英　出版方开出了百万版税预付金请你写这个小说，这也是你的写作动力吗？

苏童　所以后来说，好多媒体在 100 万预付版税上做文章，我跟石涛说，你给我证明一下，我答应你的时候有没有说钱，根本没有提到版税的事情。

这个事情，是石涛当时跟我谈的。好多人认为你写这个小说，因为给你这么多版税，你肯定写。确实我接下这个活的时候，他没谈这个版税。后来版税变成我的一个惊喜，而不是一个条件。因为出版方对我的创作没有任何干预和影响，他们没有任何的要求，最多就是一个半命题作文，只要是神话重述这个范围就好。孟姜女哭长城甚至不是神话，更准确地说是民间传说到神话的这么一个嬗变，这都没关系，完全是我自由创作写的小说。

第一，它是我的小说，第二才是一个"重述神话"项目的组成部分。因为毕竟要变成十几个国家出版的书，国外读者从阅读中收到什么样的信息，我不知道。

张英　先拿钱后写作，这对你会有压力吗？

苏童　我的想法是，我不去考虑这些东西。我对石涛说，我也这么个年龄了，要写一个长篇也不容易，人到中年，和青年时期不太一样，你还能够写几部？所以这个严肃性对我来说是不言而喻的，不需要考虑这么多的事情，我也不用提防什么，我也不用小心什么，这是我写出来的一部东西。对作家来说，不管出路何在，好的总是往好的方向走，不好的总是往堕落的方向走，这还是在我个人，对别人都不重要。在写作上我一向是这个观点。

我也很相信石涛的说法，他们确定我加入这个事情，正好是《我的帝王生涯》的英文版在英美上市，英国人都看到了，石涛自己本人也看了，他们那个英国编辑写信告诉石涛，他们都看了《我的帝王生涯》，认为英文版翻译得很好，他们由此判断我是他们理想当中的作家，觉得比较吻合。

张英 当时，除了孟姜女哭长城，还有考虑过别的题材吗？

苏童 我特别喜欢大禹治水这个神话，我觉得他太卡夫卡了，我想的不是一个人修水利工程的问题，不是跟人斗而是跟水斗的问题，一个人跟水斗背后潜藏的力量是很强的，真的是非常悲剧，也非常超现实，而且也有世纪末的味道。

这个故事背后琢磨起来，味道也是非常好，但是两个东西你必须选一个。大禹治水和孟姜女我都很感兴趣，这两个是中国非常著名的神话传说，都极具魔幻特质，极具荒诞性，极具民间智慧。大禹治水其实是一个非常卡夫卡的故事，一个人生下来就要跟水斗，斗得翻天覆地，变成他的生命哲学，这其实是非常深刻的人生哲学；孟姜女哭长城，一个女人的眼泪可以把最坚固的长城哭倒，当然寄托着好多民间的情感在里面，但是它本身具有的那种瑰丽的、奇幻的东西，太棒了，太牛了。其实这两个我都愿意写，最后还是选择了写孟姜女。

写这个东西，我感觉一脚在天上、一脚在地上。有时候我写写停停，我必须等字句流畅，因为这完全是飞翔的小说，写这个小说的时候我有年轻的感觉，现在它又让我感到回到了年轻时代，就像我写

《米》《我的帝王生涯》时那种飞的感觉。《碧奴》必须要飞翔起来，才能解孟姜女这么一个虚幻的故事。这个东西仍然很好，但我写完孟姜女，不可能写大禹治水。

张英　在为张艺谋的约稿写《后宫》后，你知道他同时约了格非、北村、须兰、赵玫后，说自己不会再为他人量身定做写小说。这次，怎么会答应参与"重述神话"这个项目写《碧奴》的？

苏童　《碧奴》这个小说比较特别，在我整个的创作经历当中，参与出版社策划规定的一个项目，还是"重述神话"这个创意打动了我。我当时听到这个项目的作者阵容以后，就答应接受这个邀请，一个原因，这里头确实有好多我自己心仪已久、特别喜欢的作家，比如简妮特·温特森、玛格丽特·阿特伍德等人，还有一个最重要的原因，"重述神话"四个字使我重新审视了我自己的写作。

在这之前，我曾经考虑写一个现实题材的小说，想了很久，不知道从哪儿开始着手。因为我以前所有的小说，都是一个片段或者一种情景渐渐汇集，变成一个小说的胚胎，慢慢发酵，越来越大，让你不得不写。

"重述神话"的出现，让我有点兴奋，因为我以前没有写过这样的小说，根据中国神话传说改编的题材。《碧奴》让我觉得，神话、传说，离我们生活很远的东西，离我很远的东西，这些东西也可能非常有价值。

张英　你的兴奋点在哪里？

苏童　这个民间传说，跟神话是一步之距，很奇特，我这么想。我们看中国神话，《山海经》《搜神记》，还有一部《济公传》，南宋时代最为著名的"八仙过海"，其实甚至到清代的《聊斋志异》，我觉得比较奇怪的是，中国神话一直是神狐妖媚的这个东西，都是往这个方向走。

许许多多神话传说，一直到这个传统，到鲁迅的《故事新编》，从来没有成为文学的主力。因为我们中国文学的主流，比如《西游记》是什么样的小说，它有神话的因素，但从更大因素来说，恐怕是一种非常独特的民间传说的创造，跟神话有一步的距离。

《故事新编》是鲁迅作品里仅有的以远古神话传说为背景创作的小说，是我记忆当中文学史上比较有规模的一个东西，它比较特别，有一个意义在这里。而且这是一个短篇小说集，仍然是散点，没有逮住一个东西展开往死里写，都是写成短篇小说。后来施蛰存他们写的小说都是短篇，从来没有过长篇。

我有那么一点点野心。可能我的阅读经验所限，我确实知道从我们最早的《山海经》里头，没有哪一部变成了洋洋巨著，我的《碧奴》做的就是这个事情，这可能是唯一涉及野心的地方。我就是想贡献这么一个文本，这就是我的愿望。

我觉得有意义，不管做得好坏，有一个意义在这里，因为神话传说创作这个领域，作家们基本上比较少关注，基本上是一个文学处女地，也是我有兴趣的一个地方。

张英 中国神话和西方神话，有什么不同？

苏童 中国神话跟西方神话还是有区别的，西方神话大多数是塑神的谱系，好多神话像建筑在文字上的教条，背后是宗教起作用，用以让人有敬畏感，所有的神都派出来，感觉神对现实世界秩序有所负责。

中国神话比较奇特，都是解决社会现实问题，甚至是个人问题的，故事背后都是反映民心、民意、民情所向，希望通过神话甚至鬼怪这样的东西来表达对社会现实的看法，而不是替民众解决现实中的具体问题的。

神话的定义，其实是有几大要素需要满足的：一个是需要塑造神的形象。神话最大的要素是要强调有一个英雄主义，有救世主的形象，打动人心的传奇故事，把不可能变成可能，拯救了人类或者地球。

和西方神话一样，中国神话也塑造救世主，都是来自善恶因缘这种期盼，是从民间派生出去的。西方神话有一个特点，是塑造出高高在上的神，而我们中国神话有一个特点，都是从民间出发的，和老百姓差不多，充满人间烟火，包括孟姜女在内。

中国神话解决的还是现实问题，从来不解决信仰问题，从来不解决灵魂的问题。高深的那种哲学问题，它不解决，身上承载的都是现实问题，善和恶、压迫与反抗、人生的出路，好多都是解决这个问题。

孟姜女哭长城，完全是民间传说口口相传，反复加工，随着人们的审美喜好而变化的，从最初的民女犯上，以前犯的是齐国的国君，渐渐转移成秦始皇，最后塑造出孟姜女这样一个人来，她所有的针对情绪的宣泄，其实背后都是针对社会现实的不满。

孟姜女这个故事是一个民间传说，但是最后经过口头加工，我琢磨着有神话意味，因为我理解的孟姜女，她哭完长城以后，她身上人的气息越来越淡，神的气息越来越重。如果一个人能用眼泪哭倒长城，从某种程度上来说，是神赋予她的力量。她不是凡人，是一个神，她是民间发现的救世主，她身上散发出英雄主义。

因此，完全可以这么说，完全可以说孟姜女是中国的哭泣之神、悲伤之神，这个神话是民间完成的。

孟姜女的眼泪是武器

张英　在写《碧奴》时，你遇到最大的困难是什么？

苏童　令我折腾的是女主人公眼泪的仪式，怎么样才能够达到暗无天日、山崩地裂，雄伟坚固的长城被眼泪的力量所击倒。《碧奴》这个小说要读完的话，会发现我几乎没有颠覆传统故事，维持了大家印象中孟姜女哭倒长城的故事。小说的结果大家都知道，只是过程不知道。

我最大的写作热情，是写孟姜女眼泪的仪式，这是我唯一觉得比较有价值的，或者一直维持我的写作热情的（内容）。关于哭泣的仪式化描述，我刻画了碧奴的九种哭泣方式，如果被读者接受，这个小说也就被读者接受了。反之，如果不喜欢我对这个仪式的描述，一般就不会喜欢这个小说。

从逻辑来说，孟姜女哭倒长城是一个不可能发生的事情。小说当中，我要让读者把这个神话当作一个现实来接受，美学上这么一种观念的扭转，孟姜女到底能不能把长城哭倒呢？这太困难了，我一定要让读者觉得：眼泪是可以哭倒长城的。

在做功课的时候，我看到一个关于秦始皇的记载。有一个贵族，是秦始皇的仇人，人缘非常好，他死了以后，当地的人去扶棺哭灵。后来，秦始皇派军队守在旁边，哭灵的那些人离开的时候，有人过来查他脸上有没有泪痕，脸上有泪痕的人不是被充军发配就是砍头。

这个事情启发了我，眼泪不光是一个女人悲哀的象征，它寄托了太多的东西。脸上的泪，能哭不能哭，允许哭泣和禁止哭泣的力量——它膨胀出巨大的力量。我想，如何对抗这么严酷的一个不成文的法律？如果不准哭泣，那眼泪往哪儿跑呢？我就自然想到往脚底跑、往手上跑、往头发上跑，是这样。

她身体的各个器官都可以哭，不让人眼泪从眼睛里流出来，那怎么办呢？人总得有眼泪出来，有句话很粗俗：不能让活人被尿憋死。如果不让眼泪从眼睛里出来，必须得从身体其他部位里流出来，所以我想在这个里面做文章。哭泣是人性与情感的发泄，是女主人公唯一的生存方式与反应方式，也是她对于命运的反抗与控诉，更是她刺向世界的武器。

张英 孟姜女这个女性角色，在你的小说世界的女性形象里，有什么不同？

苏童 我不能自己表扬自己，善于表扬、善于塑造女性形象，这太不谦虚了。这个小说不是塑造女性形象，而是孟姜女的眼泪把长城弄倒的这个意象；不是孟姜女这个人物显示哀伤的那个气息打动我，而是最后这个传说的结局，越想越震撼，越琢磨越有味道，征服了我。

固执、执拗的形象，我们的文学作品当中，有很多表达这个东西（的），比如《列女传》。历史上有很多这样的女性，孟姜女这个故事也写入了《列女传》。

封建社会里，所谓的烈女是要对丈夫如何忠贞，如何忠诚，照顾老人和小孩，愿意牺牲自己，这是一个普遍现象。现在出门旅游，在许多地方看到那么多贞节牌坊，仔细了解，故事都差不多。

我觉得人性是相通的，从很早的时候，女性如何对待自己的性别角色，也是不一样。人的个性非常重要，性格决定命运，也决定了这个人物留在我们的历史上。如果孟姜女跟大多数女人一样，不执拗，如果不是一根筋，如果不是带有那么一点点"笨"，是各种各样的笨，她不会选择哭长城，完成人生当中这么一个动作。

现在看起来惊天动地，但是好多人看起来有问题，孟姜女何苦赶这么多路？天气那么寒冷，冻不死她？另一方面，她身上有一个情感的乌托邦，人们是需要的，关于一个女人和一个男人之间情感的乌托邦，它并不真实，但是这个乌托邦人类都需要。

张英 碧奴在上路之前，她把葫芦安葬了，已经把死和生考虑好了，她只是为丈夫送一件衣服。她在沿途中碰到（的）女人是蝴蝶变的，她说如果我死了，也可以变成蝴蝶去找丈夫。这个设定也是很中国、很传统的设定。

苏童 对。我企图营造碧奴这样一个女性，她怎么想人生，怎么想她的一生一世，像她所在那样历史的时代，人对自己的认识、对人生的认识不是很清楚，唯一可以攀比的是自然界的植物和动物。

直到现在的中国农村，大家提及人生和命运时，都爱提轮回转世、前世今生，仍然说你是什么命，说你的前世是什么命，大多数人不会想到生命的进化和起源，对科学是不感兴趣的，参照物还是大自然。

所以小说里，桃村的女孩也好，男孩也好，对生命的认识是一种对于植物和小动物的认识。碧奴对生和死的考虑也是基于这样的认知，她认为前世、今生的转换只是一瞬间，所以她认为葫芦落地是很强烈的暗示。

我是这么考虑的，哲学问题说到最后是生死的问题。我试图去理解，碧奴这样一个女性对世界的看法、对生命的看法是什么样的。她也不是那么傻，在动身之前，在桃村已经安排好了，她把葫芦葬在自己认为最安全的地方。

张英 为什么在这个小说里，你把皇帝替换成国王？
苏童 这有非常具体的原因。我写《碧奴》，不太想把它弄成像历史故事，告诉你是秦代，而是故意把它架空。所以我把皇帝换成国王，而且范杞梁和孟姜女的故事是战国的时候，范杞梁修的是齐长城，孟姜女哭倒的也是齐长城，跟秦长城是毫无关联。

我从感情上不赞成这是秦始皇时候的事，所以不是皇帝是国王，因为国王有天生的不确定感。小说比较微妙，我用了很多国王身上发生的事，又是秦始皇身上的事，甚至包括最开始关于眼泪的禁忌——杀。这样一综合，我还是不主张叫他皇帝，就是一个国王。

张英　这次写孟姜女的时候，有没有看一些史料？

苏童　看过一些，不看史料，看民间故事、戏曲、野史。在《左传》里面，孟姜女根本不是秦代人，她是战国时候的人，所谓孟姜女，这个名字都是后人改的。根据《左传》里面的记载，孟姜女是杞梁妻，杞梁为齐国战死疆场，当时齐灵王要在郊区野外为阵亡的将士做一个吊唁，杞梁妻在半路上冲出来，拦住他，希望要他到家里去设灵堂。就这么一个动作，演化出来无数关于孟姜女的故事，所有的壮举，都往她的身上堆。民间神话有很多说法，孟姜女是葫芦藤上生长出来的，这颗葫芦爬进了住在隔壁的老姜家的院子里，葫芦成熟后落在了地上，摔成了两半，里面出现了一个小女孩儿，霎时间就长成了一位亭亭玉立的美少女。

这些东西都影响了我写作的方向。石涛对孟姜女的分析，也对我起了作用，我主要是在他的观点之上展开的，我不太情愿把孟姜女的故事写成是发生在秦代的长城，也不太想把其中的皇帝写成国王，所以也不太写成明确的秦始皇，是这样的。

但所谓的民间的传说对我还是有影响的。许多地方戏曲都有《孟姜女》，我印象深刻的是无锡锡剧《孟姜女》，小时候我母亲经常听这个戏，这个戏的表述非常简洁。

这个锡剧《孟姜女》的线条跟我小说的线条有一点点相似之处，就描述孟姜女哭一个城门，因为每个守城的士兵都不给她开这个门，她要过这个门就要一次一次哭诉，但是她哭诉的方式很奇怪，她就哭她一月怎么哭，二月怎么哭，用时间倾诉她的苦处。这个简洁的线条，我在小说里也用了，也是这样一段一段地哭。

这个小说的核心，是眼泪跟墙的冲突。在孟姜女去寻夫的路上，一直有一堵墙跟孟姜女有冲突，路上的每个人都是城墙的一块砖，所以她要用眼泪像洗每一块砖一样清洗每一个人。所以，在路上我设置了很多坏人，他们都是墙的一部分。

张英 之前，你说写这个小说的时候，在文本和现实当中保持一尺的写作姿态，这是为什么？

苏童 这涉及关于现实跟神话之间的这么一种关系，到底怎么写。我觉得写神话，人的思维必须非常像民间。这样摔出去、飞出去写，真的写到天马行空，离现实很远，真的是我不愿意的。所以我说的一尺是代表若即若离的距离，我觉得神话跟现实是若即若离的。我希望自己能飞翔，但是不希望离现实太远。

我个人认为，要写这么一个作品，就是让现实飞翔起来，就是神话，我不可能写一个非常虚幻、无所指的神话，不甘心写这么一个神话，因为你一脚在天上一脚在地上，做一个平衡是非常难的，难度在于要有神话的元素，暗喻现实的元素，在哪里结合？这个作品的文字必须飞翔起来，才能将孟姜女这么一个虚幻的故事，达到我所要的效果。

现实飞翔到什么程度，才是我这部小说所要的高度？这是在具体写作过程中形成的具体的难度。这个神话的每片云，都要映照在大地上。在写作过程中我感觉到了一种愉悦，但是最大的辛苦也在这里。

这个小说对我写作意义非常大，因为我是头一次尝试这种资源写作。以前我写过《武则天》，不一样，要把武则天的生平，包括唐初的历史弄得非常细，在这个基础上演绎武则天。这个小说不一样，因为它是民间的传说，没有一个镜子，最后这个作品变成写一面镜子，照你自己，对我来说，是一个前所未有的写作经验。

张英 我还是有点失望，我以为你会彻底颠覆这个故事的。

苏童 这个问题曾经也让我迷惑过。当我刚刚开始写的时候，脑子想的是怎么颠覆它，而且这也是国外作家通常的写法。但有一点我必须坦率地承认，我天性当中有一点喜欢跟别人不一样，因为所有的作家写本国的民间传说都是颠覆了写，我就想，可不可以不颠覆？

另外一个更重要的东西，在我的信条当中，颠覆不一定是好的。前进后退当中一定是我们物理学上的感觉，比如说孟姜女哭长城这个故事，我觉得没法颠覆的地方，恰好是眼泪哭长城和千里送寒衣的过程，这两个过程我颠覆了，我靠什么写孟姜女哭长城呢？

因为这个结局颠覆不了，我的文本无法去展开别的新的填充物。我也想过，写一个现实生活中的孟姜女，她丈夫是民工，死在一个小煤窑里，她去哭小煤窑，那还是哭长城吗？不是了。涉及许许多多我们现实中的问题，这个人是某某县的孟姜女，她丈夫是新时代的杞梁，我觉得这个时代，不是我想象当中的一个比较好的文本背景。

所以我最后的选择是，先不考虑颠覆，而是去想怎么演绎，这个故事难就难在这里。我最后选择的结果，是让全中国人民知道的一个故事，变成一个非常奇特的故事，她是怎么走到长城去的？留给读者的是这么一段空间。

选择这样的写作角度，对我自己是很难，对读者也变成一个很奇怪的阅读现象：我知道这个故事的结尾，我看你怎么弄到结尾。整个故事的写作经验奇特，就在这个地方，我在玩一个阳谋，不是阴谋。其实写作过程是阴谋的实现，但是这个故事里，不存在阴谋，就是没办法。

张英 这本书的英文版和中文版有什么不一样？

苏童 不能改。因为这个项目有约定，所以中文版和英文版，故事和版本是完全一样的。

小说创作的变和不变

张英 你怎么看小说创作上的变和不变？

苏童 《碧奴》的变化，如果说文风有变化，其实是确定了这个选题，由选题的变化造成的。在小说具体写作过程当中，一方面我在创作上要有变化，有新的探索，但是另一方面，其实还是孙悟空逃不脱如来佛的手心，在写作上人往往有很强大的惯性。

回头看《碧奴》这个小说，当中我看好多章节，跟我年轻时候写的一部小说《我的帝王生涯》的文字叙述形态有一致性。我在写的时候并没有意识到，但是写完以后，我发现跟《我的帝王生涯》有点关联，有内在的延续性。

从某种程度上来说，创作上的变和不变，会体现为自身的冲突和矛盾。每一部作品，其实都有变和不变，但这个变化是细微、缓慢的，并不是一种质和量的变化。

我这个人有的方面比较敏感，但是好多方面很迟钝。身边的事情，比如朋友写什么小说，反响怎么样，我还是关注的。但在写作上我比较固执，这方面我走自己的路，我不会学别人走的路，这一点我比较自信，这种自信不是来自别的，而是来自对自己的判断。

张英 在写作上，你觉得自己有变化吗？

苏童 其实在写作上，我一直在求变，不光是现在，从二十世纪八九十年代起，我以"折腾"为我写作的一个主要目的，这个折腾是多方面的，在题材的选择上我折腾，在表现手法上我折腾，作为一个非常大的寄托。我的老家到底是哪里？我的小说里写的枫杨树，这个巴掌大的地方在哪里？甚至在这个地方我都在折腾。

像《妻妾成群》这样的作品，恐怕就是鲁迅的题材，这里我也在折腾。所以折腾是我写小说的天性，究竟能够在多大程度上变化，有多大的效果，不好说。一个作家一方面是求变的，另外一方面，你变到天边，还是多少有你自己的惯性。

我对自己的变是肯定的，但是变到什么样子，我不知道；是不是真的能改天换地，也不知道，对这个结果，我没有一个确切的判断。

很多作家对自己的长篇小说，都有清晰的规划。我不会给自己列时间表。我以前太纵容自己，或者说太重视自己的感觉。我很庆幸我在50岁之前写了这部小说。

张英 随着年岁渐长，人会越来越理性，感性和想象力则会随着年龄渐长减弱。你会有这个问题吗？

苏童 这个问题很有意思。对于想象力的问题，卡尔维诺有一个表述，他说想象力必须要落在某个地方。卡尔维诺引用的是《神曲》里面对于想象力的一段描述，他说想象力有可以落下来的某一个地点。这个"落"和地点的问题，很大程度上描述了想象力的感性和理性。既然可以落，既然有地点，那么想象力不是一片蛮荒之地。

年轻的时候，想象力更大程度上强调它的蛮荒，它就是生龙活虎啊，但年龄增长之后，这个想象力只能说是更精准了。20多岁的想象力和45岁的想象力是不同的，而且你不能说哪个更好。想象力本身是不讲理的，唯一可怕的是你让它讲理，想象力一旦讲理还有什么意义呢？这可能是以后科学要解决的问题。

但是到了45岁的时候，一个作家通常对于想象力已经不再迷信，有了所有的安身立命的东西，想象力变得不再那么重要了。年轻时可能会有炫技的成分。因为写作完全不排除经验写作，二十几岁的经验跟四十几岁的经验，内分泌一样的东西，和四十几岁当然不同。二十几岁的人年轻的想象力里的经验成分，没有中年之后的成分多。

张英　我看你近些年的精力，都放在了长篇小说创作上。

苏童　是的。我现在大部分的精力，都花在写长篇小说上。我的写作速度很慢，酝酿的时间很长，写作中反复推翻的频率很高，有时候会倒过来倒过去。写不顺、感觉不对的时候，苦不堪言；写顺了、感觉对了，又乐在其中。

但是我出门，人家老问我为什么不写作，好像你不出版长篇小说，没有小说改编成电影，就没有写东西，是不务正业。其实，写到现在，我已经出版了九部长篇小说了。

但我也在坚持写短篇小说，每年我都会写几个，大部分发表在文学杂志上，也会出版短篇小说集。我听到的是一帮子作家对我的夸奖，非常满足。我这么热爱短篇小说创作，不是自娱自乐，是想让这些作品产生一个反应。我要的是什么反应呢？就是几个作家的这么几声夸赞吗？当然不是，我希望听到读者的反馈。

张英　和余华一样，苏童也开始回忆了，题材也与"文革"有关。他的《兄弟》是"正面强攻"，你呢？

苏童　我觉得，二十世纪七十年代是我跟余华的一个共同的天堂，也是共同的一个梦魇。我跟他年龄相仿，跟他生长环境也差不多。我在苏州，他在海盐，苏州大概比海盐要大一点。但是基本上，我觉得我跟他有一个共同的生长背景，我们都是七十年代的街头少年，我们成长经历大体相似。

我第一次跟余华见面，是在北京朱伟家里，那时朱伟在《人民文学》当编辑，跟我们几个青年作家关系比较密切。所以我到他家去的时候，我说，哎，把余华找来玩玩儿。余华就来了。他一来，我当时就有种非常亲近的感觉，为什么呢？我们街头的一个少年来了，我们街上的一个人来了。所以从某种意义上来说，我们有共同的记忆，甚至关于那个时代和人物的这种情感几乎相通。在写作上，我们有很大不同，他写《兄弟》，我写《河岸》。因为创作手法、目的大相径庭，小说呈现的内容和风格也不大一样。

张英　你们小说主题还是一样的，南方小镇、少年视角、成长主题、残酷青春、政治和人性、人的浮沉，这是那个时代的颜色吗？

苏童　说到七十年代，其实是个非常值得探讨的东西。因为我记得一个外国记者提问时说："你为什么要写暴力啊，你这个暴力是为了吸引读者眼球，还是你自己本身是这样呢？"余华的回答就非常好："我问你一个问题，什么叫暴力？这在我们七十年代，当我们是孩子的时候，这是家常便饭。就是日常生活当中非常普通的一个内容。"如果换作我回答这个问题，恐怕我也会是这样回答。在那个年代，在我们日常生活中，我从来没有认为它是一个暴力，我只是忠实于小说想表达的这个东西而已。

所以，七十年代也有它的特殊性，跟"文革"非常疯狂、极端的一面比对，七十年代也有它非常正常的一个社会外衣。它也有任何时代、任何社会里都有的青春、爱情、暴力、性，这些东西不管在什么民族什么国家什么年代，都有。

非要说我跟余华有什么共同之处，我觉得我自己总结不出来。我不好替他说他的努力，我只好说自己的努力。不管二十世纪六十年代也好，七十年代也好，我一直觉得一个荒诞的年代之荒诞，不用你去揭露，历史书、政治书都有它的存在，你自己所拥有的认识和理论，都能够帮你做出这个区别，但作为一个作家，（创作）一个小说作品，我必须要写清楚荒诞年代当中，人的貌似不荒诞的处境。这才是我所关注的。一个荒诞的年代，我用一个比较轻的笔法去表述，但是所有重的笔法，我都在写人的故事、人的命运，人的命运是不同的。

世界的速度越来越快了

张英　中国当代文学正在进入一个经典化的历程，你怎么看这个过程？

苏童　文学经典化需要时间验证，当下是浮躁的，不光是指现实，当下的艺术审美，没有经过时间沉淀，没法解释什么是经典。

经典对于作家的创作来说，永远是一个向往、一个口号，但是他没法评价当下的作品。

张英　写了这么多年，你在写作上有焦虑吗？很多作家的焦虑来自对社会现实的无从把握。

苏童　作家这种焦虑是真实的。每个作家心里都认为自己有一个版图，这个版图来自哪里？这个版图跟文学有关，跟其他什么有关，关乎记忆。

我是有乡土的，因为有了这个版图，我觉得我是有依靠的。但一旦这个版图被各种各样的原因改变了，每个人都会有焦虑。因为这个世界变化很快，速度越来越快，一切固有的都在消失，社会现实越来越复杂。

至于为什么变化很快，没有诗意，没有理由，而且谁也不知道这个世界到底为什么会变成这个样子。对于一个作家最隐秘的伤害，是对于作家内心这张版图的伤害，它让你感觉到某种东西在消失，那是不以人的意志为转移的。

我其实不太主张一个作家用非常文学化的态度去看待这个世界，甚至包括全球化，我并不主张用一种非常知识分子的态度去看待这种事物。但另外一方面，它对于你自己的内心确实是有逼迫的，这种逼迫可能让你提前去看待这个社会，提前去挽留记忆。

也许在以前的情况下，我到 70 岁才开始回忆，我再修复这个版图。但现在这个情况下，我觉得时间是到了，我写作就该启动修复过程，这个动作提前了。

少年成名带来的压力

张英　50 岁之后的苏童进入新的创作阶段了。《河岸》和《黄雀记》，对小说的控制力，相比以前是突飞猛进的进步。

苏童　《河岸》这个长篇的架构，尽量做到简单自然，但它的内部架构其实蛮复杂的，几条线索推进，还要贯穿融合。一个头上要挂几个轳辘，还要让它滚动起来。我已经尽了力。但回头看，节奏上还有问题。

张英 今天的你，怎么看先锋？

苏童 我现在不在乎这个先锋不先锋了。我也不滚动，我这块石头就在那儿，我让它长青苔，我让它充分享受青苔之美，就是这样的感觉。所有人在跳的时候我坐下来，就是这么回事，这个时期我是比较（着重）内心（活动）的一个姿态。

如果说这个先锋，也可以勉强说是先锋。这个先锋是因为我不认同时代，而且从来不认同大潮。我不认为我就比别人清醒，但是这是我自动的一种选择，不动有不动之美，一块石头就守在一棵树下面，甚至是长了青苔，我是觉得这很好，表现很好。对那些滚动的石头来说，它们可能慢慢就找不着了，而我一直待在这里。

张英 我以前做图书编辑的时候，编了一本短篇小说集，里面有篇《河的第三条岸》，余华推荐过。

苏童 余华他们很早就推荐这个小说，我也很好奇。我看短篇无数，但就这篇我没看过。那天我看有人在论坛里贴出来，我特意去看了一下，是个很短的小说，互文性的小说，四五千字。小说的结构很有趣，父亲莫名其妙地出走了，而且儿子给他送饭。无论如何他都不回来，儿子像只鸟一样蹲着。

有个说法，所有的小说都具有互文性。其实《河的第三条岸》很像《树上的男爵》，只是树换成了河。其实你看卡尔维诺《树上的男爵》，就是跟家里人赌气，就爬到树上去了。从此就待在树上，再不下地，从一棵树走到另一棵树。卡尔维诺那种写法是非常单纯，从不涉及社会、人生的。

张英 现在是一个互联网时代，人人发声的时代，文学作品发表以后，会引来各种不同的声音，这些会带给你压力吗？

苏童 我现在还好。我大概是跟人交往多了，对于所谓文学江湖——如果说文学是个江湖——闯江湖的时间久了，已经改变了我很多性格。

我其实是一个非常迟钝的人，我的反应往往要慢半拍。我记得年轻的时候有人说了一个笑话，所有人都笑了，我认真地听，我一定要在所有人都笑过之后的两三秒钟才能懂得这句话的意思，我才会笑。所以我是个很慢的人。

因为这种慢，我觉得我避免了很多这种本身天性当中脆弱的东西。比如说有人拐着弯骂我，我基本上听不懂，过了半天我才明白，哎，他不是在骂我吧。但这种天性救了我，避免了很多脆弱、软弱的东西。

文学是个名利场，清高的人不要来。但你不是因为名利场而来，而是文学带给你的这种东西，给了你价值感和快乐。别人的评价，好的坏的都要接受。评论、点评、批评，当然是别人的自由，你不能跟别人较劲，你只能跟自己较劲啊。你不能改变别人，你只能改变自己。

文学创作的世界，可以没有政治等什么外界的东西。写作之前，我基本上是要忘掉所有我过去的东西，别人对我的评价也好，电脑一样地一键清除，格式化。

我多年来一直有一个信条，不仅要从大师身边绕过去，还得从自己身边绕过去。

张英 你刚才说到性格改变，改变了什么？

苏童 我上次看到某一个人写文章，就说看到某某作家不会与人交往，那他怎么会写作呢？我想这个写文章的人才怪呢，写作的很大动机，就是他不会和人交往，所以才会诉诸文字世界。所以对于我来说，这就是我以前写作的最初原因。

我八十年代开始写作的时候，文学的生态不是这样子的。那个时候作者唯一要做的就是跟几个编辑联系，从写作到发表，出版图书，到几个朋友来信讨论作品，读者谈论你，文学的整个行为结束了，完全不是今天这个样子。

一个作家出新书，他要宣传，现在有什么宣传季，有的人像演员一样的。但你必须适应。当然你也可以不负责任地说，我该干吗干吗。

张英　你享受这种快感吗？你可是你们这代作家里的第一个明星作家。

苏童　这个东西我倒真是没想过。朋友对我的评价，我自己觉得很靠谱，就是这么多年你的变化就是没变化。因为我性格当中，不是那种特别自高自大的人。

从年轻时候开始，我一直认为所谓我的成名都来得早了点儿。26岁就写《妻妾成群》，然后被张艺谋拍成电影，大红大紫。然后很多导演都来找我，李少红、侯咏。很年轻出了文集，我的书也很畅销，所有的这一切，对于我来说都很茫然。

其实，我写作最高的目标就是《收获》能发表我的小说。然后，我的心愿都实现了，大部分作品都发表在《收获》，我很知足。我一直没有把自己当成什么明星。写作就是写作，你区别于人群的最大特点就是你的写作这个动作，和写出来的东西两回事，好坏是另一回事。没有必要给人生增添什么负担。

写作上，我是不老实地写，人生还是要老老实实过。

张英　同样，你少年时候的大名，也会给人生很大压力。

苏童 这个压力确实说得很点穴。因为这种压力，我一方面比较警醒，也谈不上把压力变为动力，这个说法太不靠谱，但是压力让我选择了某一种姿态，这种姿态是写作姿态还是生活姿态，我觉得我是比较谨慎的，把自己藏得还是很好的。我想把自己的生活简单化，我从来不觉得作家的生活应该那么复杂，有几个作家的日常生活是那么像作家，更多好作家的生活都不像作家，就是一个普通人的生活。

我红过，也冷过，有几年基本上是很冷。我跟别人不太一样，跟别人心态不太一样，因为我确实是什么都见过。这话有点像江湖味道了。我比较早有了那种不能说是急流勇退，但是闪避的那种下意识。因为我走红成名，名利那时候来得太早。

那时候我老觉得：为什么这个世界对我这么好？因为那时候我很年轻，所以也没做好准备，这样很被动地过了几年。所以后来慢慢冷淡下来，这个时候我反而如鱼得水。我现在特别害怕这种平衡被破坏。

好多人说话都有一种姿态，都那么渴望成功。说实在的，我早成功过了。你从我的经历上看，就知道我不是做一个姿态。因为我确实是已经摸爬滚打过，风风雨雨里走过，倒没有什么伤痕，知道名利这个过程，其实是很扭曲的。

比如那个时候的生活，不像现在这样大家可以相互独立，有一个保护空间。你没去过我以前住的那个新街口，那时候我的生活简直不像话，不像样子，被破坏到什么程度？我认识的人，一经过新街口，就到我家坐着了。那个地方很好找，是到新街口的必经之路。谁高兴一找就进我家去了，所以楼下永远都有人敲门。

然后我又是一个腼腆的人，不好意思，从来做不出来应付和躲避，比如说我装不在家。经常是一有人敲门就要开门，坐下来就聊。有时候就是，一聊哗一天过去、一下午过去，就这样的生活。当时的那段生活，确实是蛮累。

所以我很满意现在这样，这种有选择的开放，其实是半开放，绝对不可以把生活对外界全开放。

张英 你那么早就写出来了，好多人都妒忌。有的作家会爱惜自己的羽毛，因为现实很残酷，没有人能够一直保持高水准。所以，有时候不写，可能是最好的状态。而大胆地写，享受快乐，可能写砸了就什么都砸了。

苏童 其实你刚才说的那种状态我也想过。在体制内，不写没什么损失，也可以过上一种比较好的生活。

但是不写带来的问题是什么呢，是一种钝痛。你写一个差的东西，别人把你骂得狗血淋头的；但是一个人不写，三年五年，一个真正热爱写作的人会死。

我一直相信扔得掉的东西，名利啊，是本来就可以扔掉的，不能扔掉的可能就是血液中的东西。

张英 有人说，苏童你可以不写了，早就功成名就，别晚节不保。这种声音你一定听到过。

苏童 对。其实他可能有种潜在的暗示：你可能越写越糟。

张英 《河岸》和《黄雀记》出来，让人相信，苏童下一个新的高潮已经开始了。

苏童 你刚才说，把《河岸》作为我写作的第二时期的开始。我一直拿中美作家来比较，美国那个约瑟夫·海勒，80多岁还在写，这是很极端的例子，还有菲利普·罗斯，全是糟老头子，每过两年写一部，根本没有是否老年之分。

但是很悲伤，我一直没有发现在中国有这样的作家，过一两年又拿出一个长篇，好坏暂不论，可能良莠不齐。我一直在琢磨这个事情，我一直在想我们七八十岁能拿出什么东西。不是还在写噢，而是两年一部。

　　张英　不过，这对于中国作家是一个挑战，中国现代文学，从巴金、茅盾开始，他们留下的所有代表作品，其实都是在他们三四十岁写作完成的。

　　苏童　所以我一直在想是不是吃牛排和米饭的问题。

文学、读者与市场

　　张英　你怎么看待文学写作和评论的关系？

　　苏童　冷静地说，小说不怕批评。当然这个批评指的是，真正看完书以后的批评，随便什么观点都可以。最怕没人看、没人理，没有人评论。作家完全找不到对应物，最后判断的还是你自己。别人对你小说的判断，尽管不是跟你一样的，但是你可以把这些评论当镜子，找100面镜子，如果完全找不到一面镜子，是很悲哀的事情。

　　我这个人用南京话说是比较"木菇"（迟钝），但有些事情又是很敏感的。在写作上，我其实一直是一意孤行的人，对于很多事情的预判是很糟糕的。我知道自己的这个缺陷，我听是听的，不是像有的人说我不看评论。别人骂我，我肯定是会生气的，无论他是多么重要的人、我多么看重的人。但是看过之后，第二天就忘了。

　　就像写《碧奴》，完全是一意孤行的，我选择孟姜女的故事没问题，但是我用这个方式写作，完全是一意孤行。

张英　以前你写小说，都是中国的读者；但《碧奴》的小说是 15个国家出版首发，直接面对国外读者。在写的过程当中，会考虑这个因素吗？

苏童　没有，我是相信多少年前的老话：不存在世界读者。对作家来说，他面对的只有一个读者。就像我们看马尔克斯，他小说里描写的世界，是多么遥远的东西，但我女儿说《百年孤独》很好看。马尔克斯和我们是完全不同的文化背景，还得靠翻译，翻译得好不好还不知道，为什么还是觉得他的小说好看？

原因还是很简单：都是有关人的故事，虽然环境、文化不同，语言、语种不同，但是它讲述的是人的故事，所以有一致性、有共通性，人性在某种意义上是相通的，文学也是相通的。

所以我不用考虑外国读者如何如何，如果中国读者喜欢，外国读者起码有一部分喜欢。说到底，一个作者不可能征服所有的人群，只可能征服人群中一部分的人。

张英　有人说，文学的时代过去了，你同意这样的说法吗？

苏童　我从来不相信这个说法，因为文学的生产力这么多年来并没有低下去，只是因为现在人的生活节奏加快了，人活得越来越累，没时间看书。有时间看书的时候，大家都愿意去轻松，去娱乐，读书也娱乐化了。

张英　很多人都怀念二十世纪八十年代，你会有这样的感受吗？

苏童　倒过来说，现在是非常懒惰的、没有判断的文学审美系统，这个评价系统非常懒惰。二十世纪八十年代的时候，李陀那些年龄的作家有很多。那时的文学空气跟现在不一样，很干净。一有声音，任何一阵清脆的声音都能传得很远、传得很响。然后，另外一个叫好的声音，同样也可以传得很远。文学版图上，有一个莫名的制高点在那儿。

现在是众声喧哗的时代，每个人都失语。我不好说评论界、不好说思想界，但是太长的时间，谁也发不出一个响亮的声音来。久之，懒惰慢慢地形成。没有人去寻找、发现真正的文学，大家只会骂、只会批评。批评很容易，但是去寻找、发现的工作，吃力不讨好的活，谁也不肯去做。

现在我们如何来判断文学作品的价值问题，其实有一个取向，就是市场和销售量、占有率，这种价值取向渐渐流露出不健康的趋势。这种怀疑，不是发自一个人的审美经验标准，而是采取一种相反的姿态，比如这本书市场好，那它的价值一定是值得怀疑的。

但相反地来说，一些很寂寞的作品，真正是有待于别人去发现的，但现在很多人没有这个发现的热情了。如果这种现象真的是可以成立的话，我觉得我们可以怀疑。怀疑的眼光永远是没问题的。对什么东西都怀疑，至少我觉得这种眼光一定是健康的，是一种健康的判断。

张英 作为一个畅销书作家，你在乎市场份额吗？

苏童 比如说到文学市场的变化，如何争取最大量的读者，争取这种所谓商业上的成功，我有这种期望，但另一方面我很清醒，也很自信。我们这种八十年代过来的人，很有感触，因为这个市场，已经不是当年所谓的先锋文学市场，也不是艺术小说的市场。

我第一本书《1934 年的逃亡》出版的时候，印刷量才 3000，那还是个半合作关系。我们《钟山》杂志主编对我们很好，因为几个编辑都写东西，杂志社掏了一点，给每个人都出版了一本书。

到了后来，文学的形势好转，我们的图书，开机印刷量基本上都是一万。那时候出版社有一个保底方案，书要印刷5000册，保证可以不赔钱，他们就很开心。但以现在的这个市场，基本上靠电商和实体书店，现在是要8000到一万以上，出版社才能不赔钱。

关于书和市场的关系，我觉得始终是一个事故接着一个事故。江苏文艺出版社，我是第一个出文集的，接着是叶兆言、刘震云、格非，余华的作品是社科出版社出的。《苏童文集》那套书，他们打出来的开机印刷量是68000，但是实际上，出版社的编辑跟我说，销售量远远不止这个数字。

我自己也始终觉得是个意外，所以我没太较劲这套文集最后到底印了多少。我就拿了68000册的版税。但大家都知道，市场也知道。20万册的图书销量，我不肯定有，但是10万册是肯定有的。

今天的这个市场，非常复杂，变化很快。作为创作者，我们对它无从把握。这给我一个启发：根本不需要把握，唯一能把握的是自己，因为我不能把市场的脉，我不是老中医，可是我对自己的病情，对自己的身体状况比较了解，有的时候，干脆就以不变应万变。我觉得我自己是聪明人，所以对待变化，我其实就是这个态度。

张英　你对图书市场了解吗？

苏童　我一直认为市场永远是一个谜。作家你可以分析，最不好分析的恰恰是市场。很多出版社约稿，都会押宝选题，建议作家写他们认为的热点。其实我反对去猜市场，因为市场是做不起来的，永远会出现意外情况。

我自己亲身的经历也是，我在二十世纪九十年代，卖得最好的书，谁也想不到是《苏童文集》。当时江苏文艺出版社为什么会替我出版中短篇小说集呢？他们以为自己了解市场，要拿我的《武则天》。

当时是张艺谋要拍电影，他为了拿这个东西，给我出了一套文集，说别的出版社是不会给你出中短篇小说集的。结果图书出版，拿到市场上，谁也想不到，我的文集卖得最好，有十几万套吧，而那个长篇小说《武则天》，就卖了三万册。

张英 如何取悦读者呢？

苏童 每个作家都一样，希望读者稀罕你，但读者是最难取悦的。从这个意义上来说，如果你出于一个良好的心态去取悦读者的话，有可能适得其反。

我写作那么多年，从个人经验来看，关于写作，只能按照自己的直觉，写成什么样子就是什么样，没办法考虑其他更多的因素。因为作家并不了解读者，完全不知道读者会喜欢什么，而且读者是一个巨大、模糊的存在。

因为一个作家、一部作品，一次只能奉献一个故事。一个故事不可能同时满足 100 个人。一部小说基本上只有一种可能性，只有在这个可能性上，尽量地符合更多人，不可能提供多种可能。

《碧奴》这个小说是靠悬念取胜的，又是以哲学意味取胜的，不太可能同时满足太多的因素，所以没办法满足太多的人。

文学与影视的那些事

张英 你的很多小说被改编成电影，怎么看待这个现象？

苏童 对我来说，都是意外。所以说一部小说变成一部电影，实在是太多的偶然因素，没有必然在里面。我的小说，改成电影的概率高一些，但是每个过程都很奇怪。比如说《妇女生活》改成《茉莉花开》,《妇女生活》我是 1991 年还是 1992 年写的，时间太长了，但是这个电影的版权的买卖，是在 2002 年，中间已经过了 10 年。

那些被买断影视改编权的作品，我都不会过问导演如何处理，因为小说是小说，电影是电影。我相信每一个买我作品改编权的导演都是认真的，虽然他们之间会有高下之分。我尊重别人再改编创作的权利。侯咏对《妇女生活》后两部分改得非常好，很电影化，用表现主义的方法抽离时代的具体事件，完全集中写人，把三个跨度很大的不同的时代，同时呈现在一部电影中，和现在很多中国电影导演的自然主义的纪实方法不一样。他的胆子真是很大，这种高度浓缩的表现主义方法，对导演、对演员的要求特别高。

张英 你为什么不做编剧？据我了解，找你的导演很多，但都被你拒绝了。

苏童 其实 10 多年前我也为一个哥们写过剧本，他私人的要求，要我帮他们几个哥们改一个小说。我也是碍于朋友面子，就试过这一把。剧本写到一半的时候，我就知道这个活不能干了。为什么呢，因为我发现了那种不好的感觉。

因为我写作的时候，自由惯了。这个小说我写了几集剧本，让大家提意见的时候，我突然注意到每一个人的意见都不同，不是因为每个人提的意见不对，而恰恰是每个人意见都对，都有他的道理。就是一个剧本，每个人都调动他的生活经验在给这个剧本提意见。但对具体写剧本的人来说，你要让所有的人都满意，基本上不可能。

所以编剧这活我就不能干了。我发现在写剧本的时候，我非常卑微，我没有任何可以高出常人之处。后来这个东西，我就写到半途而废，就退出了，从此以后，我再也没有参与过。

这个事情你就不好说了。这个东西并不需要你，需要谁都可以。

谁都可以做，不需要我。

张英 说说你和与张艺谋的两次合作吧。

苏童 《大红灯笼高高挂》这个电影，即使放到今天来看也不错，无论是从电影本身，还是从它对电影的贡献，都是经得住时间考验的。

我发现张艺谋做电影有一个特点，他对小说的选择，通常取决于小说的人物关系，《菊豆》也好，《大红灯笼高高挂》也好，《秋菊打官司》也好，都是基于同样的理由。他非常在意由这种简单人物关系生发出来的故事，在确定要拍这个电影前，他脑子里并没有所谓的视觉，这些东西是在拍的时候后加、酝酿出来的。

张艺谋约我写《武则天》，虽然他付过钱，但他最初约我来写的时候，我并不知道他后来会找格非、赵玫、须兰同时写剧本。而且张艺谋自己也没有料到，事情会发展到最后那样，因为这个电影是一个大制作，历史片，要展现一个女皇帝的一生，电影的投资在当时来看，特别巨大。对我来说，这个事情我是被卷进去的，而且好几个作家，为同一个导演写小说，这个事情本身很丑陋，让人感觉很不爽。

问题是故事必须一个人说，三个人是说不好一个故事的，不要指望三个人五个人能够组合好一个故事，好故事也不是组合出来的，全是一个人瞎掰掰出来的，全是一个人自说自话说出来的，这是我非常坚信的一个道理，我认为这是艺术生产方式不同的地方。

张英 然后是李少红的《红粉》和黄健中的《大鸿米店》。

苏童 李少红的《红粉》很好，相当好，我一直认为这是被低估的片子。它有两个版本，一个是北方话，一个是南方话。虽然它没有热起来，但它确实是一部好片。

而且《红粉》是李少红拍得最好的一部电影。这个电影我看了好几遍，仍然不厌烦，仍然觉得这部作品好，而且几乎无懈可击。两个女人一个男人这么一个故事，去探讨这种人际关系，在讲这个故事的时候没有任何噱头，只写人与人的关系，非常安静的一部电影，一点也不浮躁。

黄健中的《大鸿米店》，在很长的时间里，我都不愿意提及。我为什么不愿意提它，是因为黄健中本人这些年也够倒霉的，其实他的《过年》拍得真是不错，那部片子很自然，真是一部好电影，但在这之后，黄健中就没有拍过超过《过年》的电影。我想，拍《大鸿米店》的时候，他真的是不在状态。

张英 贾樟柯也买了你的小说。

苏童 贾樟柯看中的是《刺青时代》，讲述的是二十世纪七十年代苏州南城地带一批少年成长的故事。

《刺青时代》是我 10 年前的小说了，是我青春期的一个纪念，是跟自己的生命有关联的，记录少年时光的残酷与纯真。贾樟柯为了剧本改编，到南京和我聊过。毕飞宇跟我说他很喜欢，然后就答应由他来改编剧本了。

张英 你会为电影而去写小说吗？

苏童 小说跟电影的结合，跟作家的创作是无关的，如果你要让它跟创作发生联系，我相信一定会失败。

尤其电视剧，更加典型，你是为别人写的东西，不能为自己写。所有的电视剧的编剧，他们的行业规矩是：永远别想着自己。一部电视剧，你要考虑 60 多岁的老太太能不能看懂，要考虑十几岁的孩子能不能理解剧情。

但是小说完全不同，你要怎么写就怎么写，相对而言要自由得多。创作规律不一样。小说跟电影发生联系，一定是创作之外的东西发生作用。就像《妻妾成群》变成《大红灯笼高高挂》，这么一个关系，导演需要作家的小说提供这么一个故事，外延、延展导演的想法表达，仅此而已。

没有一部小说能够满足影视导演所有的要求。如果你倒过来，想满足所有人的要求，应该写一部电视剧。

音乐：从摇滚乐到蓝草

张英 如果不出门，你一天的时间是怎么安排的？

苏童 在现实生活里，我一天的时间是这样度过的：中午11点起床，吃完午饭看看报纸，下午就出门见朋友聊天，如果没事就逛街转转，走很长的路锻炼，或者收拾一下院子里的花草果木。天气热的时候，偶尔也会去游泳或者打球。晚上7点左右回家吃饭，然后开始打开音响，读书或者写作，不写作的时候，就一个人在客厅里看电影。

张英 和余华、格非喜欢古典音乐不同，你一直喜欢摇滚乐。

苏童 其实还好，我喜欢的音乐还比较多样。大学的时候，是属于罗大佑和侯德健等流行音乐的时代，属于约翰·丹佛乡村音乐的时代。但真正让心灵激动的是摇滚乐。在我们那个成长年代，是崔健的音乐陪伴我们（黑豹、何勇、张楚这些人的歌只喜欢那么一两首）。所以，不管什么时候，听崔健的歌，比如《花房姑娘》《一无所有》，我特别容易被感动，演唱者和接收者在情感上有一个呼应，感情是相通的。《一无所有》里头的那种空旷感，那种苍凉感，我也能被打动；《花房姑娘》那种柔情，同样也被感动。但是随着时代的变化，这么一个精神呼应的东西，渐渐地在丧失了。

前一阵，我有事去杭州的时候，偶尔打开电视看一个《超级女声》比赛，其中有一个女歌手唱崔健的《花房姑娘》。我很感兴趣，我就在听，看现在的这帮小孩怎么演绎崔健。这个女孩声音很好，很有音乐天赋、模仿能力，包括崔健的咬字，甚至那种东西，都是非常专业的。在听她唱歌时，我被打动了。

张英　今天年轻人喜欢的流行音乐，你能够接受吗？

苏童　我所有的流行音乐知识源于我女儿，因为她正是听音乐的年龄，她经常要求我给她买 CD，她什么都听。因为女儿童天米，我也接触到今天的流行音乐，虽然也听了很多，但我自己并不能被这些音乐感动，没有我所说的那种情感上的呼应。我想是因为我对今天的音乐没有感情，它的表达方式和我不一样，在情感上不融合。

我们喜欢文学、音乐，是因为情感的暗流在起作用，现在这些小孩喜欢的音乐，它打动不了我们。反过来说，我们二十世纪八十年代的音乐，也不能打动他们。因为时代和社会的变化，情感链条是断的，它不能正常运转。

我们现在生活节奏太快，这种快我觉得是很不健康的，我越来越喜欢听慢的音乐，比如我比较喜欢那个 BLUEGRASS（蓝草音乐），嗓音都很怪，在美国也是比较土，听的人不多，但我是比较喜欢听那个。还有那个班卓琴、曼陀铃，就是这种非常弱的声音，很符合我的心境。我不喜欢有电的那种轰鸣的音乐，比较喜欢自然、原生态的那种音乐。

香港有一个跟董桥齐名的随笔作家，那个人年纪比较大，后来发现他有一本书的照片上，他居然抱了一把曼陀铃，让我非常惊奇。人好多时候是被感情俘虏的，音乐不音乐，你爱什么不爱什么，都是跟感情有关系的。

张英　你怎么看待今天的中国摇滚音乐？

苏童　在日常生活里，我不再喜欢狂热、激烈的摇滚乐。比如崔健的音乐，《红旗下的蛋》以后我就没听过，我对他的印象还停留在二十世纪末的年代。像我们这样的年龄，崔健现在仍然搞摇滚，但我们大部分人都已经远离摇滚了，但为什么提到他就觉得亲切，因为有一种精神上的东西在起作用，他不管做什么音乐，我可以跟他有一种呼应。

你现在要我听年轻人的摇滚，我没有兴趣。今天的摇滚乐越来越含糊，有的小伙子光是音乐响起来，他就会莫名地振奋，也听不见他在唱什么。我们这个年龄的人听音乐，总喜欢问为什么，比如说歌词的作用、旋律的作用，因为我们这个年龄，不会轻易地被效果所征服，也不会被做音乐的人和样式上的东西吸引，喜欢某个人的音乐一定是某一部分征服了我们。

我现在经常听的音乐是蓝草，我为什么会染上这个毛病呢，因为我在埃瓦普待了三个多月嘛，我因为睡眠不好，然后我放到一个专门放蓝草音乐的电台，听了三个月，所以就是有感情了。三种乐器跟一个苍老的男声结合在一起，苍老中带一点嘶哑，永远地诉说一种单纯的感情，要么是忧伤的，要么比较快乐，非常能打动我。

我现在家里有的蓝草音乐我不敢说是中国最多的，至少是南京最多的。

张英　你平时读什么书？

苏童　我读书看报比较杂，也看新闻，但更多的还是小说。

格非

■

文学的功能是理解人的生命状态

1994 年秋天，我在复旦大学读书。其间，因为华师大中文系读书的朋友李勇和缪克构，我认识了他们的老师格非和评论家杨扬。

当时正是文学的低潮期，格非正在写《欲望的旗帜》。因为家属在北京，自己一个人在上海，他的日常生活也很简单：白天上课，晚上写作。其他时间里，他也会接待不少学生和我们这样的文学青年的登门造访。

那个时候，好友胡河清的自杀，给了他很大的精神打击。很多现实生活的痕迹，包括更早一些时候发生的知识分子人文精神大讨论，都成为这部小说重要的组成背景。《欲望的旗帜》发表和出版，也在当时引发了不少争论。

之后，格非差不多有 10 年不大写小说。他读了博士，专注于学术，然后离开了工作和生活了许多年的华东师大，告别了丽娃河，离开上海，到了北京，落户清华，与家人团圆。

从华东师范大学调入清华大学中文系后，格非一直尽心尽力当个好老师。10 年后，他重新恢复了写作，捧出了他至今最有分量的长篇小说系列"江南三部曲"。

这个系列里，《人面桃花》记录了民国初年知识分子对社会理想的探索，《山河入梦》写的是五六十年代知识分子的梦想和实践，《春尽江南》则探讨了当下中国的精神现实。在时间跨度长达百年的"江南三部曲"里，不同的中国人都在通过政治、战斗、革命、运动、经济等手段构建他们心中的理想国，寻找他们心目中的桃花源。

和所有的先锋派小说家一样，二十世纪九十年代后期以后，痴迷于文体、语言、叙述试验的作家们，都开始面对文学越来越边缘、社会影响力消失、大众娱乐兴盛崛起、纯文学读者流失的现状。不约而同地，从抽象和历史、叙述的迷宫离开，回到当下和社会现实，注重故事性和叙事，成为这批作家的选择。

　　格非也调整了自己的写作。

　　和以往一样，格非在"江南三部曲"中延续了特有的坚韧、优雅和睿智，在艺术结构上运用了音乐的对位、赋格构成法，除了对社会表象出色的描写，还将社会生活和知识分子的精神生活升华到寓言的高度，对国人百年的情感和灵魂经历进行了深入的挖掘和反思。

　　"我原本没有写三部曲的打算，只想写一部能够把中国近现代100年的历史放进去的作品，可收集的素材光笔记就有四五本，总觉得写一个作品不够容纳，才有了这个三部曲的诞生。"

　　格非承认，写"三部曲"是受马哈福兹的"开罗三部曲"的启发，写完《欲望的旗帜》之后——"我是否可以用三个长篇小说来表达我对乌托邦的想法？后来动笔写的时候，我并未完全按照马哈福兹的方式，但也保留了他的一些做法，三部曲的主题大致还是统一的。"

　　在我的几次采访中，他经常提到拉什迪："《午夜的孩子》真是杰作，野心勃勃。一位作家在今天这样一个时代还能用那样充满激情的、复杂的宏大叙事去写作，我非常佩服他，这种写作的雄心在中国作家中几乎绝迹。"

　　最近这些年，在清华大学当中文系教授的格非，阅读了大量从晚明到清代的书，从《金瓶梅》到《红楼梦》，从李贽、王夫之、黄宗羲、顾炎武到章学诚、戴震，包括陈寅恪、余英时的相关著述，这些影响都留在了他的小说里。

　　"写《人面桃花》之前，重读《金瓶梅》使我决定另起炉灶，并发现完全可以通过简单来写复杂，通过清晰描述混乱，通过写实达到寓言的高度。我希望从《左传》《史记》这样更深广的中国传统文学里寻找更好的叙事传统，从作品内部人物话中有话、弦外之音的语言，人物关系和叙事中很多微妙的变化等处用力。"

诗人欧阳江河这样评价格非的"江南三部曲"的贡献："他既把西方先锋文学叙事的巨大能量和可能性带进来，又带出《红楼梦》《金瓶梅》的叙事。格非身上是这样的一种汇集，中国的、西方的、读者的、作家的、学者的、教授的，所有这一切汇集到格非身上，构成了真正意义上的多重性。"

"江南三部曲"的背后

张英 《欲望的旗帜》之后，你停笔多年，专注于学术写作，然后到了2003年，开始写《人面桃花》，为什么觉得自己又可以开始写了？

格非 写完《欲望的旗帜》以后，我基本上停笔了很多年，也不是说没东西可写，或者说写作遇到了很大的瓶颈，主要的原因是，我就是不想写了。这是当时一个明显的感觉，从情感的角度说，我觉得写作对我来说已经没有必要。

你也知道，二十世纪九十年代末到二十一世纪初，社会和文化思潮发生了很大的变化，我也开始读钱谷融先生的博士。我记得当年问我爱人，我将来要是不写小说了，你同意吗？她说，完全可以理解。当然如果有人约稿，一定要我写点什么，也可以写，但我当时没有写作的冲动了。

张英 是因为文学越来越受冷落，越来越不重要了吗？

格非 这是我们面对的一个现实。文学的失落感不是一天两天，我们已经习惯了在二十世纪八十年代受人瞩目、相对热闹的文学创作的氛围，我们当时以为从古至今就是如此的，一旦到了九十年代初以后，小说开始退出了大众的视线，文学的社会影响功能急剧下降。这个过程中，很多作家都不适应，就我个人而言，也会受到这种影响。写小说不像我们过去想象的那么重要，文学圈子普遍有一种失落的情绪。

后来我去欧洲、美国旅行，看了西方的文学现状，我自己反省：一个是对中国传统小说的反省，一个是对西方小说的反省。西方小说的繁荣时期，主要是在十九世纪。在十九世纪以前，小说从来没有在文学生活中占到这样一个重要的地位。后来到了二十世纪后半段，娱乐工业出现，严肃小说慢慢淡出公众的生活。这个变化是很正常的，因为以前的繁荣不是一个常态，那是一个特例，是时代和社会环境决定的。

中国的小说叙事传统更是如此，从《山海经》开始，到庄子说"饰小说以干县令，其于大达亦远矣"，一直到后来，小说是个街谈巷议的东西，不入主流的，是个受到压抑的文类。直到近代，梁启超提出小说有社会革命的启蒙作用，就突然变成一个很重要的东西。也许对鲁迅来说，写小说就是为了启蒙救亡。小说变得很重要，这是在很晚近才发生的事情。所以回顾历史，我突然发现，小说既没有那么重要，也没有那么不重要，它只是文学的一个门类而已，文学又是文化艺术中间的一个类别而已。你说绝望，或者对小说寄予过多少希望，都没有必要。

张英 很高兴看到你的"江南三部曲"。你这十几年来，一直在跟时代的精神和文化思潮，保持对社会的对话和思考。从内在精神脉络来看，《春尽江南》是当年《欲望的旗帜》的延续。"江南三部曲"写的就是三代人的桃花源，他们追寻的精神乌托邦。

格非　我是一个比较悲观主义的人，当年写完《欲望的旗帜》之后，很长时间没有办法写作。

我很希望写一部能够把中国近现代 100 年的历史放进去的作品，当时想通过地方志的一个结构来写作。我当时到上海图书馆，包括华东师大，找了很多地方志的书来看，做了一些笔记，但是两年以后我就放弃了这个想法。在一本书里，我可能完成不了，那我是不是要把它分成三部来写，我是否可以用三个长篇小说来表达我对乌托邦的想法？后来动笔写的时候，我并未完全按照马哈福兹的方式，但也保留了他的一些做法，三部曲的主题大致还是统一的。当时的考虑是第一部可能写辛亥革命，第二部写"文化大革命"，第三部写我们现在这个时代。

可当写完第一部《人面桃花》以后，在写第二部《山河入梦》的时候我突然改变了想法，我觉得第二部不能写"文化大革命"，如果第二部我写"文化大革命"的话，这三部曲给人的感觉都太刺激了，所以我把时间提前到了五十年代"大跃进"时期。五十年代是中国社会相对来说比较好的时期，能够寄托我个人很多的想法和情感，所以第二部《山河入梦》就把时间段提前到了五十年代，稍微有一点提前性。

第三部《春尽江南》写中国当下的现实，我当时的想法是打算让整个故事在三个月之内结束，整个故事的时间只有三个月。既然是《春尽江南》，从春天开始到春天结束，差不多三个月，这个故事就完了。

我觉得时间这个概念在今天的中国社会发生了很大的变化，时间在过去是一个历史性的过程，是有长度的，可是今天的时间变成了一个空间性的东西，什么意思呢？我小说里的主人公有一个说法，今天这个社会活100年跟活一年没有太大区别，你该看的东西都见过了，时间的神秘感开始消失了。本来想三个月足够了，后来我考虑还是把时间扩大了，整个的跨度是20多年。

张英　你一开始写作的时候是以一个先锋作家的身份出现的，现在我们看到你的"江南三部曲"，非常的现实主义，也比较注重故事性了，为什么有这样的转变？

格非　我觉得先锋性永远需要。在一部作品里面，任何一个作家想写好作品，一定要用新的方式来开始，因为别人的方式不一定适合你，你需要去综合，需要发现你自己的方法，需要找到一个比较好的形式。我希望做一些探索，但是我不希望这个探索文本那么外在，我希望它更加内在一些。

至今为止，我的小说就分成两个部分，我刚才跟你说到，一个就是《大年》和《青黄》这种类型的，还有一个就是写现实的，比如《傻瓜的诗篇》，其实这两个类型的小说我都有兴趣，刚好在写《人面桃花》的时候，因为经历到这个历史的变化，它有过去历史，有传统虚构历史的部分，同时又有现实的部分。五六十年代，可能那是我刚刚有人生记忆的时候，所以它既是历史的同时又是现实的。

我在写这个"江南三部曲"的时候有一种冲动，希望对八十年代的创作进行一番整理，确实有这样的想法。这三部小说，从叙事和语言方面来讲，每一部都会有一些变化。同时，我也得尊重这个三部曲本身结构上的联系性。

我现在比较看重故事，但不会把故事当作消费品来看。随着年龄的增长，人会变得比较内敛。我原来比较注重从故事的外部结构中去寻找一种新的形式，通过重读中国的章回体小说，我获得了很多新的启发。比如说，人物话语叙事，过去不屑一顾，但我现在倾向于认为，它是中国章回体小说在人物塑造方面的突出贡献。

我可能会有一些新的想法，也可能会在文体上做一些试验。我觉得当今国际文坛上有很多优秀的作家，他们其实一直没有停止形式上的探索，这是非常让人尊敬的。所以我觉得先锋性也好，对形式的探索也好，这个过程在中国的文学界远远没有结束，也不应该结束，我觉得要一代一代的作家去开拓这个边界，使整个负载信息的手段能够更加丰富。

张英 你写这个三部曲，完全是那种反史诗的写法，很小的角度切入的。《人面桃花》开始，就是"父亲下楼了"，从这样很平常的、微小的地方开始，三部小说，基本上都是选择这种角度，为什么会选这样一个叙述角度和结构？

格非 因为我觉得文学最重要的东西恰恰就在这里。假设这个社会有 100 个人，如果有 99 个人持有同一种观念，只有一个人不同意这个看法，对于社会的运转来说，尤其是在选举的时候，这一个人的意见无足轻重。但是对于文学而言，他的意见是不能被忽视的。

文学实际上一直在关注这样的声音和意见。文学不是一个历史学的编撰，不是对一个时代进行定性，至少我自己不认同这种看法。

我在一篇文章里面也提到，我不太愿意代表某一种具体的阶层。比如说工人、农民、什么弱势群体，我不会去代表这样的一个群体，我愿意代表的是一些抽象的群类，比如倒霉的人、在这个社会中不适应的人，比如说失败的人。我觉得这些人是我非常关注的，因为在某种意义上，我也是如此。

因为我从内心深处觉得自己是一个失败的人，或者是一个感觉到不适的人。意大利有一个学者，她看我的一些小说，她说小说里面都有一个共同的主题，就是描写的都是不合时宜的人。我觉得自己就是一个不合时宜的人，跟所有的人都是不对（付）的。

相对于整体社会历史过程，我更关注这个社会中形形色色的个体。所以进入一个大的历史的时候，我也愿意去描述被历史裹挟进去的人的命运。所以我希望通过日常化的小人物来进入历史的描述。

我这个小说无意去复现一个时代的历史，从来不是。《山河入梦》不是，《人面桃花》不是，《春尽江南》也不是，我也无意于描述当今的现实，而是描写这个现实环境中的个人。

张英　你写小说的时候，跳出了很多作家会惯常使用的一个编年体的方式，这样的好处是可以借用历史和时代背景，包括社会事件的力量，可能会加重小说的力量。但是你写的时候，恰恰相反，用了切片式的结构，做了很多减法。

格非　是这样。我昨天跟几个朋友也聊过，我在写第二部《山河入梦》的时候，也有过很长时间的犹豫。我原来计划是写"文革"，后来，我放弃了这个想法。因为几乎所有的人都会从"文革"切入，反而会让我有些踌躇。正如你所说的，我不愿意借用历史事件本身的力量。

所以我把它的时代背景调整到了二十世纪五十年代，"文革"发生的时候，主人公谭功达已经在监狱里面了。二十世纪五十年代的话，我觉得也并非不重要，因为"文革"怎么来的呢，当然是前面有因，后面有果。然后五十年代社会也有那么多的重要事情发生，也是值得写的，我觉得可能难度更加大。

所以我当时就把第二部稍微地做一点处理，做了一点留白。然后为第三部小说的展开做准备，因为我知道第三部要写什么，当下的市场经济、商业社会里的人。如果按照时间的顺序一路写下来，它就会变成真正意义上的历史小说，这有违我的初衷。

张英 回头来看，今天的文学杂志，对比八十年代的文学杂志，你会发现一个有趣的现象：现在 80% 的小说都是现实主义潮流，手法陈旧，老老实实讲故事，八十年代你们开始写作那会，比的是先锋和探索、艺术实验。

格非 现代主义这个东西，它确实有些问题需要反思。但是你没法抹掉它，它是人类文学历史很重要的一部分。为什么会有现代主义的小说、现代派的探索，它当然是一个文学的要求，跟社会的变化是密切相关的。

今天的社会，实际上也在不断地发生变化，当然需要作家去探索新的形式、新的叙事方式。先锋小说也好，现代主义小说也好，它们总是和特定的社会形态联系在一起的。既然社会已经发生深刻的变化，固守二十世纪八十年代的先锋叙事话语，我也觉得有些不合适。

现在很多人开始更多地去关注西方以外的作品，关注二十世纪以外的，比如十八、十九世纪的作品，关注中国传统的作品，这是好事。

今天的作家，需要更多去掌握这些技巧和手法，去了解更多的资源，需要从更大的范围去理解那些一度被我们忽略的文学，或者去关注那些从未进入我们视野的文学作品。举例来说，如果我们对菲律宾的现代文学有所了解，会有助于我们更深刻地理解中国现代文学的发生。再比如说，我最近读了一些非洲作家的作品，也获得了很大的启发。

张英 诗人欧阳江河这样评价你在"江南三部曲"里的艺术探索："他既把西方先锋文学叙事的巨大能量和可能性带进来，又带出《红楼梦》《金瓶梅》的叙事。格非身上是这样的一种汇集，中国的、西方的、读者的、作家的、学者的、教授的，所有这一切汇集到格非身上，构成了真正意义上的多重性。"在这个作品里，你怎么看自己尝试？

格非 这个我觉得很大程度上是《人面桃花》定下的一个基调。关于作品的总体基调，其实我也一直很纠结。一开始想用地方志的结构，后来发现这不行，而对于现代主义的方式，我又已经失去了兴趣，但你让我回到传统的现实主义，我也不愿意。

《人面桃花》里实际上它在叙述和语言上，有一部分东西回到了中国古代的一些资源，然后我希望把它的叙述方法做一些变化，既不要像过去那样，完全在一个现代主义的框架里面，同时也不要回到非常传统的现实主义里去。

实际上写到《山河入梦》时，我跟朋友们反复地讨论过，我要不要采取一种完全新的方法，或者说，另外定一个基调，最后我放弃了。我觉得还是希望这个小说三部曲，能够形成一个统一的结构。所以我就觉得，应该保留一些现代主义的成果，比如时间的设置，包括一些内在的联系和变化。

另外，我希望这样的探索能够在内部完成，不要在小说的外表，给人留下很多你在标新立异的印象。其实很多的技术、很多的技巧应该放在内部，比如这个桌子做好了，你看到它很好，但是它的设计、它的很多工艺，你从外表不一定都能看到。

张英 在清华任教后，你花大量时间阅读、研究古代文学，这方面你发现了什么？对《人面桃花》的写作帮助有多大？

格非 我那个时候，可能思考比较多的是中国小说的传统，可以利用的传统。我上课的时候，也会涉及中国小说的研究，比如中国古代的小说，到清末进入现代的过程。当时的文学家通过大量翻译西方的小说，来批判继承中国古代的传统。也有学者做过这方面的研究，但是我觉得，这些研究是远远不够的。

我个人认为，中国的现代小说对古典小说不是批判性地继承，而是一个重新确认的过程。鲁迅是一个极端的例子，他对中国文化传统的看法基本是负面的。但是也有另外的例子，像废名、沈从文、萧红，实际上是对中国古代文学的传统进行重新确认，他们延续了这个传统。比如汪曾祺也是这样的，废名和六朝文章的关系，沈从文和唐传奇的关系，都是确认、寻找和古代联结的过程，但是我们对这个传统没有给予足够多的重视。

我读《史记》《春秋左氏传》的时候，有很多感慨。有人认为中国没有西方那样的宗教，似乎就低人一等；中国的神话不发达，所以中国的小说也不行；中国的长篇虚构小说出现时间比日本要晚，我们的文学观念就很落后；等等。这些都是皮相之论。

中国文学产生过一些优秀的作品，这是最关键的。它出现过《水浒传》《金瓶梅》《红楼梦》这样的章回体作品，这些作品与传统的叙事文类如史传、志怪、传奇、笔记、小品和古代戏曲都有着这样那样的联系，说明它有着自己的讲故事的修辞和美学传统。

有人认为中国现代作家的根在西方，我觉得不对。所以重新读先秦的作品、汉唐乃至明清时的作品，从这样一个脉络中，我发现传统其实并没有断裂。所谓的断裂之说，我想指的是某种停顿。从旧白话到新白话，其实中间有一个顽强的联结的过程，现代作家也有一个和古代作家联结的过程。现代化的过程，也是一个重新发现古代遗产的过程。

虽然我不认为中国的东西是最好的、是唯我独尊的，但是我们也要充分认识它的价值。可能在目前的小说叙事遇到普遍困境的时候，中国传统小说的经验也值得重视，至少，它可以提供不同的思考路径和方向。

张英　《人面桃花》被改编成话剧，你对这种艺术形式有什么看法？

格非　首先，改编者郭小男是我的一个好朋友，他告诉我他希望把《人面桃花》改编成话剧，我当时很高兴。我对戏剧史非常着迷，兴趣要超过电影。

大概在很多年前，我们在北京看契诃夫的一个戏剧展。有个画面我非常难忘，当演出结束时，演员集体谢幕，现场观众们在整个剧场里集体起立，鼓掌10分钟不愿意离开。我觉得这个画面特别美。

我很高兴，有机会看到，有人把一个小说文体变成了可以聆听和观看的形式。

100年来的历史中的个人变化

张英　三部小说，《人面桃花》一出来，很多人喜欢；到了第二部《山河入梦》，就有了争议，有的人喜欢《人面桃花》；第三部《春尽江南》出来，又分裂了，有人喜欢第二部《山河入梦》了。在这三部小说里，叙述和语言的变化，你是怎么样考虑的？

格非　读者的反应很奇怪。有很多人先看《山河入梦》，再看第一部《人面桃花》，反而不喜欢。包括我的一些好朋友，有国内也有国外的，这些作家、学者，因为他们没看第一部，看了第二部再回头看第一部写什么，然后他说第一部不行，不如第二部。

这个当然不是我要关心的事情。你刚才讲到语言这个问题，我觉得特别的重要，《人面桃花》的语言，当然是那个年代当中来的，我觉得跟那个时代氛围相适应。说实话，《人面桃花》我准备了很长的时间，希望它的语言有所变化，比较人为地做了一些变化。

从《山河入梦》开始，我有了一种新的欲望，我希望把语言弄得更加朴实、更加舒缓、更加自然，包括人物对话。所以为什么莫言觉得《山河入梦》还可以，觉得《山河入梦》的人物对话开始有意思了，因为在《人面桃花》中这个对话基本上还是书面对话，到《山河入梦》里面有一个变化，人物有自己的语言个性，引用了一些那个时代特定的话语，如大字报、政治口号和标语。

然后到第三部《春尽江南》，我希望它更加朴素、更加直接，就是当下的生活语言。时代变化、时间加速了，社会的变化让人目不暇接、目瞪口呆，"一日长于百年"。这只是我追求的一个目标，它一定不是《人面桃花》里的那种缓慢、优雅、从容、舒缓的语言。

到目前为止，我有两种类型的小说，一种是跟现实比较近的，一种跟历史比较近。但是呢，我刚好把这两个风格糅到一个小说三部曲里面去，所以大家会感觉到前后的落差比较大。

这两个艺术风格我会继续保持，写作的愿望我都有。比如写完了第三部《春尽江南》以后，我肯定会重新写一个跟《人面桃花》有一点关系的，那种稍微典雅一点的小说，因为这两个方向我都有兴趣。

张英 这三部小说的叙事、语言风格也非常不一样，也随着社会时代背景而变，由古典转入现代，由含蓄转向直白。在叙事策略和语言上的讲究，值得大家学习。

格非 没错，我是关注两个方面。一个是《人面桃花》里，我关注的可能是传统的语言、资源，就是我们传统语言的表述，其实里面有很多很复杂的东西，相对含蓄、典雅一些。这是古典文学的一个资源。

还有一个我特别希望自己能做到的，就是现实生活当中对语言的把握。因为我们出现了很多的新的语言，日常生活里面，表达怎么样才会有效？我不能永远去依赖那种传统的表达，所以一方面我觉得要回到传统的资源去寻找一些东西，同时还需要研究当下这个社会现实，然后能够使语言有一个新的变化。

这两个想法，恰好因为三部曲的结构，所以导致了这样一个问题，很多人，包括李陀在看完第一部的时候，他就很担心：《人面桃花》这个语言，怎么样把它再放到五六十年代去呢？这是不可能的。因为五十年代是一个革命的时代，不能用这样的语言。

我回答他说，我根本没有这样的想法，可能第二部《山河入梦》要做一个过渡，就是语言上尽可能直白一些，保留一些抒情性，同时也不要太剧烈、太过分。然后到第三部《春尽江南》，我再回到现实本身，就是把现实很多的问题带出来。

很多人看第二部的时候，也跟我说，不知道你跟现实究竟是怎么样一个关系，所以我说，恐怕得看完《春尽江南》，完整读完"江南三部曲"才会了解。

张英　我把第三部《春尽江南》读完之后，很受震撼，所以那天晚上很激动，给你发短信。这三本小说我看得比较慢，因为在写作上，你使用很多技巧，想法很丰富多元，语言表达上，有大量的语言和词汇的多义性藏在里面。

格非　我跟朋友、同事们也聊这个话题，他们比较关心《春尽江南》会怎么写。有一次我们一起聊天，我突然跟他们讲，第三部小说我有可能只写三个月的时间里发生的故事，也就是说，整个小说故事时间跨度只有三个月。

然后朋友问了我一个问题：为什么你要把它放到这么短的时间里面？我说有两个方面的考虑，第一方面，就是我想故事的振幅小一些。从叙事上说，故事的幅度和跨度按照同一个节奏来设定，我自己也觉得不能忍受。

第二个，我觉得更重要的是，时间在今天对我们的意义已经完全不同了。因为过去的时间，你也知道，它是非均质性的。我们所有的好东西，都要经历时间。时间是使一个人的品格、使一个人的工作能够呈现出光辉的非常重要的保证。比如你酿酒，没有四五年酿不出好酒。打磨一个玉器，需要你一辈子的工作，把时间耗费进去。但是现在社会已经完全不允许这样的生产方式。现在的社会，时间是均质性的，好像把时间压扁了。所以我跟他说，我们当今的时间，跟过去的时间是完全不同的。

比如在八十年代的时候，我觉得时间特别漫长，感觉到这个时间的段落一点一点往下推进，很慢，时间的进程逐步展开，每一个时段呈现不同的意义。可是新世纪以后，你突然发现这个时间变得均质了，你发现 10 年跟一天——从时间的感受性上说，差不多。

张英　《人面桃花》的故事主要发生在辛亥革命前后，《山河入梦》则在新民主主义革命和社会主义改造前后、"文革"之前，《春尽江南》整体处于改革开放、经济建设时代。《春尽江南》因为当下性，它给读者带来的刺激会远远超过《山河入梦》和《春尽江南》两部。

格非　因为我希望把很多的东西带出来，就是当下日常生活当中这个社会性的东西，对故事的主人公的命运，人生不同关口的选择，当然很重要。昨天也有人问我："你写了这么多的社会性的东西，是不是着力地描述社会画卷？"我回答她说：不是这样，我要描述的对象始终是个人，如果再小一点，是个人的精神生活。

当然，光谈人物的精神处境是不可能的。精神是社会作用于我们每一个人的日常生活时在我们内心激起的反应，或留下的痕迹。这个社会性的东西一直在背后。没有这个东西的话，精神无从谈起。所以我觉得要把社会性的东西带出来，然后获得一个空间，然后可以呈现这个变化。

我不是想去描述历史——这个我没有任何兴趣——而是描写在这样大的历史背景当中，个人是什么样地生存，这些人在现实中是什么样的生活状态。

张英 《春尽江南》的结尾，还是留了一点希望和尾巴，用诗歌当小说的结尾，"喧嚣和厌倦，一浪高过一浪／我注视着镜中的自己／像败局已定的将军检阅他溃散的部队"，看得难过。书里结尾还提到，陈寅恪说，欧阳修写《新五代史》，用一本书的力量，使得一个时代的风尚，重返醇正。今天这个时代，还会有这样的力量吗?

格非 这个话好像是陈寅恪跟他的弟子蒋天枢说的。五代之乱时是中国历史上最糟糕的时期之一，在欧阳修看来，那个时代没有什么好人，在写传记的时候，可以发现，欧阳修的笔触很悲凉，那是一个乱世嘛。但是陈寅恪认为欧阳修有自己的抱负和责任感，他希望挽救世道人心，挽救社会风气。社会即便在最糟糕的时候，仍然蕴含着巨大的潜能。所以陈寅恪勉励他的弟子，即使你认为这个社会不好，你也不要绝望，而是做你应该做的事情。

张英 《山河入梦》一路读下来，相比那种集体式、强制性的制度，你可能更加倾向于每个个人的改变。

格非 也不能说完全是个体。如果就社会理想来说，我觉得任何一个极端性的东西都是不好的，它必须有各种的力量、各种关系的制约。比如说当我们今天讲到自由竞争，讲到发展，每个人对财富都有一些追求，这种追求在某种意义上是正当的，但必须公正。就像王夫之所说的，人欲之大公，即天理之至正。

另外，我觉得重要的是，在任何的时代，每一个人都有自己的选择，都有选择的自主性和意向性问题。在竞争激烈的社会，我们感觉到有压力也好，感觉到没有前途也好，人一辈子生活的时间是有限的。我觉得人还是应该反省自己的生活，我希望能够有一个反省的力量，对每个人来说都是如此。

这个小说通过诗歌来结尾，是因为我觉得诗歌恰恰有一种特殊的力量感和丰富性。诗不是一种说明，不是一种阐述，而是直接呈现。

张英　直观的复杂化。

格非　没错。

知识分子的精神困境

张英　我为什么认为《欲望的旗帜》和《春尽江南》的思考一脉相承，继续描绘着知识分子的精神的图景演变和观察思考？

格非　我觉得你的看法是很准确的。在写《春尽江南》时，实际上我是希望沿着《欲望的旗帜》那个思路去思考。当然《欲望的旗帜》有很多的地方，我不太满意,《欲望的旗帜》太诗化了。有一些我觉得好的东西，比如抒情性我会保留，但是我觉得小说必须建立在一个扎实的基础上，它才有力量。

所以我希望《春尽江南》，它在这个方面做一些改造。

因为《欲望的旗帜》虽然是写当年知识分子阶层的生活的，可是你看起来，还是觉得它是一个虚构性、一个寓言式的东西，我希望把这个寓言式的壳抛弃掉，让它直接变成我们的日常生活，让每一个读者能够看到自己。在写《春尽江南》的时候，实际上我也曾重看了一下《欲望的旗帜》。我希望它能够更加丰富一些。

我现在接触的人跟二十世纪九十年代的人相比，可能会丰富、复杂得多，不同类型的人会更多，说到底，我希望赋予小说一个真实的社会氛围。

张英 《欲望的旗帜》这个小说，有一条暗线回避掉了。因为当时九十年代初期的社会变化，导致整个大学系统发生了改变，学校里当时整个西方的文学课程都停了，在整顿中有些人离开大学，要么出国移民，要么下海经商赚钱去了。

中国知识分子的精神痛苦和困境，和时代、社会的变化有直接的关系。主人公曾山的痛苦，就在于他的偏执和认真，因为灵魂被捆绑住，思想被冰冻，唯有靠身体和欲望满足过活。到了《春尽江南》里头，诗人端午的痛苦，刚好也是这个精神处境，具体实在地遭遇了市场经济和商品社会的冲击，灵魂空空荡荡，精神一片荒芜，只有麻木的身体在跟着社会的节奏走，麻木不仁、被动地跟随着。

所以我看的时候，特别有同感。回首八十年代，虽然穷，但人的精神快乐，幸福感比现在高，感觉一切是按照一个美好的方向走；现在人的收入比过去高了，但感觉突然没有方向了，也没有多少安全感和幸福感。

格非 回到《欲望的旗帜》，回到那个时间的关节点，我们来观察中国。比如说前30年的历史，当然是一个很重要的节点。所有经历过那个时代的人都知道，在九十年代之前，我们的生活虽然带有某种计划体制的阴影，也有某种理想主义的东西。当时社会不断地往前滚动，你给它力，它就动一动，虽然慢，但很神奇，它给你一种希望：不管怎么说，社会在变化，一直在变。

当然那个时代的话语，也非常地丰富。有重述传统的，有人道主义的，有启蒙主义的，有现代主义的，也有后现代的，无数的话语交错在一起。但是总的来说，是以西方话语为主导的。

而九十年代之后，整个社会似乎就更换了跑道。社会改革，先是一个加速度快速推进，很多人都感到眩晕和不适，然后就到了新世纪，这种改革从历史进程的角度看，变得钝化，也就是说相对比较稳定。虽然新的事物一个接着一个，但都是同质化的。

张英 《欲望的旗帜》里曾山的痛苦、《春尽江南》里主人公端午的痛苦背后，藏着你怎样的思考？

格非 小说《欲望的旗帜》里曾山的痛苦、《春尽江南》里主人公端午在花家舍的痛苦，代表两个不同的时代，从精神史的角度，你也可以把他们看成同一个人在不同时期的延续。我相信你也有这样的感觉，我们都会有两世为人的这种感觉。往前跃进的时间，在很大程度上被空间化了。

我觉得这个变化当中，有两个方面，一个方面就是我们现在的生活，另一个是我们拥有的顽固的记忆，我们会不断把记忆跟八十年代相牵扯。思考过去，实际上就是思考未来。反过来说，未来的某种钝化，会迫使我们将视线投向过去。

当然，这种钝化，指的是时间不再给我们提供激情和意义。可是在这样一个同质化的时间的内部，社会的发展，包括欲望化的表征，又是加速度的，飞快向前的，带着巨大的惯性，它甚至停不下来了。我小说里面写的所谓的新人，就是如此。新的一代人开始出现了。我想人类终将走到这一步，技术的发展会让我们有种恍惚之感：新人和过去的人，是不是同一种人？

张英　"生命中无法承受的轻"。《春尽江南》就是繁华落尽，孤独出场，一地鸡毛。

格非　在某种意义上，我们自己也变成了新人，我们在尝试一种新的生活，人人都不例外。市场经济、商品社会、消费社会、互联网时代、人工智能、虚拟的 AR（增强现实）、智能机器人，而这个当下日常生活，是我们过去非常陌生的。

如果不去调动我们的记忆，如果我们不去了解它的历史的话，那么你会觉得，我们所有的人今天的生活都很自然，我们就应该是这样的。但是你如果获得了更广阔的历史视野，思考和感受都会很不一样。

张英　怎么看待九十年代以来的中国社会和知识分子的变化？

格非　现今社会的变化特别剧烈，九十年代写完《欲望的旗帜》，我想去寻求新的角度，也需要自己停一停。那时压力很大，观察、描述现实的时候产生了很多疑虑，看不清楚，又不太愿意重复以前的东西。

时代的变化触目惊心，原来不敢想的都在发生，这个时代确实提出很多新的挑战和命题，丰富性也超越了想象。我们怎么评价这个社会？有很多的方法，可以从经济的成就来评价，可以从社会发展方面来评价，而我的评价的角度略有不同。我首先考虑的是这个社会里面的人，现在这个社会里是一些什么样的人，然后这些人究竟对这个现实是什么样一种反应？这个社会究竟是让我感到自在还是不自在？很多人觉得压力非常大，看不到前途，这到底是为什么？

我的想法是把我个人的观点写到《春尽江南》里头去，我把我的观点分散到很多人物的身上，通过不同的人来表达：这个社会 20 年的发展和变化，究竟在我们心里留下了什么，我们有没有必要对我们现在的生活进行反省？

如果说我有什么目的的话，我希望读者在看《春尽江南》的时候，能够从作品里面找到他自己，看到他自己的灵魂状态，这是我最大的一个想法。

张英 在《春尽江南》这部小说里，能够看到你和宋琳、胡河清、李劼等人的影子，也不难感受到知识分子适应商业社会的痛苦。你在写小说的时候，会不会特别痛苦呢？

格非 也许吧。在写《春尽江南》的时候，我感到要调整自己的写作状态。我多次回到我的老家，也访问了很多的人，比如说律师。我原来不了解律师的生活，不太了解律师事务所的运行，不了解怎么打官司，这些都得通过社会调查或走访来积累。

当然诗人的生活我比较了解。作为一个诗人，他对这个世界感受的丰富性是一般人难以企及的。我有很多朋友是写诗的，他们的品格和想象力在很大程度上是让人尊敬的。诗歌在今天很难被市场化，正因为诗歌无利可图，诗人们至少在写作时的状态，相比小说家来说要纯净得多。另一个方面，诗人的直觉尤其是生活经验方面的敏锐性，也让小说家望尘莫及。

我把主角端午写成一个诗人，希望为生活保留一些有深度的经验，能够重新召回文学或者诗歌的力量。在今天的社会生活中，文学的重要性已经大大下降了，正因为如此，文学或许面临真正的变革或新的开始。

张英 但你的小说到最后，端午也没有找到未来的道路和答案。

格非　有人说你的作品为什么不能给我们指明一个方向，因为你是一个知识分子，你有责任。我当时回答说，一个在学校里当老师的人，当然可以被称为知识分子，但我并非一个公共知识分子。我的一部分工作是教学，行有余力，就写点小说。作为一个文学的作者，重要的是通过你的作品提出问题，而不是急于去解答什么。只有邪教和江湖骗子可以轻易保证我们每一个人的未来。文学具有某种启示之光，但它从来无法代替读者去思索，更没法为他指明一条光明之路。

江南的"乌托邦三部曲"

张英　我跟曹元勇说，这三本书的新版，沿用台湾版的"乌托邦三部曲"比"江南三部曲"要好。

格非　你是这么觉得？曹元勇也是犹豫不决。但是"乌托邦"这个词，现在有一点用滥了。我当时写《人面桃花》的时候，"乌托邦"对我来说，还是一个值得考虑的主题。但是写到第三部《春尽江南》的时候，我忽然发现，许多搞房地产的朋友都在热衷于什么"乌托邦公社"，它只是富人生活趣味的代名词，这样的"乌托邦"，在我看来是没有意义的。

这种建立在对于未来想象基础上的生活趣味，说白了就是一种文化的欲望。他们实际上是在通过一种奢侈的物质生活（当然少不了美感），靠消费主义完全忘掉自己的这种精神困境和痛苦。比如说依靠生存的一些基本知识，然后去追求一些精英主义的物质满足，去过一种虚假的田园生活，比如在山里面建一个村庄，到风景名胜地建一个建筑公社，等等。

我认为这样的东西，它会抹杀掉我们生活中的真实性和严峻性。

所以我觉得，当"乌托邦"这个词进入公众生活，进入小资们的日常生活时，它原有的意义已经被遮蔽了。我有点担心这个词已经失去了它原来的精神象征。

因为原来的"乌托邦"是不存在的一个"美好而无法抵达的远方"，是对精神生活向往的代名词。可是今天的"乌托邦"已经成了一个商业标签，具体来说，既区别于一个穷人，又区别于那些傻乎乎的富人：有文化，有格调，又对未来生活有想象，同时还得有钱。

张英　每个人的"乌托邦"与"理想国"不一样，但是人人心里有一个"桃花源"，想要有类似"花家舍"这样一个地方，把人性的异化和污染洗掉。

格非　如果说有"乌托邦"和"桃花源"的话，我愿意相信它在我们心中，我觉得它不存在于世界上任何一个确切的地方。今天的中国，所谓的"桃花源"当然也不存在的，如果我们无视自己的精神和心灵的粗鄙和贫乏，你建多少的别墅，建多少的山中园林都没有用。

张英　但今天我们看到中国，包括那些发达的国家，"乌托邦"与"理想国"都崩塌了，包括"桃花源"如今都很少。这还是一个全球化的困境和问题，这个不光是中国的，全球都是如此。

格非　的确如此。我最近在欧洲跑了一些地方，也去过印度和其他的一些国家，跟各地的一些作家经常在一起聊天。我发现大家的看法基本上差不多。世界充满不确定性，作家和诗人、艺术家也为此深感忧虑。我觉得中国的知识分子身上，有一种比较好的品质，就是所谓的忧世。当然，忧虑这个东西，并不仅仅表明对生活的否定，忧虑本身也包含着某种有价值的东西，对于个人来说也是如此。我不知道这个世界上是否真的存在无忧无虑的人，但至少对我来说，忧虑并不完全是消极的。我们沉浸在忧虑之中而深感痛苦的时候，往往暗含着决断的意志和行动。世界陷于困境之中，但从某种意义上说，也暗含着变革和希望。

张英 把"江南三部曲"放在一块来看，100年的中国历史，一个家族的三代人，在大时代里遭遇的不同命运，通过"花家舍"这样一个地方产生了关联，这个"桃花源"最后毁灭在市场开发大潮中，三代人的"乌托邦"与"理想国"，最后都未能实现。在写"江南三部曲"之前，你肯定有一个总纲，结构性的思考。想请你阐述一下这个总体的想法。

格非 我觉得"江南三部曲"既然和中国近现代的历史大变革有关，我们就必须把它放到十六世纪以来人类社会发展演变的脉络中去看。尽管中国有自己的特殊性，但受到西方文明的强烈冲击而不得不发生社会转型，这是一个不争的事实。所以，我想将中国的历史变化和人类历史的现代性进程联系起来考虑。这是第一个考虑。

第二，在所谓"三千年未有之大变局"的总体背景之下，中国现代社会变革的道路当然也并非一条直线。从晚清到"五四"，从延安时期到中华人民共和国成立后，这个过程特别复杂。但也绝不是说，历史的诸阶段之间完全没有联系。

第三，虽然这个作品带有追溯或追忆的性质，但不可能用我个人的经验将它全部覆盖。我想到了"公羊三世说"，想到了所传闻世、所闻世和所见世三个阶段，就尝试用一种新的方法来统御全篇。但它又不是传统意义上的历史小说，所以写作上疑虑重重。

坦率地说，很多问题并不是一开始就清楚的。写作总是这样，开始时有一个动机，这个动机会随着写作的进行而发生变化，到了后来，作品实际所呈现的面貌与刚开始的想法之间，已经有了很大的不同。因为这个写作时间长达十七八年，社会在变，我个人的思想和观念也在发生变化。其中的甘苦，一言难尽。

"桃花源"存在于历史的想象当中

张英 不管是西方还是东方，不管是什么主义和体制、不同种族的宗教，"乌托邦""天下大同""理想国""天堂"，这些不同年代里不同的组织和机构描绘的终极目标，你觉得人类能够实现吗？

格非 个人的目标，与社会或者说文明的目标是完全不一样的。就个人而言，每个人都是自利的。人类在漫长的野蛮时代，基本上就是你争我夺。在那个时代，残酷的杀戮司空见惯，但大家并不认为那是一种恶。只有当文明发展到一个特定的阶段，对杀戮行为做出种种区分或法律的规定时，善恶才会出现。随着文明的发展，对于个体、部落、族群乃至国家的约束会越来越多。钱穆先生说，相对于人吃人的时代来说，战争就是一种善。对于战争的残酷性而言，法律的出现就是一种善；而对于法律强制性的约束而言，文化上的自觉就是一种善。社会和文明是在不断往前发展的，当然道德伦理也会发生相应的变化。

中国传统的社会，它是通过教育、通过道德的强调，提高你的道德修养，然后通过五伦关系，比如父母兄弟，夫妇子女，然后扩大到朋友，扩大到另外一个人，然后使得四海一家，天下大同。古代就有人认为，墨家的兼爱思想似乎更简明直接，操作起来更方便，看上去要比儒家的伦理高明。对此王阳明反驳说，因为人是在家庭中诞生的，他所接触的社会成员，首先是家庭成员。所以第一步得让孩子见习家庭成员之间的敬爱和友爱，然后逐步扩大其范围。这是一个最自然的过程，天经地义。

虽说在《礼记》中已经出现了大同的思想，虽说中国文明教化开始得很早，但在历史上，礼崩乐坏、祸乱相寻的事情一再发生。这说明，人的自私自利、欲望和固有的攻击性，有时是很难遏止的。也就是说，个人满足自己欲望的企图，与文明本身试图将天下的群体连接成一体的目标，一直在发生冲突。到了今天也还是如此。人类的历史实际上就是这样一种矛盾运动。

所以，要回答你的问题，我们首先需要回顾一下文明史，看看人类是怎么走过来的。同时我们也需要有足够的想象力，来面对文明的未来。

张英 你怎么看中国式的"乌托邦"，陶渊明描述的"桃花源"？这种理想社会，中国历史上有过吗？

格非 我刚才实际上已经说了，所谓的"乌托邦"，顾名思义，就是不存在的。它是存在于想象当中。中国过去，除了陶渊明的"桃花源"，还有我刚才说的《礼记》里面的大同世界，孔子、孟子心目中的理想社会。历史上所谓的理想社会，都有以下两个特点：第一，他们都发生在过去；第二，似乎越是上古或远古时代，那时的社会就越是被描述得令人神往。

不光是儒家思想家喜欢追三代，道家也是如此，他们心目中的理想社会，似乎比儒家更早。很多人说，中国人喜欢怀旧，喜欢什么历史退化论，常把今不如昔、人心不古放在嘴边，这是一种很大的误解。西方文化其实也是如此，他们也是动不动就要回到古希腊，回到荷马，回到赫西俄德，他们的理想社会也在遥远的古代，什么黄金时代、白银时代、黑铁时代，也是一代不如一代。我认为，在传统社会中，中国人喜欢往后看，西方也一样。当然，现代的西方人有所不同。西方人喜欢往前看，那是到了英国工业革命以后。后来所产生的一种新的文化观念，实际上是对未来的提前消耗，这另当别论。

那么，人类为什么会有这样一种向后看的嗜好？为什么理想社会不约而同地出现在我们无法记忆的遥远古代？为什么我们在谈论这个社会时，必须借助于追忆这种行为，有时甚至要借助于神话和传说？

所以我的回答是，这样的社会可以说是存在过的，也可以说根本不存在。这取决于你对历史文化的态度和理解。

张英 问题是，在人类的历史上，这种人物、领袖前赴后继，每一个朝代的皇帝，像中国历史上的反抗者，都要建一个新社会。唐德刚的"历史三峡论"、克罗齐的"螺旋式的社会"比喻，永远是把前面的打碎掉，要按照自己的设想重新建构，周而复始。在这个过程中，每个人都觉得自己要建一个新的东西，实际上他又好像在重复一条老路，我在阅读"江南三部曲"的时候，悲凉就是来自这一点。

格非 不论是个体还是社会，从历史上看，其实都存在着不断寻找、建立理想生活的冲动。这种冲动在人类历史上从未中断过。从个人的角度来说，陶渊明是一个古代的例子，福楼拜笔下的布瓦尔与佩库歇，也许可以被看成是现代社会的例子。

布瓦尔与佩库歇，这两个人原先是生活在巴黎的抄写员，地位非常卑微，生活当然也很无聊和压抑。他们一直希望过一种另外的生活，即符合个人目的性的生活，比如与友谊、宁静、知识和真理待在一起，返璞归真，无忧无虑，不受外界喧嚣社会的打扰。当他们突然继承了一大笔遗产之后，他们觉得可以将自己的计划付诸实施。他们设想离开巴黎，跨过塞纳河，到很远的乡村去买一个庄园，他们带去了很多的书，希望在那个庄园里度过余生。他们一起种地，收拾庄园，然后读书、讨论，过一种有道德的高尚生活。在十九世纪至二十世纪的文学中，类似的主题十分常见。《麦田里的守望者》这个作品中，实际上也弥漫着类似的情绪。

福楼拜的小说虽然没有写完，但是我们已经知道了布瓦尔和佩库歇的最后结局，那就是彻底的失败。他们来到庄园之后，生活中的疑虑并没有被消除，反而越来越严重；他们的宁静只不过是一种幻觉，无数的琐事，特别是与当地人的冲突，使他们精疲力竭；他们所追求的知识，由于彼此互相矛盾，让他们无所适从。他们在理想生活遭到彻底失败后，再次回到了巴黎，回到了原先谋生的地方，要求重操旧业，去当抄写员。这是福楼拜对所谓个人乌托邦的看法。他不是没有这个返回乡村的冲动，而是实际上他已经回不去了。他的目的并非仅仅嘲笑这种冲动，而是致力社会批判。

如果从社会实践的角度来看，情况就会复杂得多。社会改良也好，社会革命也好，虽然与寻找并建立理想社会的种种乌托邦想象并非没有关系，但你不能简单地将它视为一种乌托邦。因为，它确实带来了实实在在的变革，改变了社会结构和形态，并改变了许许多多个体的命运，有时就算这种变革最终失败了，但这种失败仍然具有很大的价值，或者说对未来具有重要的启示意义。改良或革命是社会肌体自身的运动，不以人的意志为转移。把所有的社会革命一概妖魔化，我觉得也是很荒谬的。

张英　对，这一点上，我觉得你很尊重你自己，尊重你笔下的人物。你不像另外一类写作者，居高临下，觉得掌握到一个真理，他会在他的作品当中把自己的理念贯穿到底；"江南三部曲"里的人物，他也一直在怀疑自己，在分析，在困扰，这个当然可能也会减少历史的重量，削弱人物本身的力量。

格非　小说里的人物不是一个作家的棋子，也不是一个可以随便化妆的脸谱。要写好人物，首先得尊重人物，尊重人物自身的逻辑。这个说起来容易，但在实际写作中也很难完全做到。

小说的人物，最初来自作家的设定和创作动机，这些人物身上多多少少也能够反映作者的价值、立场和声音。作者与人物的关系特别复杂。比如说，有所谓的忠实的叙事代言人，也存在不可靠的叙事者，或反讽意义上的人物和叙事者，其间的关系非常复杂。我们不能将人物与作者画等号，也不能说，人物完全独立，与作者意图没有关系。

张英　一说到写当代生活，评论家们就呼吁作家们要用文学书写现实，"对当下生活的正面强攻"。

格非　"正面强攻"这个词，我觉得是不存在的。你不可能正面强攻，你跟谁强攻？我觉得不存在这样的问题。托尔斯泰写《战争与和平》，将历史事件与现实生活熔于一炉，成就了史诗般的品格和恢宏气度，但这样的作品也不能说是正面强攻。其实，这个作品中所有处于侧面的东西都很重要，而他正面描述的 1812 年战争反而比较逊色。

托尔斯泰真正吸引我的并不是他的历史观、道德和价值判断，反而是他的那些幽暗部分，他的重重疑虑以及极为矛盾的内心世界的悸动。这些东西不是来自宏大的叙事设计，而是来自他对现实生活的深刻洞察力以及诚实、谦逊的写作风格。

"长河文学"和"史诗小说"

张英　"江南三部曲"写了 100 年时间的历史，很多作家都喜欢写史诗小说,你决定写三部曲的时候,是否有这样的野心?

格非 有作家喜欢写史诗小说,我不知道怎么去评价。至少我个人没有这样的想法。所谓的史诗,就小说而言,不过是一个比喻性的说法。史诗的年代虽然已经过去了,但是这样的梦想依然存在。作家希望尽可能深刻地表现他的时代,有一个大的历史视野,去描绘一个很长的历史时段的社会生活,同时能够呈现较为复杂的多声部主题,等等。这种想法无可厚非。

但我不会采取过去编年史的写法,而是想用既有联系也有不同的阶段性创作,来勾勒一个比较大的历史变化。这仅仅是一个文学写作者对历史的理解,具体的历史走向、细节和评述,是历史学家的任务。至于说"江南三部曲"是否要写成史诗,我从来没有考虑过。

我有意识把"江南三部曲"分开,就是说,一方面是有联系,一方面有一种变化,我希望各篇相对独立,也就是说,每一个作品都有自身要达到的目标,包括思想上和修辞上的针对性,同时在脉络和整体性上有所联系。所以,你也许已经感觉到了,在实际写作过程中,也充满了种种矛盾和疑虑。

张英 你怎么看所谓作家们关于长篇小说的梦想,所谓的"长河文学"和"史诗小说"热?

格非 并不是说我写了"江南三部曲",我就要肯定这样的长河小说,不是这样。我觉得一个短篇小说写得好,也同样了不起。我的看法其实很朴素,我对于一个好作家的定义比较宽泛,在我看来,写过一篇出色的短篇小说的作家,就是好作家。举例来说,王之涣只有很少的诗歌传世,我们能记住的就那么两首,但我一直将他看成是伟大的诗人。我在意的不是量,而是他所达到的高度。

但是,我们知道文学史的评价标准有些不同。我们很多人热衷于为文学史的作家排序，国内国外都是如此。我对此没有什么兴趣。

至于你说的史诗或长河小说，在当代创作中也并非完全不可能出现。比如现代文学史上的名著《静静的顿河》《没有个性的人》《追忆似水年华》等，都是皇皇巨著。

张英 短篇是表现某一个时段的情绪，你要表达你完整的世界观，"长河小说"对于一个成熟的作家来说，非常顺理成章。

格非 我知道你说的意思，但是它跟我没有太大的关系。我完全是误打误撞。就是说，我是迫不得已进入"江南三部曲"的创作的。昨天有一个记者问我这个问题的时候，我也说到，我刚开始的时候是想写一部作品，让它涵盖 100 年的历史，但是写不下去。这样才出现了三部曲的想法。

因为这个作品已经在脑子里酝酿了好几年，既然当初的地方志的设想被否定了，我就很自然地想到，能不能把它分成三部呢？脑子有这个想法，开始生根了，然后就真的去思考这个三部曲的结构，看能不能写下去。当年也只不过是一念之差，那么写了第一部之后，就会有第二部，第二部之后就有第三部，一旦开始，就没法停止，怀疑、犹豫都没有用，只能慢慢地写下来。

但以后我不会再写三部曲了。因为我感兴趣的东西还有一些，还想做一些别的尝试。"江南三部曲"有好的地方，但是也有不怎么好的地方。不好的地方，我觉得它对于我个人精力的牵扯太大了。比如说，我有一次突然想写一部关于近代传教士的小说，但是因为三部曲还远远没有完成，这个想法就只能搁置。你得先把三部曲写完再说。类似的想法很多，我在读陈寅恪的《柳如是别传》的时候，就有了写一写明末文人与妓女生活的强烈冲动，因为三部曲的压力，我只得放弃。渐渐地我就把这事忘了，只是在翻看笔记的时候，记得自己曾经有过这方面的设想。现在已经完全不想写了。

所以我其实并不是自己写了三部曲，就觉得会肯定这个"长河小说"。相反，我一直有一种想要摆脱三部曲控制的愿望。

当然，文学世界里，"长河小说"有很多成功的例子。除了我刚才提到的那些作品，当然还有巴尔扎克写的《人间喜剧》。但《人间喜剧》其实并不是同一部作品，各部之间关系松散，甚至毫无关系。我过去喜欢福楼拜多一些，最近有些变化，我觉得巴尔扎克更迷人。

张英 可是作家不应该有野心吗？去写我们经历的时代和大历史。

格非 作家的野心，就是写出一流的作品，不论是短篇，还是长篇。你说的作家要有野心，我也赞同。我觉得一个作家的确需要有野心，但是不是应该采取长河小说这样的方式呢？我觉得因人而异。乔伊斯的《芬尼根的守灵夜》和《尤利西斯》都是充满野心之作，但我翻来覆去读了很多遍的，仍是他的《都柏林人》。

我觉得还有一个很重要的考虑，就是我们今天的小说越写越长，跟当今时代特有的浮夸和不自量力有很大的关系。巴尔扎克、狄更斯的作品不仅是鸿篇巨制，语言、形式、叙事方面都极有创造性。我们接受了他们所确立的叙事范式，会误认为自己无所不能，从而在一种浮夸的自动化的写作中，彻底丧失了语言激发想象的力量。

如果一个作家，受制于经验的贫乏和生活的同质化，写一些篇幅短小的长篇小说，或是中篇小说，甚至是几千字的短篇小说，我觉得就很好。当然我也不反感长河小说，如果偶尔出现一些非常长的作品，也很好。

张英 你怎么看待作家的使命感和自觉性？

格非 作为一个小说作者，我比较关心小说原先是什么样子，它现在变成了什么样子。梁启超把小说的功能提到"国运的象征"这样的高度，我想对小说并不是什么好事。"街谈巷议""琐屑之言""浅识小道"这种说法，其实没有损害小说，反而是很好地保护了它。小说到什么时候成了"通途大道"，它的命运就差不多面临终结了。

我并不认为一定要把小说政治化。比如说小说要拯救这个世界，或者说给它加上这样那样的道德重负。小说家当然也算是知识分子，你要拯救世界，你可以去做别的事。你甚至可以直接介入政治，介入社会运动，像萨特当年所做的那样。这当然没有什么问题。但说到小说和文学的功能，我有自己的不同看法。在古今中外漫长的历史时段中，世界各地的神话、传说、传奇、寓言等文类，从来没有像现代文学作品那样，被抬到如此之高的地位。这在某种程度上保护了小说这种文学门类的自由度和灵动性。

有人把《红楼梦》解释为政治小说，这是因为我们用今天的价值立场去强行阐释古人。当然，我从来不认为《1984》这样的小说是什么重要作品。它可能对很多人重要，对我来说，一点都不重要。有人说，文学的功能是敞开世界的真相和秘密，我完全不这样看。我的看法与此相反，我觉得文学最重要的功能是保有或保护这个世界的秘密，不让它为形形色色的话语系统所简化、歪曲，从而帮助我们理解生活，理解生命。

张英 这些年，像你们这一代作家进入了一个成熟期，都开始书写一个大的有历史、时间宽度的长篇小说。

格非 你说的这个话，有一部分我是赞同的。改革开放之后，中国社会在几十年的时间中浓缩了西方几百年的历史进程，其复杂性是不言而喻的。作家有写大作品的冲动，试图与这个社会改革的巨大能量和复杂性相适应，我觉得是理所当然的。

像歌德或是像托尔斯泰、肖洛霍夫等人，他们写作的年代，社会也充满了动荡和变革。陀思妥耶夫斯基的作品中复调或复杂的对话关系的出现，并不完全是新的修辞技法所导致的，我认为有很深的社会因素。各种不同思想资源，如社会主义、民粹主义、无政府主义、文化保守主义等与作品中人物的思想观念形成了对应关系，不同阶层、不同阶级、不同境遇的各色人等全都混杂在一起。如果你想对这个社会进行全景式的描绘，时间的长度或空间的宽度都是不得不考虑的因素。中国这几十年的发展，实际上也出现了同样的要求。

但是另一方面，我们也不得不考虑这种改革的速率。用马克思的话来说，一切新形成的关系等不到固定下来就陈旧了。历史并没有给中国作家带来从容思索、沉淀和积累的机会，每个人都被这种浪潮裹挟着在往前赶路。在这种情况下，大家变得有些焦躁也不是不可理解。大家在缺乏准备的前提下，都忙着去写大东西，这个我是有所保留的。

张英 大和小，长与短，也不是绝对对立的。格拉斯写100年的历史，《我的世纪》，我当时佩服得不得了，就那么薄薄一本书。

格非 没错。你去看看《百年孤独》也是这样的，它就是不太厚的一本书。马尔克斯的所有作品，都不算太长，但他勾勒的历史却非常漫长，从神话时代到现代资本主义时代，他的历史感非常辽阔。他没有采用全景式、史诗般的宏大结构，而是在学习超现实主义的基础上，有所创造，采用了全新的叙事方式。所以在今天，文学的发展提供了很多的范式和修辞技法，我们需要一个大的综合，并在此基础上有所创造，我觉得这一点，比写什么大东西更重要。

再比如说，像《追忆似水年华》这种作品，它是长河小说吗？从长度来说，它的体量足够大，但具体到作品内部，你会发现，它其实就是随笔或笔记的无限延长。它并非聚焦于广阔的社会历史画卷，而是将微观世界放大。所以，我在读这本书的时候，从来不会有任何压力。虽然长，但不给人以压迫感。作者唠唠叨叨地说一些闲话，我们懒懒散散地翻阅。真的是如此，我每次翻开这本书，就会有一种亲切和轻松感。因此普鲁斯特在改造议论和随笔方面，做了一些非常重要的尝试，简单来说，他将故事降格到随笔的程度。这种变革虽然看上去很微弱，但在它背后起支撑作用的，是一系列哲学和美学观念的巨大变革。普鲁斯特虽说特别强调直觉和感觉，好像他是一个听命于感觉的人，但我的看法正好相反，他在理论、哲学、艺术史、修辞学和文体学方面都有极深的造诣。

因此，我觉得漫长的小说史已经给我们提供了太多的可能，一个受过现代小说训练的作家，是否有必要写得那么长？如果确有必要，也许会有真正的大作品问世，如果只是简单增加它的字数或体积，我觉得实在没什么意义。

张英　你下一个长篇小说写什么呢？

格非　我可以说说其中的一个想法，但是我不保证一定会写。我对明清之际的传教士非常有兴趣，也读过一些这方面的著作。我感兴趣的问题不是他们如何改变中国人的信仰，而是在传教的过程中，中国的社会、文化、历史传统、情感和思维习惯对他们产生了怎样的影响。

我认为，当一个文明对另一个文明产生影响的时候，我们往往会从挑战、应对、接受、反抗这样的角度去加以描述。很少有人会去反向思考，作为弱势一方的文明，是如何影响强势文明的。不过，我有些怀疑自己能否写出这样的作品。也许只是说说而已。

潘军

■

先锋，是我永远的追求

早在二十世纪八十年代初期，还在大学里读书的潘军就受到了西方现当代文学的影响，这使得他在开始写作之前就建立了自己对写作的理解和认识，以及对文学作品的判断、标准和衡量的尺度。因此，这个年轻人在刚刚开始创作不久，就在小说写作上进行了大胆的实验和探索，在当时保守的安徽文坛激起了强烈的反响，在文学圈内脱颖而出。算起来，长篇小说《风》大概是潘军在那一阶段的代表作。之后，潘军发表了大量的文学作品，成为当年先锋派文学中间的主力干将。时间匆匆而过，在九十年代商业大潮强劲冲击下，文学几经浮沉，先锋派文学的大旗早已被雨打风吹去，写实传统的回归成为文学的主流，即使是那些先锋作家，也在写作方向上进行着现实的调整。就在这种变化中，潘军推出了他的长篇小说系列《蓝》《红》《白》，在文体上大胆把图画引进文字中。在这系列新作里，图画在文字之外成为一种叙述，如同电影中断断续续的音乐，使得这部小说在文字上形成了双重叙述，读起来竟然有看立体电影的效果，大大扩展了艺术的审美空间。在看过《蓝》《白》以后，我在北京对潘军进行了采访。潘军精神很好，这大概和他是一个自由人的身份有关：在多年以前，潘军就从机关辞职，奔向商海。和其他人不同，潘军不仅没有被海水淹死，而且在波浪中游刃有余、自得其乐，活得越来越有精神了，小说也越写越好了，这真不是一件容易的事情。我们的话题也由此展开。

现在忙什么？

张英　最近，人民文学出版社、花城出版社、中国工人出版社、大众文艺出版社、安徽大学出版社、浙江文艺出版社分别出版了你的作品。回过头看自己这么多年的作品，你有什么感想？另外，报纸都说今年（2000 年）是"潘军出版年"，你是不是有预谋这么干的？

潘军　现在怎么说呢，我似乎成了文学界的一条漏网之鱼了，出版社都把网往我这儿撒了。我自己就想，这样子就集中带出一批来。经常收到一些读者来信，问我为什么没有书出版，我还是希望自己的书被读者喜欢。我的作品就是发到最偏的杂志上，爱看我的小说的人还是会把它找出来，何况还有一个选刊。就是没有选刊也不怕，我举一个例子：你看去年还是前年给《江南》杂志写的那个《关系》，后来《小说月报》和《新华文摘》转了以后，他们觉得一个通篇对话组成的中篇小说很新颖，不也还是有很多人在谈论这部稿子吗？这也是每个作家所盼望的，有那么多人喜欢我的书，我当然愿意拿出来奉献给他们，这样从表面看起来我的书突然就多起来了。我在出版上算是有怪癖吧，尽管我的作品非常多。我非常重视书的质量水准，所以我以前出版的书不多。现在，有机会出版书，而且书做得很漂亮，我也就同意了。应该说，不存在你所说的预谋，只不过是巧合罢了。

人民文学出版社的自选集有一个丛书的体例，要求每一个作家选他不同时期的代表作。比如早期的先锋时期表现的东西，按这个体例，中短篇都有。大众文艺出版社的自选集就是有意识地挑了十几个中篇，用今天的眼光来看就是一种探索性的东西，别人读的时候也有一个明显的印象，既然是中篇小说自选集，又是以上下卷的形式来出，这样就可以展现出来。花城出版社出的是《潘军实验作品集》，是以一种回忆的视角，汇集了我从八十年代到现在作为先锋作家的精神和探索，包括《重瞳》也收进去了，它分为上下卷，上卷就是中短篇，下卷就是长篇《风》，它就构成这么一个体系，作为一个先锋作家的实践，以一种回顾展的形式把我从八十年代末到近期在叙事探索中走得稍微极端一点的中短篇归在一起。工人出版社强调一种小说文本的意味，囊括了中短篇小说的全部精华，但是我的中短篇小说在经过挑选以后，按照叙事，有的按题材，比如城市部分一块，历史部分一块，先锋部分一块，把带有个人性的分一块，编成六本，从文本的角度出发，比如说有的喜欢这一种，有的喜欢那一种，给研究我作品的人，提供了一个比较完备的研究对象。研究资料基本是这种思路。还有一本是收集我的散文和随笔的。我母校的安徽大学出版社这次出了一本我的谈话录，带有双向交流性的东西，如访谈、对话、问答归在一起，我给它取了一个名字叫《坦白》，等于说这里面有我的人生经历，还有一些观点、看法，以随笔形式收在一起，包括我们今天的谈话，引发出一些新的内容，有些观点基本上都是一致的，因为一个作家对一个问题的看法，相同的问题会有一致的观点。浙江文艺出版社出版的是一本散文集，这套散文集除了我以外还有余华等几个人。

张英　你还是比较爱惜自己作为一个作家的身份和形象的。但是，你出版这么多书，而且在书的内容上有很多都交叉重复，这又怎么解释呢？

潘军　也不能说光是爱惜，我就是比较重视自己的专业形象。既然我总是很坦率地对一些东西表示不满，那就不能自己变成被别人说的一种人，那肯定不能这样。你刚才讲的重复出书的问题，这一批中间还有一种局部的交叉。当然，有一些很明显的东西我就拒绝了，天津百花文艺出版社本来有个自选集也是要求要有 30 万字，那么这样的话选来选去就有可能跟人民文学出版社那个东西面貌是差不多的，当然我可以有意避开，因为我写了300万字，这避开是很容易的，但是既然是自选，它的宗旨是一样的，违背了这个宗旨，实际上就是违背了我对自己的要求，后来一想，最明智的办法还是不出为好，打了个电话给天津这家出版社的编辑，告诉他我决定不出版了。这样的事情每年都遇到。

张英 你认为作家和读者之间应该是什么关系？

潘军 我曾经说我认为一部好的小说是作者写出了一半，另一半是读者写出来的，而且我还打过一个比方，作者和读者就是茶叶和水的关系：我提供的是一包茶叶，你的水平就是水的温度，你够水平就能沏出一杯好茶来，咱们就成功了。如果你是一个文化很低的人，那就是温水，它泡不开这杯茶，这一点作为我本人来讲，一个作家如果说还有什么野心的话，应该局限于一张纸以内、电脑之内，不要跑到这外边去，其他的东西挽救不了你。

张英 你当年突然从文坛消失，然后在多年以后突然又出现，你以后会不会再去做别的行当呢？

潘军 九十年代初我的一些朋友浮出海面的时候，我突然消失了。别人说，到底是文学疏远了你还是你疏远了文学呢？等别人耗得差不多了，我突然"咣"一下冲出来了，一发不可收，近三年从目录上看我写了15个中篇、20来个短篇、三部长篇，就说当年吧，而且很巧，我1996年开始复出写的第一篇的名字就叫《结束的地方》，以这部小说的名字来结束那段生活。《结束的地方》是一部非常好的小说，我自己很喜欢，我爱这样。也许你期待我写哪部长篇小说的时候我跟别人做卡通画，或者拍电影去了，从这一点讲我的心态很年轻，不仅仅是性情中人的问题，我觉得这点比较好。人的生命就这一辈子，生命的质量就这样体现。

张英 现在，重返传统的写作方法已经成为作家们不约而同的选择，你怎么看形式、技术在小说里的作用？

潘军 朱苏进有个小说《绝望中诞生》，中间有个情节很精彩，他写一个作家报到的时候，别人考察他的能力，摊开一张军用地图，然后让他看一看，看完以后把中间一块挖掉，再凭自己的记忆和想象把山川河流道路都连起来。这个东西很像我的小说，我的小说就是有一个巨大的空间把它挖到故事以外，这样就能把读者调动起来。但我的小说又充满了种种的暗示、质疑，不要让你看了过多地迷茫，看了以后不知所以，觉得它应该是这样的。读者去衔接的时候他就有一种创作进去，甚至超出了作为创作者本人预先的设计，这就是一种形象大意所言的东西，这种东西是我痴迷的并一贯坚持的。这种东西过滤下来以后，我并不一味地想把自己的小说同别人的小说区别开来，但至少是我积累的、体味到的东西，不是别人轻易就能模仿的。它所涉及的很多因素，你把它搞在一块儿，至少在结构上很困难。

我觉得一个作家的天赋和能力，对最后他能否成大气候是一个决定性的因素。天赋与能力是作家的本质，天赋包括你的素养和气质。能力就是一种纯技巧性的东西，作为一个小说家的能力你必须具备，这些完了写到最后，越写到最后自己的心越虚。我不知道别的作家是怎样，因为我面对自己的下部作品老是犹豫不决。

比如说去年还是前年，在《上海文学》上的那篇《桃花流水》，以前我写过这种四十年代的东西，当时我就想，再写的话在设计上必须有些不一样，我没有必要去重写自己。后来我找到了什么呢？假如有两个故事，第一个故事写了一半不写了就掉过头来写第二个故事，写完了的时候你感到第一个故事也写完了，这种可能性的存在，在小说作为一种文本是可取的，首先我就对这种形式的虚构痴迷，觉得这样写很好玩，所以我一开始写的是一个谋杀案，谋杀案写了一半刹住之后就掉过头来写一个非常浪漫的爱情故事，爱情故事写完了以后读者发现，哦，谋杀案破了，这个小说就构成了一种文本价值。

张英 你的短篇小说也写得非常出色，在这些作品中间，你喜欢哪些作品？

潘军 有几个短篇我写得很得意，比如在《北京文学》上发表的《抛弃》。《抛弃》的故事是很好玩的，原来这种小说老是去同情女人，离婚可怜哪。据我的观察，女人离婚比男人狠得多，女人想到了就会做，一旦她想明白了，她当机立断，我跟你离婚，明天就办手续，男人一直想得非常清楚，可一直不敢付诸实践，老是患得患失，比来比去。这种心态非常好玩，所以我就写了一个男人，从头到尾就是想离婚，找种种理由、种种时机来证明自己，来帮助自己离婚，那个女人总是让人同情，不动声色处在弱者的位置上，突然到了最后咣当一下，她提出了离婚，读者感到很突然、很意外。但回头一想，种种迹象表明，在男人动第一次离婚念头的时候，女人已经预先把自己的后路准备好了，她准备好了以后就很平静地说，你是不是有话跟我说？你是不是想离婚？我们现在就签协议。她最后跟教授怎么商量的，到国外去了。回头一看，种种迹象包括教授那天晚上到他家来劝他，实际上教授是受女的所托来摸底，可能我们的故事之外还有一个故事。我们假设这个女的说，假如他回心转意，那我们俩就翻了；如果他死心塌地，那么就证明一点，他在执行的问题上你还帮他的忙，我们毕竟是夫妻一场。这是故事以外延伸出来的东西，它不是无稽之说，它是有根据的，它是完全能推理出来的。

关于《独白与手势》之《蓝》《白》《红》

张英 我现在主要想谈谈你的长篇小说《独白与手势》，这部发表了《蓝》《白》《红》的作品引起的反响非常不错，在叙述上非常成熟，也比较好看。我感兴趣的是，你在文字中间使用大量的画，这样在小说中间就形成了双重的叙述性格，图画的介入增强了文字的感染力，而且扩大了艺术审美的氛围和空间，你这样做主要是出于哪些考虑？

潘军 这个想法已经有很久了，对小说这种形式，我有一个（创作）特点，在写每部小说之前，打动我的是怎么写，是在形式上的一种认定。形式上认定以后，比如说我写《风》时找的那种形式，这种认定以后，我那时候在海南岛就想到，如果说把图画的功能理解成为一种叙事，跳出原来那种插图的概念，构成一种叙事的层面，这种做法本身是一种提示，不是说为了迎合这种念头，因为这种念头我早就有了，我是因为这种形式的欲望然后产生写什么的念头。当时我就想以一种履历（为基础）作为自己最熟悉的（素材），但是又要跳出个人自传色彩之嫌，不要引起一些不必要的纠纷或者说局限在个人一种经历中间，使小说的容量狭窄。这个小说不是这样的，它在脑子里已经五六年了，直到前年，当时有人找我约稿，一聊之下他说这个好啊，我们还没有看到一部带图画的长篇小说呢！后来就有了这个系列的长篇小说。

《独白与手势》把文字和画糅到一起，这中间有一种互文、不可代替的东西，比如说我在第一部里头的第一幅图，它带有一种规定性、强制性，要求你走进一种皖南的氛围里去。你不可能把它理解成北京的胡同，所以你就得适应这个氛围。我之所以这么做，肯定是有我自己的想法的（尽管第一部作品在《作家》上连载的时候由于篇幅问题很多画没有发表出来），比如说我加了一场雪的画，因为我需要读者在很压抑的时候突然有一场雪下来，看了这个画之后大家在阅读的过程中很开朗。这种感觉不是一个"雪"字就可以代替的，雪啊雪，真美啊，这种画面能起到一种让读者合作的作用。

张英　你有没有受到别人的启发，比如很多年以前刘心武就在书里使用过的照片和文字互相糅合的创作办法，还有出版的《老照片》的影响？

潘军　那倒不是，那我肯定是先于《老照片》的，而且刘心武写的那些东西是纪实的，什么张之洞家、李鸿章家等怀旧散文。我首先要强调的是，在《独白与手势》里，这个图片的性质是叙事，它本身带有一种小说叙事的特点。如果今天我们就这个东西作一篇文章的话，那肯定能构成一篇很丰富的文章。

比如说第一幅图吧，如果不用这一幅图，要写得用几千字，而且你愿意写，读者还懒得看，他看得烦死了，比如用文字说这是一九几几年皖南的一个巷子，它多么潮湿，石板路在微弱的灯光下微微地闪着幽亮等，用了图之后，眼下这条路就是故事开始时的路，一下子就给了读者这种感觉，这种开场很好，叙事有这种聪明机智、可以讨论的地方。我必须让读者来适应我文字所描绘的氛围。而且我一开始就说了，这就是你故事开始的东西，这只是 1967 年的你，这房间里有几张床、有一些什么东西，我就不写了，这就是一种衔接性的表达，当然还有一些语义性、象征性的意思在里面。比如说，上面写有一个家庭不和谐，我就拍了一个洗脸盆，在书上一看是什么感觉呢？这个洗脸盆，两个龙头不一样，两个漱口的杯子不一样，两副手套不一样，这种冰冰凉凉的不和谐的家庭，普通的用具已经构成了这么一种东西，这个家庭本身那种冰冷和不和谐的已经很多了。还有一种是文章本身力量不能穿透的东西。比如说这一幅，这个细节是那个男人和女人在分手时的那天晚上拿着蜡烛，把蜡烛的油滴在那女人的指甲上。像这种场面，我认为从读者的角度来看，文字上描写很含糊，很难体会到这种冲击力。有了这幅图之后，别人会感觉到它的意思。

再比如说我这上面放了很多带有一种特殊时期历史感的东西。我当年在农村生活的时候画的那些速写：当时的乡下小屋，包括挂上的草帽和下面的石磨，揭示我父亲在农村劳教成为"右派"的那种苦难，这都是一些历史感很强的东西。第二部写南方，就收录了很多带有一种南方标志性的东西，那种大海和蓝天和亚热带的风景，它绝对让作品变丰富了。如果说有人把图片抽下来以后印出来作为故事，它还是可以读下去，但对人的冲击力和感染力那绝对就是两回事了。

这些图在文字里面的意义很丰富，100 幅图、16 万字，构成了这系列长篇小说的第一部。

张英　那你这部小说是不是受到了法国电影《蓝》《红》《白》的影响？连名字都一样，我只能猜想是你热爱这系列电影的缘故。

潘军　是啊，好多人都问我：你是不是受到法国的电影《蓝》《红》《白》的影响？这我在创作谈时就公开讲了，不错，这个名字是从那里过来的。有人问，你是不是也要表现自由平等博爱？我说不是的，在小说写了几万字以后突然感觉到有一种很苍白、苍凉的东西在里边（一个朋友说，你的小说总是有一种颜色，色彩的感觉。这可能与我绘画有关系），既有一种童年家庭的苍白，又有社会、历史以及情感上的苍白，就是第一部以后，我找到了这一种。我想我下一部可能要写到南方，带有地域性的东西，南方的地域环境是一种天然蓝色的基调，而且蓝色有时候被我们理解成一种忧伤、一种神秘和一种梦幻，可以勾起我的兴趣。那么第三部我要写一种生命的辉煌和毁灭，带有一种红色的东西，既要有毁灭又要有辉煌，这就是一种生命的张扬和毁灭。有人说这名字是什么意思，我就说这个名字很舒服，接着我又跟别人解释"独白"是我自言自语，中间不是有两个人称，第一人称和第三人称互用了，那么"手势"是一种难以言说，比画出来的。这个话可能说不清楚，但我打个比方你肯定就清楚了，我们往常这样说，你说不好你比画比画就知道了，你们俩什么事你比画一下，不用说出来就行了，或者可以说"独白"是文字的部分，"手势"是图画的部分，这是可以衍生出来的，这种东西作为一种文化的现象也是很有意思的。

张英 图画进入文字以后，文字反而获得了自由，显得轻松、简洁，整个小说也因此有了张力，给读者一种新奇和愉快的感受。你当初这么写是不是主要考虑到，今天的读者已经没有耐心读太长的小说了？这难道不是一种妥协吗？

潘军 你讲这话我接一下，很多年前我就有这个观点：时代制约小说形式。为什么巴尔扎克时代有巴尔扎克的小说？因为时代需要那个小说。今天这个时代需要一部《追忆逝水年华》吗？好像不需要。这也是一个作家需要自我调整的，这种调整倒不是一味地迎合。

我跟李陀通电话也讲过这个问题。李陀讲外国也存在严肃文学和市场的矛盾关系，严肃文学不能永远只是几个人在看、几个人在评论啊，它还有个商业的问题，如果你老坚持以前那么写，出版商不愿意出啊，得想个招啊，想个办法啊。其实我一直在想这个办法，而且我一直在身体力行，为什么我的小说到现在都没有人埋怨放弃了原来的追求，没有人指责我、反对我的作品：你一开始标榜自己是先锋作家，你现在在干什么，你写的东西连业余作家都不够格！我信奉在作品中间，我以前的文学素养是不会丢的，就像李洁非说从很多地方可以看出先锋作家的底蕴在我的作品里起作用，这也就是我和其他写城市的作家不同的一个地方。另一方面我又考虑到怎样使读者更多地接受我的小说，比如我现在的一些小说，《海口日记》《对门·对面》《重瞳》，故事、结构都很完整，就是说两边在互相走一走，就像两个脾气不合的人在同一家庭里面互不相让，那局面只能更僵化。这种写法你可以理解成一种妥协和让步，而更多的是一种理解和沟通。

就是说我不能再那样了，我再写像《南方的情绪》和《流动的沙滩》那样的东西那就瞎了。再继续下去就是除了几个刊物还想借我的名字发几篇稿子以外，其他的几乎生存的可能性都没有了，是不是？那我也面临着一个挑战嘛。（我的生存是指我的小说本身园地的生存。）那么，我就觉得确实有这样一个问题存在，所以我不断地在总结自己，让自己尽量不丢失那些引以为豪的东西。当初，我们一开始就走得热爱极端，那个时候（包括一些教科书）都称我们为先锋、文怪，小说写得怪里怪气的，现在突然180度转过来了，我想，这还是我们一批人共同意识到了这个问题，大家都在进行自身的调整，这未必不是一件好事情。我现在只能羞羞答答地强制自己既理解又妥协，慢慢地调整、训练，重塑自己，但是我从不找借口为自己辩护。我写到今天就是这个样子了，你说我的作品怎么样我不管，大家可以进行理性的分析。

张英 现在，你的长篇小说越写越短，这个长篇小说比《风》在篇幅上要小，文字少多了，但是，读起来的感觉也要舒服得多，少了很多刻意，自然多了。现在的长篇小说普遍比以前的长篇小说要短，这种趋势是不是你们现在共同的追求？

潘军 对，我厌倦了那种写得很长的小说，不能因为它是长篇小说，每个人就要把它写成一部史诗那么长。为什么冯敏、李洁非他们把这部小说跟《日瓦戈医生》放在一起比较呀，他们觉得在描写精神苦难上面达到了一种相当的高度。虽然是溢美之词，不过我觉得不准确，我小说里描写的就是一种精神苦难，就是一个男人一生几十年的精神磨难、情感与生命的体验，从个体的生命体验中间，来反映出这个时代的历史和沧桑，这就是一种追求。

张英 也有人把你的经历和情感同这部作品联系起来，认为在某种程度上，《独白与手势》也是你的自传，因为小说中间的一些细节非常感人，没有自己的亲身经验是写不出来的。我想问的是，在作品中间，男主人公在多大程度上有你的影子？在这部作品的故事之外，你想表达些什么？

潘军 我觉得还是反映道德和良知的勇气吧，一种批判的勇气吧。我们这个忏悔并不局限于对自己的检讨，我写的东西并不是这些，尤其是情爱的故事，它都是虚构的，它不可能是特指某一个女人，但这种体验很真实。我们这么多年来，家庭的、社会的，小到自己的学校，大到自己的单位，这种磨难、经历和许多温馨的人生，最真诚的东西交汇在一起进行描绘。

山东评论家施战军说他看了小说中间一个细节就哭起来了，就是第一部中，那个少年的"我"到小单家去，小单问，你带牙刷了吗？"我"就说没带，小单就说，那你就用我的吧。小单就从里面拿了一把小牙刷，把牙膏挤在上面。他说他看到这里就流眼泪了，一下子就把他打动了。牙刷是个人专用的，尤其是女孩子，特别忌讳这一点，我嘴里刷的东西怎么给你刷啊。小说中很自然地描写了两个苦难家庭的孩子，青梅竹马，兄弟姐妹般的感情，相濡以沫的东西（这都是我独自体验出来的），所以后来这个男的爱情上遇到挫折，小单把自己的孩子托给保姆，自己偷偷从家里跑出来陪这个男的，这写得很真实，它一点矫情没有，她说觉得你这个年龄不应该是这个状态，你应该活得更好，我不能让你就这么废了。她不带有任何功利性。所以我觉得人间还有很多美好的东西，这种东西就是激励一个男人有勇气去面对这个世界，这是生命最原始的事。

还有一个情节虽然是虚构的，但我自己也被感动了。男主人公突然在街上被一个陌生女人拉住了，说我认识你，男的说我不认识你。然后她说我是青（男主人公的初恋情人）的同学，我在她那里看到过你的照片。他说我没有照片，女人又说是印在一本杂志上的照片，青为了你这幅照片买下了这本书。然后他问她过得怎么样，女人说她现在过得不好，一个人。男人一听受不了，急急忙忙地到火车站去买票。那么多的人排队，一个老头好心让他插队买票，买票以后（他）突然想到，我老婆现在正怀着孩子，我这算什么呀？又退了，连谢那个老头子都不敢，他感到那个老头子在盯着他，当时还振振有词地说我爱人生病，我爱人住院，要生孩子，必须赶回去。这种情况在平时的生活中间是很多的。

张英　生活对你的写作帮助大吗？现在提到生活，年轻作家们似乎都不以为然，但是，他们小说里的人物却很少能够让人记得住。

潘军　当然，生活、经历对写作是非常有好处的。我作品中有许多细节都是从生活中来的。有一次我跟一个朋友聊天，说假如你在这个城市里突然遇到不同时期的几个情人怎么办，这种情况很磨人。不是摆不平的问题，不是像有些很坏的男人把这个稳住又去对付那一个，不是这种，而是感情中所有的酸甜苦辣全部在这里。所以包括我很多异性的朋友看后说我很爱你的书，我觉得感情上很多东西是共通的。比如我们年龄上有差距，但是在对情感的理解上，做人的方式上、气质上、品位上是一样的。我就强调，你在街上很随便地拉一个人，把他请到房子里诚恳地说，不管是什么人，只要他倾吐出来，他的故事一定很感人。有一些朋友有时给我讲他们的知青生活，他们平时玩世不恭，但是一涉及知青生活就让我感觉到那么震动。我就想，这就是写作本身一个真诚的态度。写作本身就需要用一种真诚的态度去对待写作的对象。像梁晓声那样，写的知青都是英雄啊，革命者啊，但我了解的知识青年、我的视野里面的知青不是这样的，我所感受到的知青就是那种气质，他们互相争斗、互相挤对，但是到关键的时候又互相帮忙。

张英 写完《独白与手势》之《蓝》《白》《红》以后，你的下一部长篇小说会写什么？

潘军 我可以提前给你一个消息，写完《红》以后，我将进行下一个长篇的写作，在写作时间上不一定衔接得很紧。在《红》中间，我把属于下一个长篇小说的片段写到这里边去了。为什么中国叫China，china就是陶瓷，陶瓷不叫铁，china不叫钢，当然这是我自己的咬文嚼字。我们家祖宗几代、爷爷奶奶都是农民，上一代人都是这样，都有淳朴、天然的一面。但是土成了陶瓷以后就是土的精品，它经过了一定的烧制工艺以后虽然还有土的本质，但是成了土的一种精华，值得炫耀的东西。这种东西做出来以后，能为民间所用，而且更多的越来越精细，成为一种御用的东西，成为一种摆设，到一定的时候又容易成为一种别人糟践、发泄的对象。比如吵架时摔的杯子，一摔就碎掉了，如果这个杯子是铁做的，它就摔不碎，因为是陶瓷，它很脆弱，经不起什么。当然这个陶瓷埋在土里300年以后它又成了文物，它又成了这个民族的精华和瑰宝，又摆在红天鹅绒上供人瞻仰。我觉得几千年以来，中国文物都是这么发展下来的。我接下来肯定要写这部长篇小说。

不瞒你说，这部长篇小说我是要花大力气写的，我准备至少写三代知识分子的家庭变迁，既有社会的又有政治的人自身的命运，人面对这些东西无法对抗、无法抗争。我想如果这个长篇小说写得好，那说明我还有才华，我会接着写，如果我才华已尽，我就真可以说不写了。如果衔接得很顺利，我就开始进行知识积累和知识储备，小说的规模我预计是在 30 万字以内。我希望这部书写出来以后，来证明我的一句话：有了这部《中国陶瓷》再回头看潘军的作品，全是习作，只有这一部作品可以称得上杰作，经典之作，以前的作品都是为它而铺垫的。

张英　看来，你的野心还是很大的，你是不是觉得自己在创作上已经进入成熟期了，那你以后的作品都会以长篇小说为主吗？

潘军　对，我倒是有这么一个梦想，我觉得这种梦想成功与否取决于我的心态和能力。如果写不好，不是别的原因，就是我的能力有限，我尽心了，尽力了，我只能写成这个样子，如果同样的东西换了一个天才来写，他可能写得更好，但我的能力只能这样，所以我会不紧不忙，把自己调整到最佳状态，再把它写下去。原因是多方面的，不能忽视政治上的因素。

我希望别人能从这部小说中看到中国知识分子在二十世纪的历程，比如王实味、胡风、周扬这些人的身影，都会出现在小说里。对这些人和历史，我都要去好好了解。我要总结他们人生经历中的一些得失也好，命运中抗争的苦难也好，体味完了以后，我自己有一个总体的判断和设计。这两年我除了储备一些中短篇小说素材的东西以外，其余的一切肯定停掉，因为我是把这部长篇作为一个工程、一种使命去完成的。我想作为一个小说家，从身体各方面来讲，45岁应该达到一个巅峰状态。这是我的一个期望，我会努力把它写好。

张英　想把这段历史写好很困难的，还存在许多问题，要想知道历史的真相，光资料就够你查的。不过，这对你既是一个挑战，也是超越以往的一个机会。国内有一些写这段时期的作品，你了解过吗？在写法上它和《独白与手势》有什么不同？

潘军　如果说《独白与手势》中间还有一些个人体验的东西，在下一部作品里，作为一种素材性的东西，那肯定没有了。我大言不惭地说，如果我现在不写，中国文学史上拿我现在的作品跟别人比，我毫无愧色。自己是一个有实力的作家，我很坦然，我们不讲别的吧，在我们这一代作家中，我们几个还是比较优秀的吧！如果说我们都不行，这个话就讲得有点意气用事了，现在去看韩东，看朱文，他们还为时过早了，即使他们要弄的话，那还要拭目以待。看以后，当然我不是说我们今天已经功成名就了，比如说如果我今天被车轧死了，我在中国文学史上还是一个比较纯粹、完整的形象，有限的作品中间它还有几部，虽然不能说是经典之作，但如果按现行的文学史来看，完全可以超越它们。

选择漂泊

张英　你确实看得很开，你不像别的作家，在下海以后再回来写作的时候，连对文学的看法都变了。有的人更是把文学也看成了一门生意，用了很多商业上的手法在那儿操作、经营自己的作品。你在做生意已经非常成功的时候，决定撤退，回来写作，又是因为什么呢？

你在文学这方面，却从来都不屑于用那些你在商业上的手段炒作你自己，这是为什么呢？

潘军　你的问题问得很好。我是这样想的，当时我去南方，与其说是做生意，不如说是改变的时候。出于一个众所周知的原因，我在安徽文联的时候两年没有分配到工作，耗在那里。我就想，作为一个男人，养活自己应该不是什么问题，再加上家庭、个人情感上的危机，这是我到南方的真正目的。我把什么都不当回事，我具备写作能力或者绘画能力，我不在乎这个圈子怎么看我，我向往的是这种自由状态。假设我当时不离开的话，凭我现在这种创作上的实绩，放在任何一个新作家身上，都能得到一样的东西：一级作家、什么四室两厅、什么特殊贡献、有成就的专家、什么作协主席副主席、什么政协委员等等，但是我真是不在意这些东西。

到了南方以后首先面对的问题是养活自己。接下来我就思考，我必须放弃一些东西，在这之前必须有一些能宽慰我自己的东西。就像你张英现在存了100万块钱，你可以说我现在不工作不要紧，那你可以说这话。如果你只有1000块钱，那你就要说我必须要兼职，拼命兼职多挣钱。我一开始就是这个想法。第二点就是我在海南赚到钱以后，我就提醒我自己，我是不是该退了，我是不是该收了，因为这不是我感兴趣的事情。我经常在跟那些商人、无聊的人一起在一桌吃饭的时候，我就恨自己，觉得没面子，已经在提醒自己该收了，只是一个时间的选择问题。把这个公司怎样地转移掉，或者卖掉或者处理掉，再料理后事了，我这种心态是一贯的：去是这么去的，退是这么退。我当时不是说奔钱去，赚了钱以后就不想出来，最后实在没有生意做了，还是只能回头拿笔玩，不是这样。

我一开始就是很理性的，尤其是在关口上，这种大是大非的选择上。还有一点我实不相瞒，我对文学的野心很大，因为我相信自己的专业能力，应该在文学上有所成就。现在文学圈很热闹，谁热闹、是凭什么热闹起来的，一看就知道了。有的作家是凭作品就热闹起来的，有的是凭某几个要人所恩施的指引和评点托起来的，有的靠媒体，有的靠影视，把这些现象做成个案分析会非常清楚。那么，我就相信真正的不会倒下来的人，那可能是靠作品，像上海的王安忆啊，她始终坚持细水长流，新时期作家到现在，还有几个能像她那样的？真可算是常青树，她的创作精力这么多年都没有衰退，在每个时期有她自己新的想法，她有她的追求，艺术上她从来没对自己满足过，写作总是一如既往地坚持，我觉得这样才具备了一个职业作家的素质。

所以我认为就像打架有先发制人，还有后发制人，我先挣一笔钱把自己稳定稳定，才能保证自己有一个平静的心态扑在桌子上。如果在写字的时候还在想孩子的学费怎么办，后天房租该交了，这我就没法写作了。所以我就没什么利益的触动，包括别人约稿啊，出书啊，这些事情如果与我的总体计划吻合，它就实现了。比如说你来约稿，我正好刚刚写完一个，那你就约走了；如果你来约稿我还没有写，我就不能答应你，我不能为你的约稿来写作啊！我干吗要为你写作呢？为钱？一篇中篇小说不就是 3000 块钱吗？为名？你登一篇中篇小说能为我涨多大名哪？为出书吗？那个时候我已经出了近 10 本书，多出一两本并不能让我一夜之间更红，我想还是不能乱了方寸。

张英　你对文学真的是非常热爱。一般下海以后，东西就写得少了，质量也大多不如以前了，你一边在经商，一边还在写作，是什么在支撑着你写作？

潘军　我有句话，我爱文学不爱文学界。我历来是热爱文学的，非常赤诚。我为什么到今天能写这么多东西，而且到现在还在写？这就是一个"爱"在起作用啊，某种意义上我是为欲望写作的。有人就问：那你是不是很清高？我连工资都不要了，我还要什么？工资、职称、仕途等等我都不要了，你说，我还为什么？我拒绝奖，拒绝出版，拒绝加入一些什么团体，拒绝了很多东西。我首先就感觉，作家是一个宿命的东西，职业作家他不同于专业作家，我不是政府拨款养的，更加不是一级、二级作家，而且这种等级、定位本身就很荒谬的；其二，职业作家也不同于一味向市场倾斜的自由撰稿人，自由撰稿人基本有一个固定的文学立场，基本上是围着市场转，今天叫我开个专栏我就开一个专栏，明天叫我写一个电视剧我就写一个电视剧，后天让我跟一个老板策划一个东西我就去策划，只要给我钱，因为我要活，我要靠这吃饭，我说是卖文为生的，这样也很体面。当职业作家意味着什么呢？就是你把文学当一门学科来研究，当然这也有一个前提，首先你有没有解决自己生存的能力，同时我们又不沉浸不迷恋在这里面？比如说我搞电视，我不是一头扎进去就出不来了，我一年搞一个或者两年搞一个，一回挣个三四十万我就够花了，然后，我就把计划中要写的小说全部写出来，等我感觉到是不是该再去挣一把钱了，我就再去挣一把，基本是这种情况。我把谋生和写作严格分开，然后根据自己既定的写作原则，只要感觉到自己的能力没有完全丧失，就做最后的努力，就是强调做作家的坚持和选择的问题。我今天谈不上成功还是失败，对我来讲，我获得了心灵的自由，这是很珍贵的。

张英　做生意的作家没有多少能够赚到钱的，你不仅赚到钱了，而且人也没有像别人有那么大的变化，给人的感觉也很舒服，这主要是什么因素在起作用？

潘军　我在海南待了三年，郑州两年，一直在做广告，中间也有一些脱节的东西，比如说我在合肥投资一个酒店，我一天都不经营，承包给别人经营，结果那个小子欠了我18万块钱，到现在不交，我后来一想那就算了呗，我不可能被这些事缠在身上。当然经商是很不容易的，经常和那些无聊的人打交道，心力交瘁的时候是很有感触的，我觉得要解决好生存问题，再做别的事情。身份是次要的，关键是能够写作，而且我觉得我的本职工作就是写作，要不然自己称自己是职业作家？你看我到哪儿都背着电脑在写作，我现在正在写第三部《红》，《红》完了以后还有新的写作计划在后面排着呢。接下来如果我要写一部长篇的话，那我肯定再做一点积累，多读一批书，尽量使自己沉静下来，这种调整属于个人的方式，不能要求一个作家每年都要写。当然，也不排除写一组随笔，写一场电影，这完全有可能，只要条件具备了，但是我心里所关注的、关爱的还是想着下一个小说，我知道影视剧这个东西来钱，我把它拍下去，把我的名字挂上去，不是太丢人，我就达到目的了。现在有些青年作家，辞职也好，租房也好，为了写作，我对他们这种精神很欣赏，但同时我又为他们感到很忧虑，生存是一件很困难的事情，我为他们感到很忧虑。

张英　这些人很多，主要在北京和南京，为了文学不顾一切，丢掉工作、房子，他们的精神很可贵，作品也不错。当然，在生活困难的时候，电视剧、电影的诱惑也是免不了的。

潘军　这种事情可以理解，人毕竟要生活嘛。

张英　你在下海以后，还一直牵挂着文学的繁荣和发展。在文学萧条的时候，你在海南办了个笔会，邀请一些作家对当时止步不前的文学进行研讨，在当时引起了很大的反响。从某种角度来看，你的下海也是暂时的，主要是为了解决生活问题，赚够钱以后回来写作。

潘军　1993年4月份，马原去海南拍电视专题片《中国文学梦》，就提过实际的问题。他问我，现在的日子过得挺滋润，出了那么多钱开了一个蓝星笔会，如果再让你选择，你还选择当作家吗？我说我肯定选择当作家。不是说我多么高尚，而是说我本身就喜欢这东西，就像我喜欢打麻将一样。一个男人是靠着他自己的欲望支持着他自己的一切方式，无论他是爱女人、爱文学，或者爱情，都是一种欲望的支持。一个男人持久地爱一个东西本身很艰难，他很难一辈子爱女人，但是有可能一辈子爱文学。从这一点就说明这个东西很珍贵，值得一爱。这样我就对别人说，写作的人每天不拿笔写写或者用电脑弹几个字他就很难受，这时就达到了一种境界，就像雕塑家每天不摸摸泥巴、画家每天不摸摸画笔，他就很难受一样。他没有什么约稿，没有什么要出版，没有任何诱惑，就是我今天觉得好像得写几个字呀，或者看几页书呀，他有这种东西支持着他自己，这样才觉得那种感觉找到了。

张英　就是彻底把写作和生存分开、文学和名利分开以后，你才拥有了精神的自由和写作的自由，真正解放自己的内心，进入最佳写作状态。

潘军　对，因为这种状态我找到了。我为什么写得比较从容？与我的精神素质有关。比如说我历来不主张作家成为一个明星，中外历史上作家都不应该成为一个明星。明星有明星的生活方式，作家有作家的生活方式，虽然这个社会这么浮躁，时尚流行得那么快，但是对于一个作家来讲，不一定在电视台坐坐、在媒体上露露面就表明他是一个作家，这些东西我觉得不需要这么热闹。根本就不需要。那天有传媒的朋友问我，有没有这种感觉：我出了这么多东西，不被社会认识认识，不被媒体重视，实在熬不住！我说这种感觉我三十几岁的时候有。三十几岁我觉得不在北京、不在上海，远离了这种大都市的文化光环，我觉得我写得不比别人差吧。那个时候我有这种想法，后来年龄大了，自己的人生经历丰富了，这种东西就消解得很干净了。为什么我觉得很干净呢？因为作家最后是要凭作品说话的，跟跑马拉松一样，谁先跑到终点，是要计成绩的，而不是说起点谁最漂亮，谁锣鼓欢送他起跑，不是以这个为标准的，是以最后谁先到终点为标志，所以我觉得文学这个东西底气还是很重要的。

张英 作家难道就不应该坐在家里好好地写作吗？像你这样四处漂泊，有没有想安定下来的念头？

潘军 我也希望能坐到自己的书房里。比如我讲一个笑话，你看到的那本《现代汉语词典》，我在北京已经买了五六本了，因为很重，放在包里很沉的。但是我不能离开字典，字典都不要了，这叫什么作家？有很多词拿不准的，得翻一翻哪，到北京了突然想写小说了，赶紧先去买本字典，走的时候就把字典送给服务员了。下回到北京来又买一本，这种苦恼肯定是有，谁不愿待在自己的书房里，谁不愿看到自己所熟悉的东西？在家里多方便哪，而且我在合肥的房子我装修得很考究，很舒适的，四面都是书橱，桌上还有台式电脑，很舒服的。但是命中注定，你要过一种流浪的生活，你又不能因为流浪就不写作了，你只能安慰自己先对付着，等心沉下来，面对这种状况，还是得写啊。有时候我对别人讲，不要想那么好条件，要写就写，不写就一边玩去。你必须说服自己。

记得我有一次在郑州一个朋友家里，看到他的书房一屋子的书，我当时眼泪就下来了，他说你怎么了，我说我看到你家里这样很难受，我也有一个不比你差的书房，我现在怎么会这样啊，到哪儿去就租一套房子，电话先装上，买一点床上用品，就是吃、睡、写，然后完了就收拾东西走。朋友说，你想过没有，如果你停顿下来，你也许就写不出这么多东西，你在流浪过程当中那种状态跟静止状态肯定是不一样的。

张英　这些经历也丰富了你的创作，权当是你这么多年一直在体验生活了，你重视这段生活的经历吗？

潘军　比如说我到北京来跟你交谈，我们俩年龄上有差距，在一些看法上有分歧，这种东西互相刺激，对双方都是有帮助的；如果在合肥就不和你这种年龄的人打交道了，除了几个打麻将的朋友以外，谁也不知道我回来了，打打麻将以外，其他没有地方说这些话，这种交流的东西没有了。在北京发生什么事，郑州发生什么事，杭州发生什么事，在流动中间至少是潜在地起了一点作用，比如说我在海南待了几年，我不在海南待几年我能写出一批与海南有关的小说吗？这完全是一种实验，真实的体验，找到一种真切的东西，跟你坐在家里琢磨那是两回事。《海口日记》写出来以后，天津有个读者写信跟我说，海南岛是不是有那一条船，如果那条船还在，我就辞职去过瘾，我非常想睡在一条船上，听到雨啪啪地打在船上。当然，我没有睡在一条船上，我在海南的日子过得闲适有加，但那种感受是来自我所目击到的事情，非常真切。

所以，应该说经历、履历对一个作家来讲也是财富。有一次跟苏童、叶兆言在杭州，在房间里玩，我说你们现在就是提前过的退休生活，就是江苏的老作家了，再过几年就为青年人写点前言后语了，什么我第一次见到谁，什么时候，他出几本书，我很乐意为他写序，已经到这个状态了。中国作家老是在一个地方猫着不动，可能这也是一个问题。

写作之外

张英　现在，写作对你究竟意味着什么呢？

潘军　有意思，在小说里我找到了快乐。我既不是中国作家协会会员，也不是什么专业作家，我是为欲望写作的，或者说为理想写作的，我相信我一直写到自己感觉到把最好的东西写出来了，那么真就开始走下坡路了。那个时候我就开始调整，我不可能再迷恋、再耗在小说上，那我就写写散文哪，画画哪，去拍部电影，搞一部文化专题片哪，我照样有很多事情把自己充实起来。为什么我要为欲望而写作，因为这很重要，比如说，如果你干到再是一锤子你就成了中国最大的作家了，不要去争这一锤子。也许你会发现，这次《宝莲灯》让我当总设计，也许比现在的电影要好得多，这个有意思，我一定要把中国的动画片搞到世界巅峰去，机会不要放过，我就搞这个了。

但现在觉得小说这个目标还在那里，还可以往前走，这个底气还在的，所以我还是很从容。有些人就说你小说越写越好了，我说，应该是这样才对，反之，就不会写了。

张英　那你觉得作家和媒体应该是怎样的关系？有时候，媒体的介入有可能对文学是好事情，尤其是对于严肃文学而言。

潘军　我是这样想的，首先我决不会有意识地去寻找传媒，或者说迎合传媒。比如说有些传媒记者不管是出于什么考虑，以一种很客观的态度来对待你，这是很正常的，这是很真诚的一种交往。但是我自己推测，文学有时搞得很热闹，很多是带有一种制造的痕迹，不是当事人本身在制造，就是传媒在制造。你比如说王朔批金庸，有人就问我你怎么看，我就说这不是一个问题呀，王朔作为一个读者，他发表他的读后感，这很正常呀，他很从容地发表自己的看法，这怎么成了问题呢。如果说这是问题，那就是传媒本身搞出来的问题，王朔本身没有问题。很多东西都有传媒制造的痕迹，比如余杰跟余秋雨之争，说"文革"忏悔，比余秋雨更应该忏悔的人多得多，为什么盯着余秋雨呢？不就是因为余秋雨是一个公众人物吗，就是那样干他才能起哄，让对方知道自己吗？这种动机本身就很可疑，撇开他讲得对还是不对，你为什么不把"文革"时代那些更多的人分析一下？这种批判本身很可疑，说来说去，名义上是在说别人，其实是在说自己，像这种东西一文不值，你说我对这种东西有什么兴趣？我毫无兴趣。最近关于卫慧和棉棉的争论，这种东西起码都远离了一种学科精神吧！这个文学界老是有一伙乌合之众在那儿跳跃，搞这种乱七八糟的东西，而有学科意义的争论都丧失了，那么文学就没有希望了。

当然，我不是为文学界的希望而存在的，我是为我个人而存在的。当然我自己活得很轻松。第一，我不指望写作为我带来额外的任何附加的东西；第二，我一旦感到自己不能写了，我就立马不写了，我画画去，我写字去。那种选择照样很刺激，使我把握一生，安排很饱满，很有激情。那干吗还非要赖在文学上面呢？自己写不好，回头去骂青年作家，这种人还大有人在。

张英　那你是很超脱的，因为你现在有钱了嘛。我觉得关键还是在于人自身的选择，人是否健康，你究竟要什么东西，这是最重要的。

潘军　当然，人的超脱是以自己富足为前提的，以富足为条件的，那么选择的话有一个个人判断在起作用。这个钱我觉得比较体面，我愿意挣它；这个钱我觉得不好意思拿，那我就拒绝。这就是个选择问题，就像一个拉工的驴子一样站在两边草面前：我该吃哪边的草？自己的判断。我在电视里看到，吕丽萍有句话说得很好，别人问她："你是影视界的女明星之一，你对绯闻有什么看法？"吕丽萍说："我觉得关键是你要不要绯闻这个问题，你想要，绯闻就起来了；你不想要，它永远也不会起来。"你说是不是？这个事情你想不想热闹，挑你就挑起来吧；你不挑，它永远也不会是一件事情，是不是啊？

点评同行

张英 一个作家的成功，天赋和勤奋哪个更加重要？同样一个题材，同样的人物、故事、细节，不同的作家在写的时候，高下就出来了。

潘军 我个人认为这里面有两个原因在起作用：第一，作家之所以是作家，主要取决于天赋，与勤奋没有多大关系，与读多少书没多大关系。比如我们过去不是说"听君一席话，胜读十年书"吗？一些人出手就不凡，那个拍电影《天生杀人狂》的导演，拍了一部电影就成功了，非常轰动，后来噼里啪啦拍了那么多好电影，这就表明他天生就是个导演。阿城一出手就是《棋王》，多好。有些人你感觉他写了很多东西，但是他的天赋注定他成不了一个大作家。再比如那么多人写随笔，我为什么就看好了余华的随笔？他的天赋在起作用。他的表达、叙事，对有些东西直接性的把握，一般人是不能和他比的。虽然方式不同，但同样是随笔，有些人的东西就看得很枯燥。

这样我就更觉得每个人的天赋不同，就是你感觉到的要怎么用词表述，用什么表达方式。一个真正的作家应该有一种绝对的本领，就是把他的感受与表达之间的距离缩小。比如说，王安忆之所以区别于其他的女作家，就是她的表达比别人好，表达得更准确，更到位，既符合语文造句的规则，又符合所要表达的那种东西。有些人大概表达到了，有些人根本表达不了，这确实是作家与作家的区别，我觉得这是一个最重要的区别。不是说作家是思想家，要怎么深刻，有那种人。但是大多数你想的和我想的都差不多，只是我表达得比你精确、比你细腻、比你有味道、比你更有一种意蕴在里面，这就是我们俩的差别。你说勤奋吧不是勤奋，这里面就是一种天赋，当然也包括后天的一些文化素质，同样看一本书，有些人一看就能看到博尔赫斯的一些东西在里面，就像我在海南与马原一起谈博尔赫斯，他说，你对博尔赫斯怎么看？我说你现在所模仿的，包括我们所效仿的，实际上不是在模仿博尔赫斯，是在模仿把他作品翻译成为中文的人，因为翻译家那种句式、那种句子，太让我们高兴了，太让我们舒服了，真正的博尔赫斯的那种东西离我们还比较远。

如果你问我现在对博尔赫斯有什么感觉，有几点是比较明确的，比如说我喜欢他把那种东扯西拉的东西合起来组成一篇，这对我以后的作品是有影响的。我从理论上可能说不清它，但从直觉上，为什么这些东扯西拉的东西合起来天衣无缝，他引经据典也好，考据也好，这是个绝对的本领。我读出了这一点，有些人可能就读不出这一点。有些就可能从斯宾诺莎的角度，从哲学的背景，那就越读越死。第二点，博尔赫斯的句子很有智慧。我们有些作家句子就没有智慧，比如说博尔赫斯写一个人出场，他和他的散文一样高大，散文的高和身高放在一起，这是一种很大气的句子，没有天赋的人写不出这种句子，这种句子很令人吃惊。有一种比喻，比如说这是一本无限的书，你想把它读完是不可能的，就像你无法想象你把沙子搓成一条绳子。这种东西不是一句两句，它几乎充斥他所有的作品，他的作品里面都能找到一种很有智慧的语言，这样有智慧的表达，这种表达在以前读福克纳、海明威、陀思妥耶夫斯基的时候没有，所以我感觉这种东西以前没有。另外还有一种叙事上的气质，不动声色，顾左右而言他，带着一种很有技巧的东西，慢慢都是从他的作品中模拟下来的，我们更多的是看一个作家怎么说，而读者是看他说什么，这一点是不同的，我很重视这一点，我相信得过诺贝尔文学奖的人都很天才。

张英 我做了两年的编辑，读过很多小说，现在的生活真的是那么单调和重复吗？那么多的小说，读起来的感觉都是一样的，人物不鲜活，对话写得特别差，这种问题非常严重。年轻作家普遍强调生活就是自己的存在状态，比起前辈作家，他们更加重视想象力的作用，但是，他们的很多对生活的体验来自书本和电影，这可能也是一个问题。从艺术风格上来看，小说正在越来越无趣，有时候连读的欲望都没有了。我想听听你个人的感受。

潘军 首先我们面对的世界是一样的，生活是相同的，而且对生活的判断大体也是相同的，那么这里面就有一个技术的问题，有一个观察的角度，就是你刚才讲的想象力呀等等，为什么有些人想象力很贫乏，而且导致了一种相同，为什么显得那么空洞、那么外在呢？我不知道你做孩子的时候对知识青年是否还有印象，只要到农村里去，你看谁是知识青年，不管穿什么衣服你一眼就看出了他，他们抽烟的姿势和农民抽烟的姿势是不一样的。为什么阿城的《棋王》写得那么像知青？他不在乎那些表象的东西。抛开这些表象的东西去观察这些细微之处，把它发掘出来，这还是一种天赋在起作用。另一点，跟作家本人对小说的一些素材的处理方式也是有关系的，比如你刚才讲的，我的小说为什么多方面，这样看也行（那样看也行），这正是我所追求的东西。什么叫好小说？好小说永远只能看出一种意味，永远不能看出一种意义。"哎呀，我这是表现的对苦难的一种承受。"得，我写的苦难，它远远不是仅仅表现它的一种承受，可能还写了苦难对人格的一种滋养等等，我在写这些东西的时候老是让它处在一种暧昧的状态，是又不是，有又不多，也许还有一些其他的东西，只有捕捉这样的东西以后，我觉得这就应该作一篇小说了。

我们跟一些前辈作家和其他作家的首要区别就是这一点：在他们看来，我们这些东西本身就不配写成这篇小说；在我们看来，它绝对是一篇现成的小说。我认为小说的最高境界，按新小说来讲，应该是一种不确切的主题，从这一点出发，它的故事形态、它的结构方式、表达方式都变了。有些人就说，小说没有这样写的，怎么能这样写呢？非这样写不可。比如说同样写下班女工的事情，你这么写，他那么写，到我这里我肯定就不是那种写法，我觉得大家都会用差不多的方法去写，那我就会觉得那种写法可能有问题，要不然怎么会有我存在呢？

张英　现在谈文学已经成为一件很羞耻的事情，比如你在一个场合和同是从事文学的人谈文学，即使对方是非常在意文学的，但是他在跟你谈文学、人生、信仰、理想的时候，就是不好好谈，而会经常讽刺、嘲笑、挖苦你。怎么会这样的？连我们搞文学研究、写作的人都变得这样了，言行不一，这真的是让人好难受。

潘军　你这种感觉还是比较深刻的，（当然我的心态跟你的心态不一样。）首先我觉得在北京这边叫得起劲的一件事情，它本身就是一件没有分量的事情。我所指的分量，就是说远离了一种专业成就。北京这边永远不会出现《博克曼》(易卜生话剧《约翰·盖勃吕尔·博克曼》)，然后整个媒体上来，我相信它绝对不是《博克曼》出来了，肯定就是一部破电影出来了，所以搞得很热闹，然后每个人都用很个人的理由去辩护，还容不得别人去说三道四。

比如说有一本书最近在北京很红，我就不看这本书，真正的书在北京是红不起来的。因为它现在痴迷于一种流行时尚的东西，它缺乏一种经典意味，更远离了专业经典和专业成就。这种东西我们从哪儿找呢，一个是从内心找，从过去的一些经典中去体会、去沉浸、去沉醉。今天，我们还要去迷恋卡夫卡、博尔赫斯，就因为卡夫卡、博尔赫斯跟我们太贴近了，我们太需要了，他成为一个朋友，他陪伴着你。而在现实生活中间，你大可不跟这些人去谈这些文学，让他觉得你是一傻帽，他倒成了很从容的人，你成了一个很尴尬的人，那你就要当心了。

前不久，朋友让我去看什么格瓦拉的话剧（《切·格瓦拉》），没去之前我就知道这个话剧是什么样的东西了，大概就是豪言壮语的诗朗诵一类的吧，后来果然是这样。我就是一种直觉去判断，因为今天提格瓦拉，究竟有什么目的？格瓦拉为什么跟卡斯特罗分手？这个原因连创作者本身都不明白，他只是把他作为一种正义的化身、革命的化身——这个时代需要正义的东西，需要革命的东西。这种东西与我本人心目中对话剧的认同感相差很远。这倒不奇怪，每个人有每个人的一种品味、趣味，比如说我认为话剧就应该在舞台上演，在小剧场里怎么演我都觉得不是话剧。因为在舞台上演，它有一种宗教感，有一种迷失感。为什么舞台上要有个幕，为什么要把那幕合起来、要拉开呢？这先要有一种景仰的东西，而我们常见的就是在舞台上把一些家长里短的东西搬上去，大家觉得倒了胃口。我想在北京找到一种很经典意味的东西，这是很困难的，所以我就没有那种梦想。往往是一种很低下的东西，或者说很没有品位的东西红极一时，这个很正常。如果某一天在北京真搞出了一台很了不起的东西，那么我相信那时候它周边、它整个环境都起了变化。

张英 既然文学环境令你那么失望，那你是靠什么在维持着对文学的希望呢？

潘军 这个时代合理的地方就在于，总应该让某一部分人永远去谈他们感兴趣的东西。你说美国的《大西洋》月刊永远高居榜首，企鹅出版社、兰登书屋都有自己的追求和定位，不可能出来一些其他的东西。你在兰登书屋出书意味着什么？你在法国子夜出版社出书意味着什么？就意味着你在法国文学地位的确立。但是，他们没有你吃我、我吃你、你兼并我、我兼并你，只是各取所需，每个人都有一个自己的圈子、自己的市场。所以坚持多少年下来以后，它就成为一个经典，成为一个名牌。而我们不是，我们是一阵阵的，突然一下，基于一种官方的意志，或者是传媒的促进，还有老百姓的口味，谁左右这个东西，确确实实是一笔糊涂账。

这个时候我就觉得，写作的人面对这么一个复杂的局面，而且还面对本身文学界内的一个最大的遗憾，这种遗憾就是大师的缺席、权威的缺席。没有权威就意味着没有公正、没有裁判，好比我们在踢足球，是一场没有裁判或者说是有黑哨的足球，这个时候你作为一个职业运动员你还想踢，唯一支持你的就是你作为职业运动员的这种心态和素质，要不然你就不踢了，就改行了。如果你还想踢，那就是说我太喜欢踢足球了，尽管是黑哨我还是踢呀，尽管没有卖出一张门票我还要踢呀，我觉得这种东西是我们目前缺乏的，这就是一种专业的精神对一个人的一种支配。我们现在已经很难看到这种精神了，而且更可笑的是对于有些年轻作家，挫伤这种对文学的热情和精神，在他们看来有些所不齿的，或者说在他们看来那些根本就不想当一个小说家的人竟然成了著名小说家。就像我回去以后有个媒体问我说，最近有一本苏童的小说，非常差，你注意没有？我说，苏童也许近期的作品不尽人意，但是我相信他还会写出很好的作品，因为他的素质在那里头，他的才气在那里头，他对于小说带有一种本能性的敏感。

张英 你为什么在报纸上发表文章认为贾平凹不是小说家呢？你

是根据什么标准做出的判断？

潘军 贾平凹从他的第一本小说起到最后，他就是不具备一个小说家的素质。他倒是写了一批很精美、带有文化色彩、地域文化的散文。但是他的素质注定他成不了小说家，这是一种学科标准的东西。尤其是他的长篇小说，要结构没有结构，要叙事没有叙事，他还只是把散文放大化、故事化，就成了小说。有人说他在国外获了很多奖，这不是一个好作家是什么？然后我说国内拿这种东西装门面的人太多了！当然如果贾平凹获得了诺贝尔文学奖，那我就会宣布：我从此再也不写小说了。因为我就会觉得全世界对小说的把握都是这样的标准，与我自己的一种追求已经背道而驰了，如果我再做，那别人就会说，你充其量一辈子的努力不就是做第二个贾平凹了，那我就肯定不写了，因为全世界都乱了嘛。好在就是每年所颁的诺贝尔文学奖，我觉得都是我们心中所想，仅仅就是意大利的那个写戏剧的达里奥·福的获奖有点意外。1999 年得奖的格拉斯可谓众望所归，早就应该给他一个诺贝尔文学奖了，我听到他获奖特别高兴。但总的来讲，这个文学奖的水准，我觉得还是很激励人的，并不是说我们真的要去拿这个奖，它毕竟在国际上有一个学科的标准在里头，我们要接近这个标准，奖不奖是另外一回事情。但是一定要接近这个标准，要不然这个民族一辈子几十年、几百年下来它就没有经典文学了。所以很多青年作家苦恼的就是这个问题，到底弄什么？我回答说，那你还是按你信奉的文学原则去写吧，你不要去管官方的重视、媒体的荣誉这些东西。

关于电视剧本

张英 在这个时代里面，文学真的是很寂寞。很多在边远地方的文学青年在开始写作的时候都很不错，但是，由于种种原因，他们的作品得不到重视和关心，所以，当市场经济的诱惑一来的时候，那很多人在理想上就妥协掉了，毕竟，生存的压力和看不见未来的恐惧改变了很多人。

潘军 妥协掉肯定是有原因的，一个我觉得是他本人的心理素质，包括他现实的一种需要，比如说有些人他急需有一部作品被张艺谋或其他人改成电影。我跟张艺谋也谈过合作的问题，谈了几次没有谈拢，那首先必须要默契，这是前提。如果他的东西我不能接受，我的东西他不能接受，这就没办法谈，我没有道理向他妥协。我当时就直言不讳地对他说，我跟其他人不一样，我还有一个梦想，就是当导演。因为我有这个素质，有些人愿意把自己的小说很主动地推销出去或卖出去，我得给自己来，大不了以后机会来了我自己把它拍掉。我认为第一流的小说不具备改编成电影的可能性，因为它本身强调一种叙事的立场，小说的本性所致嘛。我认为被改编的都不能算是第一流的小说，至于说国际上有一些名著被其他人强行改编，那又是另外一回事。有人说你在民间名气没那么大，是不是因为没有和张艺谋他们合作。我说我不相信一个导演会捧红一个作家，余华和莫言在没有和张艺谋合作以前就已经是很不错的作家了。这之后跟他合作过的一些作家，也没有怎么火起来呀，这不是很容易证明吗？后来给他写剧本的作家火起来了吗？没有！

张英 文学界有人在背后说笑，说给张艺谋写剧本，写一个废一个。当然，好一些的作家还是照样写好作品，也不是绝对的。

潘军 是的，这种东西严格讲是一种无稽之谈。我觉得我是很从容的，我从来没有去见过一个导演，（因为我觉得）这是一件很荒唐的事情。而且在和我谈剧本的时候我要价很高，你搞就搞，不搞就拉倒，电影是导演的作品，我不要一笔钱我还图什么？我借你电影的名扩大我的知名度哇？太荒唐吧，我根本就没那种想法。

同时也应该承认，文学被影视改编，对扩大作家在民间的知名度来讲确实起到了很大作用。比如拍池莉的《来来往往》的那个公司，他们来找我谈合作，第一句就说他们拍过池莉的《来来往往》。我接着就说你们拍得不好，很糟糕。今天我们谈的不是内容，是钱的问题，如果你们钱给得满意，我就卖给你，如果你们给得不满意，我就让它待着，至于是不是我改，一条，你钱给得满意我改，钱给得不满意我不改，这很简单，生意嘛！我把这些分得很精细，是什么事，到什么山唱什么歌。

曾经有投资商把小说寄给我，让我改编成电视剧本，我是很认真地看了一遍，对他说这不是小说，这就是一张文学大字报，厚一点，这个不能改。不能改就是不能把我潘军的名字搭在这种东西上，这个是不能改的，这几十万块钱我就不能要，我要去做我该做的东西，我也要做这个抉择，我就退回来了，写自己的小说。我想当一个职业作家，首先要有能力解决生存问题，同时，有时候对于金钱应该有一个比较明智的选择。

张英　你现在把工作分得很清楚，一年内写一部电视剧，再写多少篇小说，这两种文体的写作会不会有冲突呢？

潘军　有没有冲突全靠你自己把握。余华曾经也讲过这个问题，他也搞过电视剧，一个素质不错、优秀的作家应该是写什么像什么，除非是你力所不及的。当然，剧本在写的时候控制力可能要耐烦一点，比如说电视剧的特点是什么，它首先有一个家喻户晓的故事，它有一个大家感到比较容易接受的台词方式，然后就是编，你绝对不可能去考虑我这个电视剧里是否有叙事，对话里面是否有更丰富的潜台词，电视剧里很少去考虑这个东西，如果有，当然更好，如果没有，那就再想，小说就不一样，这些还是在于自己的把握和调节。当然，如果你这一年连搞了三部电视剧下来，当你第二年写小说，那种感觉可能就全跑了，这个完全有可能，所以我常常提醒自己不要沉进去，迷恋进去以后那就惨了。

小说大说

张英 你这几年的小说，在结构上、故事的讲法上，确实非常精彩和独特，而且比你以前的作品要从容、成熟得多，试图模仿这样写也很困难。

潘军 北影的导演黄建中用不同的语言表达了跟你同样的意思，他认为我的小说锁得非常之紧，他曾经想把我的作品改编成电影，但是发现作品中间一个地方都不能动，动一个地方就整个全乱了。就像玩积木一样，你当中插一块，它全部垮了，它结合得非常紧，锁定得非常紧。所以别人怎么评价我的作品，对我都不重要，尽管这些评价能给我带来安慰、带来支持，哪怕你今天这些话，都对我构成一种支持。但是最后，一个人不能光靠支持活下去，还是得靠内心一种认识、一种毅力支撑下去。

张英 你对小说的控制力很强，叙述也非常节制，小说中间的废话非常少，而且很少有泛滥地抒情的，在结构上也很讲究，读你的作品必须从头看到尾，一点不能漏过，否则，这个故事就看不明白了。相对而言，现在的小说水分太多了，有时候看到头就知道故事的结尾，还特别长。

潘军 比如说你做编辑的，小说在你的手上，你第一遍读完了，是不是小说你马上就有判断，是不是好。如果小说叙事好，很精彩，你马上就会有兴趣把这个稿子看下去，这是很真的。阿城的《棋王》也可能是处女作，至少也是成名作，在这之前我不知道阿城以前有什么作品，但是这个作品出来以后，让我们感觉到一愣，那种叙事上的圆熟、机智，那种不动声色的冷静，它符合了我们小说中的一种目标。你说它多先锋也谈不上，传统也不是多传统，它就是按照小说的一种信念和原则去写的。什么是小说？他写过几篇之后他意识到了，如果再这样写也没多大意思，当他觉得不能超越自己的时候干脆就不写小说了，写散文、随笔了，道理就这么简单。

我跟阿城的情况不一样，因为我是在叙事上做了一些研究。比如说你读了我的那么多作品，有一点很明确，把它们放到一起你能感觉到它不是一个人写的，又像是一个人写的，它的不变中也有变化。比如说我写的《对门·对面》，见到徐坤，徐坤就讲，你那东西感觉真是太好了，那纯粹、很客观、不动声色的冷静，真好，得到了赛林格的真传。我说，这不是真传假传的问题，我只是感觉到这个东西只能这样而不能那样写。当我写《重瞳》的时候，那我肯定是经过设计的，除了中间有些情节的安排外，首先我要找到一种方法啊！这些我觉得就带有一种学科的东西在里面。就像金庸的武侠小说，你把它串在一起重新剪辑一下也是一个东西，它们叙事方式是一样的，人物面孔是一样的，甚至你都能猜到到时候又会发生什么事。这个毛病在于这些作家没有把小说当作一门艺术来研究。我觉得一个职业作家也兼有手艺人和艺术家两种特质：一种是手艺人，他没有神圣，做手艺的，干手艺活的，就像你当编辑、我写作的没什么高低，咱们都一样的；第二个带有创造的程度，那就是一种艺术家，我通过我的语言，在这上面建立我的梦想，那就是一个艺术家。人真正的谦虚那就是意识到自己还不够，确实我还不够，我还是不尽人意，这才是真谦虚，不是那种假谦虚的东西。在大庭广众下礼貌地鞠躬致谢，这要不要都无所谓，你意识到自己就是不行了，这东西写得不灵了，文学的标准肯定是在这个立场上树立起来的。

张英 现在，有些作家的作品评论家不好下笔，因为作品特别复杂，作品本身也对评论家构成了一种挑战，评论家也很难下判断，就是看了评论也很费劲，因为有时候评论比它解读的小说还要长。

潘军 评论家有很多在借评论作品的时候展现他自己，他不能耐心地阅读作品，也就意味着他不能深刻地理解作品，再加上一些作家又不大在乎别人的评论。我不知道别人怎么想，我跟余华、苏童他们都不会在乎这些。对于评论来说，别人评论是代表一种重视，表示感谢是没问题的。但我从来没有因为没有人评我的小说感到很寂寞，就像商场的东西搁在柜台上，一个好东西不能因为它卖不掉就不是个好东西，哪怕它永远卖不掉，它还是个好东西。我这个作品写出来了，完成了我的那一层创造，它就是个好东西。

张英 既然这样，那你为什么还要请那么多评论家和记者，开作品研究讨论会呢？

潘军 是啊，有的朋友就给我打电话说，你这样的作家还用得着开作品讨论会吗？他的意思是说还用得着推广吗。这主要是出版社的意思，他们是好意，对这个书也有一种直接促销的作用。我觉得这也是可以理解的。再说，评论家里毕竟还有一批耐心看小说的人，请他们来也代表着我对真正意义上的文学批评的尊敬。

张英 最近刚刚在《北京文学》上看了你的剧本《地下》。你什么时候开始对话剧感兴趣的?

潘军 我还有个特点,一是喜欢随心所欲,二是喜欢给人意外的东西,比如要么看不到我的书,要么出一大堆,要么你说城市小说很好,我一掉头又去写农村了,你说我的小说很好,忽然我又去写话剧了。这不是哗众取宠,比如说《地下》,它能不能写成一部中篇小说?能写。但我觉得它写成话剧是最准确的、最精确的。一开始我产生的想法是写成一个话剧的《三岔口》。京剧的《三岔口》在灯光下互相看不到人,摸爬滚打成为经典,话剧中间也来一《三岔口》,因为我也看不见埋在地下的,那个表演起来从形式来讲是很好玩的,很有意思,有一种思想在里面。

比如说这次我在你们《北京文学》发的《地下》,我相信一旦发出来以后,很快就会有人来找我,因为这是《北京文学》50 年来破例发的第一部话剧嘛,这种暗示很明显,而且这部话剧是很符合我的话剧观念的。如果有些制作团体说,大家现在搞的话剧不是这个样子的,我们希望到时候这样,那我肯定就毫不犹豫拒绝了。你要排就基本上不要偏离这个内容去进行二度创作,如果你只是把它作为一种由头,而添加一些莫名其妙的东西,那我肯定就会放弃,对我来讲也就是少赚几万块钱的问题,这个对我来讲不是一个大问题,不是大事。

分析解读

张英 在你近两年的创作中,中篇小说、短篇小说非常多,而且质量都非常高,风格也有很大不同,差异非常大。我感兴趣的是《秋声赋》和《三月一日》。前者在三万字的篇幅内写了一个知识分子的一生,时间跨度那么大,那么丰富的内容,浓缩在如此精短的小说里;

后者在结构上非常巧妙，一个单位机关司空见惯的题材，却写出了新意思。这两个小说非常有深度，你是如何构思的呢？

潘军　我的小说为什么即兴的直觉比较多呢？这在后面都有一种理性的设计在跟随着，这构成了我写小说的一种方式。我的小说中间极少有一种原始素材作为铺垫的，比如说《秋声赋》，我开宗明义就讲这个小说是有素材的，在故事没有写的时候我就看到它的结尾了，但我为什么要写，我首先就声明出去，但是更多的东西应该靠自己在写作过程中间，从迷茫中慢慢走出来，走到自己觉得应该是出来的时候，我就写出来了。现在的小说写苦难的很多，在写《秋声赋》的时候，我是用一种编年史（的写法），从1957年开始写起，写了一个男人忍辱负重的一生，故事是完整的，感觉也是完整的，发表以后反响不错，我在报纸上看到了很多评论。从我个人的角度来讲，这种表达实际上是寄托了我个人的一种人生价值在里面的。

《三月一日》写机关，现在也有很多写机关的小说，但是我的作品和别人绝对不一样。男主人公一天接到一个女人的电话。她说，你还记得我吗？我找你。一下子你又不想出来见面，你又要去跟她见面，出门过马路的时候被车撞了，撞了以后就到医院去抢救，这个眼睛瞎了以后外面看起来与常人一样，但这只眼睛看不见现实，能看到别人的梦了，从现在他失去了梦想的权利。这个小说比较荒诞，是带有存在主义的意蕴去写的，同样我写的也是大家身边的事情，也有处长，也有开会，这样写就把我和别人区别开了。

张英　《重瞳》发表以后影响也不错，一个为大家熟悉的历史，被你完全按照个人的想法改写了，给了这个历史之谜另外一种解释。从人物的性格上来看，项羽的形象也比较鲜活，他的命运结局从逻辑上看特别合理。

潘军 我为什么这样写呢？那么多人写楚汉相争，到我手上就变成了这样的历史事件？历史题材是真实的，那我要发现这里面是否还有另外的可能性呢！比如鸿门宴，为什么不杀刘邦，司马迁没有说清楚，他没有说清楚就意味着给我们提供了一个故事空间在里面，一个可能性存在，项羽一开始准备杀刘邦，怎么一会儿又稀里糊涂地把刘邦给放了呢？我有道理，而且中间这一点支配了以后，我就找到一个理由：项羽不杀，因为项羽是一个很自负的人。他其实想杀，就在此时对面的范增在暗示：如果我是项羽，我绝对杀。然后项羽这样想：我作为一个三军统帅，怎么听命于一个老头的唆使啊，这不成了小人吗？哦，你叫我杀我就杀了？这是最朴素的东西，而且是深刻的东西，而且还很符合我心目中的项羽这种形象的设计。因此在鸿门宴的问题上我是这么想，这个时候，如果范增不掺和进来，那肯定杀了刘邦。这样写那就有深度了，它又没有脱离司马迁所规定的历史事件。

比如说项羽吞章邯的 20 万兵，这是事实啊，这是项羽的劣迹，你抹杀不掉。这时候我就判断，究竟是项羽的多疑小心之心，还是章邯确有谋反之心，把 20 万人一把带过来了，作为自己的一种护驾，一种后路的预备，这两种可能性都是存在的，于是我就这样写：首先是把他都埋了，然后项羽感到自己很有压力，为什么，引发出一个问题，项羽以前为什么不这样残暴呢？就是这个时候，他已经成了至高无上的上将军了，他可以号令三军了。当时他在宋义的帐下，要听命于宋义，权力与人性本身构成了一个关系，这是一个层面，你残暴是因为你权力增大了。接下来项羽有一个忏悔，虞姬离他而去。虞姬说这个世界不可爱，总是在用刀来说话，接着又写道，章邯到帐里来坦白了，他预感到项羽可能对他做出选择，甚至制裁他。同一个时间项羽的内疚使他良心发现，觉得我当时就是小人之心，就是想为自己预备后路的，这个时候章邯又为项羽解脱了一点。而我觉得究竟哪一个是正义的就成了历史上的一个悬案，搞不清楚章邯是故意地为项羽解脱还是确有其事，这种对事件的处理才比较完美。

我在郑州的时候，五年前，就想写《重瞳》了，写了三个开头我都不满意，我就放下了。但我一直在想这个小说，后来在一个偶然的情况下，我突然就想写了，而且非常顺利就写出来了。在今天这个社会，一个中篇从构思到写完前后用了五年的时间，现在这样写作的人不多了吧，才四万字的中篇。我这都是有人证的，当时我就给郑州的朋友看了，他们看了都觉得不错。但是我个人不满意，开了三个头我都把它废掉了。这是什么？我觉得这就是一个人的素质，你是为了把它写好，不是为了把它写出来，那是不一样的。如果五年前把它写出来，跟现在这个东西肯定是不一样的，所以这些对我来讲，一个是个人意志上的一种磨炼，第二是你过了那种焦虑期以后，有一个很从容不迫的时期在等待着你，翻过这座山以后马上就看得见一马平川的地方，所以我感觉现在就是这样。另外我对自己自信的是什么，我老是感觉自己跟一个挖井的人一样，我周围的土已经很湿了，但是还没有见到水，我一直觉得我最好的东西还没有写出来。

张英　《风》这次也再版了。在当时的文学环境中间，它的实验意义还是十分明显的。你为什么会取这样一个名字？

潘军　为什么叫《风》呢，我觉得风是很历史的，跟历史的形态是一样的，谁都可以感受到它，谁都无法把握住它。我们都是历史中人，但我们谁也无法去把握一部历史。谁也没有办法去改变一部历史，更没有办法去撰写一部历史。这就是人存在的一种缩影。

张英　现在，作家们都开始重视故事了，未来的小说会怎么发展呢？

潘军 假如说跟一个女孩恋爱，她对我说，一生中最大的幸福是认识了你，我要对她说，不是的，如果你不认识我，可能还有更大的幸福在后头。比如说明天遇上一个比我更年轻、更有钱、更了解你、更疼你的人，而且这人在美国是一个富商的儿子。他要把你带到美国，给你一个更好的前景。任何东西都是未知的，包括写作本身。1997年《作家》杂志拿了12位作家的肖像做封面嘛，要求每个人写一句话，当中也有我，我就写了一句：小说是未知不断地显现的过程。

张英 现在，你已经抵达你的文学梦想和目标了吗？

潘军 直到目前，此时此刻为止，我总有一种不满足的感觉，我觉得这会儿离我心中那块文学的目标还是很远，不管评论怎么说，评论把你捧得再高，那也是两回事。比如李洁非看我的小说就写了个评论，在最后结尾说我的城市小说在中国没有第二个人能重复。把我抬到这么高的位置，他认为我是最能理解城市的，已经离了城市的表征，走到了城市的内心中去了。

没有一个小说家不以自己的小说写得好、写得沮丧而喜怒哀乐，他的喜悲是因为他的小说写得好与坏。对于一个作家来讲，有一个问题值得思考：怎样使自己写得更好？这个问题是值得用一辈子去思索的，并且要很理性、很客观地扪心自问。我现在写的东西有一种新的表达在里面，这一点很重要。

迟子建

■

温情的力量

迟子建，1964 年出生于东北最北方的漠河小村"北极"，1984 年从大兴安岭师专毕业，先后就读于西北大学作家班和北师大与鲁迅文学院联办的研究生班，1990 年毕业，到黑龙江作协，1986 年因发表中篇小说《北极村童话》而成名。其作品带有某种散文化风格，这一点与萧红有些相似，许多读者也许正是因此而喜欢她独特的语言方式。她著有《迟子建文集》《伤怀之美》《晨钟响彻黄昏》《伪满洲国》等作品，获多种奖项。

由于某些原因，我设想中的谈话未能深入，对迟子建小说的价值、意义以及对具体作品的剖析也未能进行，这不能不说是一个遗憾。她画的那些美丽的画，我也未能目睹。显然，迟子建也不适应这种饭局上的交谈。置身在哈尔滨大街上一家喧哗的小酒馆里，酒杯的碰撞声，邻桌的划拳声、说笑声和大街上汽车的鸣叫声不断传来。在我与迟子建交谈的大部分时间里，阿成坐在一边默然陪伴着我们，在此向阿成兄道谢！（本篇访谈根据录音整理）

张英 近几年来，学术界对汉语日渐僵化、粗糙的趋势越来越担忧。作为一种交流的手段，汉语在二十世纪发生了惊天动地的变化，从文言文中剥离出来的白话文汲取了文言文的营养，在二十世纪初的文人、作家笔下焕发出崭新的激情与活力，开创出一个朝气蓬勃的现代汉语文学空间。经过长达 20 年的发展与完善，现代汉语渐渐成形和完善，现代汉语文学也由此达到了一个前所未有的高度。但经过几十年的政治变革和社会运动，在意识形态你死我活的斗争中的现代汉语，却越来越疲惫、越来越僵化，加上近20年西方文化对中国社会的影响，汉语言的组成结构也越来越拉丁化，同英语的组成结构惊人地相似，汉语正在丧失它的活力、丰富性、精确性和所指，甚至连人们的思维也发生了极大的变化。尤其是在经过"文化大革命"后，汉语的优美动听以及画面感渐渐离我们远去。在五年前你发表的长篇小说《晨钟响彻黄昏》中，第一章的标题就是"迷途的汉语"，这个长篇给我印象很深。我想你对这个问题思考一定很多，因此想请你谈谈对此的看法。

迟子建 我曾回答过文能先生的提问，和你的问题比较相似。大家这么在意我的感觉，我有些受宠若惊。我是凭直觉这么写的，小说的主人公在大学里从事汉语教学研究，就此发挥了一下，没有任何学术上的想法。他在生活中与人交往，经常说些言不由衷的话，这种言不由衷使得汉语的本真意义消失了，虚伪的成分增加了。要说整个汉语迷失，那是学术界的问题。

古代汉语向现代汉语的转化是一个痛苦的过程。以先秦口语为基础而形成的古白话，在这种转变的过程中如产卵的大麻哈鱼一般迅速死去，它产出的卵孵化成小鱼后顽强地向大海游去。在这种蜕变过程中，汉语的神话色彩逐渐消失，音乐色彩和语意色彩也逐渐消失。平白、朴实、自由的汉语替代了千锤百炼、华丽、寓意隐晦的汉语。汉语朝着大众化的宽广道路放心大胆狂奔的时候，原始的文字色彩走在路的两侧悄然退去。汉语走在一条阳光灿烂的大道上，但好景不长，它很快陷入一种模式的僵局，于是很多人又对加着无穷无尽注释的古汉语产生了浓厚的兴趣。吟哦不尽的古典诗词使汉语曾经达到了一种炉火纯青的地步，古汉语和现代汉语展示了两种不同的情景，古汉语把晚霞写得典雅诗意，而现代汉语往往容易让晚霞只成为一种动人的风景。前者幽怨叹息，富有宗教气息；后者洒脱无羁，看破红尘。汉语发展到今天不再粉墨登场，它可以穿着破衣裳、戴着旧草帽大摇大摆纵横四海，它放浪形骸、魂飞魄散、不拘小节。汉语在奔涌了许多世纪之后，发现它的激情消退了。它疲惫、瘦弱、略显苍白，同使用它的主人一样。汉语的主人越来越木讷、倦怠、无所适从，汉语也就更加心灰意懒。汉语的发展依赖于使用它的人的精神气质，汉语的主人迷途了，汉语必然迷途。

我觉得现在小说的语言是一种倒退。中国小说语言不是今天这个样子的，它特别讲究平白有韵味和对语言的推敲，遣词造句特别精细，而现在的小说语言特别乱。

张英　仿佛不约而同，被称为"先锋派"的一批作家，在创作伊始就在文学写作中对语言进行各种不同的大胆试验和探索，我觉得这显然不是一个偶然的现象。你的小说比较纯净优雅，我不知道这是否与你一直生长在东北小镇，过着寂静的生活有关，但你的语言也有变化，由初期的华丽优美典雅过渡到现在的朴实简洁平实，不知道是否也有某些考虑？

迟子建　其实我是一个凭感觉走的人，我从没有要把自己和文学创作有意识地进行定位。顺其自然，风格的转变、对艺术的理解以及文学观都不知不觉就改变了，当我还是一个小女孩的时候，正值20来岁，大自然在我眼里充满了诗情画意，而人年纪大了，很多想法都变了，与现实有直接关系。并不是你在文学上大彻大悟了，而是岁月不饶人，它赋予人无形之中一种沧桑感，使你在写作上倾向于朴素的情感。

张英 人们在读到迟子建的小说时，总会在文字中领略到浓郁的东北民俗地域风情和自然地貌。在黑龙江这块黑土地上，昔有萧红，今有迟子建。在一些文章里，我屡屡地看到这种比较。从精神继承和文学艺术特性来看，也确实存在某种共性。

迟子建 那是抬举我了。萧红就是萧红，她对东北文学的贡献没有人能与她比拟。萧红的作品比较感人与她的凄凉身世和传奇经历、生死爱情有关，她情感境界特别纯净，与那么多的男人有过爱情，还能够每一次都认认真真地去爱，这种状态少见。

阿成 我陪许多外地作家去过萧红故居，一看到呼兰河两岸的风景就特别感动。

迟子建 我写作肯定不会离开东北生活。不过，地域文化色彩对人的影响确实很大，这种特定的环境赋予作家的天然气息，你在这块土地上出生成长，必然在血性中会融进某些特质。我现在在写一个长篇，写一个家族几代人的命运过程、生活变迁。这个想法已经有很久了，准备了近两年时间，搜集了一大批资料，等看完世界杯的球赛，马上就开始写。这中间写了一组中短篇，主要是没有从容的心情。下半年没有什么事了，慢慢写吧。奇怪的是我在没有开始写之前，故事、结构、人物总是朦朦胧胧的，不完整的。凭这种情绪反而能写好，一开始想好的长篇反而容易写砸的。

前几年写了很多作品，未必是好事情，也太累。现在想调整一下，我现在意识到完全可以轻松些，写得更好一些。一些想法也发生了变化。我不是靠理性思考写作的人，我以为小说做哲学思考不好，还不如看哲学书更透彻。小说很简单，能让人看了头几句就看下去，否则弄得很深奥，总是貌似高深，经常发一些人类末日到来的惆怅，装出很大气、很深刻思考的作品，这种东西挺没劲的。我觉得是一种不成熟的表现，或者他对小说这种文体还没有悟透。其实有很多人不适合写小说，只是有点苦恼和小感慨、小惆怅，这个时期的人都想当哲学家、思想家和理想主义者，所以作品很深奥，弄得很紧张，作者累，读者也累。我认为人只有在很紧张的时候，对这种东西把握不准，才会这样。我喜欢看一些很轻松、生活气息浓郁的作品，觉得它就发生在生活中，例如阿成的小说《小酒馆》，看了令人垂涎欲滴，吃客的形貌个性活灵活现，一目了然，多简单。这恐怕也是我喜欢《金瓶梅》的原因，除了性写得确实有些过之外，它对市井生活、风情民俗（的描写）和语言的那种老道、平白确实令人欣赏。

张英　那你对当下运行中的中国文学持何看法？从整个文化上来看，对现代小说的认识主要是缘于西方的小说观念。

迟子建　现代小说这么发展，确实是一种倒退，不是进步。比如明清小说就是追求一种民间野史类的写法，但不同于现在的民间文学。那个时代的民间文学是很高雅的，看起来琴棋书画行云流水，非常舒缓。我不喜欢现在的中国文学，这种文学实质上是读了一些博尔赫斯等西方小说舶来品之后对它的一种拙劣的模仿。

当然文化可以交流，但这种交流如果用一种文化的意念去代替另一种文化的精神、气息，那则是一种大的倒退。一个民族的文化是一种永远不可替代的东西。我有一种感觉，东西方在文化观念上有比较大的分歧，东方的人文精神与西方的人文精神相差甚远。小说是一种比较实际的东西，比如像饮食习惯、早上几点起床，东北的风俗习惯与南方的风俗习惯都是不一样的，所以南北作家的艺术风格相差很大。东西方文化土壤不相同，以西方的小说观念来取代东方的小说观念，我认为是非常荒谬的。不是说我这人比较保守，我觉得中国作家想要有出息，中国小说必须先是民族的再才是世界的。先世界再回头观照本民族，这种视野已经被别人换洗过了，不是你自己的。

张英　东方小说自有她独特的魅力和面貌，像日本小说、印度小说在国际上获得大奖，这绝不是偶然的。日本文学中的纯净、忧伤、含蓄，印度文学的慧性与神秘，一直贯穿在几代作家的作品中，他们对世界文学的贡献恰恰在于他们对本民族文化的弘扬与继承，在此基础之上进行创新探索与革命，一代代人前赴后继，把本国文学提升到一个前所未有的高度，从而赢得了世界文坛的尊重与关注。

迟子建　那当然，所以川端康成、泰戈尔才能够获奖。我觉得他们获诺贝尔文学奖理所当然。在他们的作品中，那种东方精神的魂魄表现得淋漓尽致。有时候就想，我们这一代作家不会有成大器的作家（包括我自己），有些人自命不凡，其实他缺乏的东西还很多，起码缺乏生活底蕴，对本民族文化知之甚少。小说家是一种要求全才和积累的职业，比如我生长在东北，对东北这块土地也不乏了解，但深一些、陌生的东西就不知道了，这对一个小说家是一个致命的弱点。

张英　回过头来看，"五四"时期那一批大作家之所以将白话小说写得很好，原因也在于他们本身受传统文化教育影响很深，素养很深，功底很厚，尽管他们痛恨传统文化，与文言文决裂，转用白话语言写作，但传统文化以及文言文对他们的写作帮助很大。而对于中华人民共和国成立以后成长起来的这几代作家来说，在对传统文化营养的汲取上不能不说是一个弱点。像现在这批作家，对西方文学知之甚多，非常熟悉，对中国传统的文学反而陌生得厉害。我想，对传统文化（文学）的精华的汲取绝不是读几篇古文就行的。

迟子建　所以我喜欢川端康成，这是一位真正的文学大师，他的小说真正代表了东方精神。比如像福克纳有两类作品，像《喧哗与骚动》这类我不喜欢，这种小说看起来很吃力，智力跟不上；但我看

《我弥留之际》和《献给艾米丽的一朵玫瑰花》等一些短篇，就觉得写得很单纯、很透亮，晶莹剔透。那些描述南方地域生活的小说我还真比较喜欢，但他的名著倒不一定能读下去。

张英　也许这些原因还是在作家自身，在他年轻时追求一种裂变创新，像《喧哗与骚动》是福克纳早期的作品，带有某些炫智的心态。晚年他的创作状态进入鼎盛时期，炉火纯青时他可以随心所欲地任意表达，不像年轻时需要那么多烦琐的技巧曲折地表达，人越写到最后越简单，像托尔斯泰也是这样。我一直在想，像西方的后现代小说，在他们自己国家里也只印四五百本，大多由朋友出资印制，除了少数学者、批评家、作家看以外，几乎没有人看。小说过分注重技术与形式语言，没有了想象力、感情和鲜活的人物，最后会不会走向灭亡？

迟子建　我同意你的观点。小说家最忌讳的就是这一点，也许在写小说时我应该自己看一次，以一个普通读者的观点出发，看自己能否读进去，否则这小说一定是写砸了。像形式、结构这些东西实在很简单，没用处。就像做菜，佐料花哨太多，吃的还是味道。中国小说以前都是章回体，都是且听下回分解，看的人、讲的人、听的人都津津有味，我们没有觉得它单调乏味。我认为内容决定形式，写一个故事采用什么方式最恰当，这只有在写的时候才知道，而不是说在写之前就考虑用什么形式、结构和手法，不然这种小说必然会很紧张。好小说你看的就是生活的一部分，活灵活现，而不是说要强加给你一部分弦外之音。就像一篇小说写到吃菜，你仿佛嗅到了它的香味，小说里有一段情感，你读的时候甚至觉得你就是主人公，有一种参与感，这就是成功的小说，它肯定是真诚朴素的。

张英　今年你推出了《迟子建文集》，连同其他集子，你的作品量算起来还真不少，可以说是整体质量都很高，硕果累累。在你的小说中，我喜欢的还是一些中短篇小说。写好短篇不容易，对此有何心得？

迟子建 我写短篇小说与别人不一样。一个短篇绝不是一气呵成的，它往往要占用我一周的时间，看起来感觉还要比较流畅自然，两三千字就要出新点，所以我理解短篇好坏与作家自身素质有关。我理想中的好短篇应该是读完后感到很过瘾，读者会感叹：哎呀，它应该再长一点，我还想看。有一种意犹未尽的感觉。有的短篇写得峰回路转，写得特别丰满，但到最后把读者的参与感和想象力打乱了，这就是一个失败的短篇小说。我钦佩有一种作家，能够把短篇小说写到极致，这种人就是大师。比如契诃夫，一辈子靠短篇成名。海明威的几部长篇，真没有他的一些中短篇好，包括福克纳的几部长篇也不如他的短篇写得精彩。所以我理解不管是中、短、长篇小说，你能够把一种写得精彩，淋漓尽致，你就是一个好作家，用不着你在短、中、长篇小说上齐头并进，独领风骚。遗憾的是到现在，我的三部长篇都不如中短篇小说好，也许在年轻时我写长篇的思考是故作高深，这是一个过错，我正在分析自己是否适合写长篇，这个缺陷正是我要去弥补的，因为我不甘心。所以我还要写长篇小说。在整理文集时我曾做过认真的思考，在写第一个长篇《树下》时，我写得很认真。

阿成 你的中短篇小说非常精彩，很有启迪，因为中短篇能够把你调动到最佳状态，充分展现你的想法，而且还有快感，很舒服。而长篇小说恰好相反，它是一种沉重的、折磨的过程。

迟子建 你的说法非常对。所以我不再奢望。我马上要写的这个长篇，打算用一两年的时间好好写，看看写完后是否精彩，如果还不能令自己满意，那我就先放一阵子，等我到了四五十岁再做这个尝试。我打算再多写一些中短篇，因为它比较锻炼人的，写得比较动情。

阿成　一个短篇小说中能有真实的一点让人比较欣赏，就不错了。我看的稿子比你多，做编辑又同时写作。考察一个作家是否优秀，不在于他的作品的整体营造，而在于细节、语言。

张英　比如发在《作家》上的短篇小说《亲亲土豆》，最后妻子用土豆埋葬丈夫，这个结尾非常妙。有时候，小说实际上是作者另一个精神上的自我，它是作者对现实生活中某种缺陷的一种弥补。

阿成　这篇小说令人感动。迟子建的小说好在什么地方呢？用一句俗话讲，异彩纷呈。自然、随意，情绪流动自如，文字朴素简洁的背后有一种张力，不像别的女作家，非要把自己推向一个极致，但实际上她们本质上并不是那样极致的人。

迟子建　这个短篇发表后反响不错。方方特别喜欢结尾，女主人公要离开时，一个土豆滚了下来，砸中了她的脚跟，她以深情的口气说："你还跟着我呀？"蒋子丹看了后落泪了。

有一次我去医院看病，在大厅内看见一个乡下男人面色灰黄躺在担架上，他旁边坐着一个乡下姑娘，他们的衣服很土气，但他们的双手一直紧握在一起，他们旁若无人地深情对视着，那幅感人至深的画面令我震动。我后来想象这男人患了绝症，但有一种超越生死的爱情会永远生长着，后来就写了《亲亲土豆》这篇小说。

我信奉一个原则，我不能跟生活不融洽，生活活生生的，不管是肮脏或怎么世俗气，但它就摆在你面前。当我进行精神思考的时候，从西方文学借鉴来的那些思想同我的生活相比，它俩格格不入时，我会毫不犹豫舍弃它。因为我没有必要为一种精神活着，用那种精神去图解我的生活和我的作品，那我还是按直觉去反映我眼里的生活，它是什么样子就是什么样子，其他最精彩的思想、精神和真理在我的小说里是没有用的。

阿成　迟子建在创作中追求一种宁静自然的状态，作家一定从自我感觉出发，没有什么变动，所谓个人艺术风格，就是这么一点点出来的。

张英　宁静与缓慢正无可奈何地离我们越来越远，田园牧歌式的时代生活已经一去不返，但是人还得好好地活着，那么是什么在支撑着呢？恐怕是亲情、友情、爱情以及生命旅程里一些温暖美好的东西，而你的小说所留住的就是这些温馨的画面。

迟子建　在这里我要接一句，我同意你对我作品的阐释，但一些评论家又要站出来了，认为迟子建的小说过于温暖，总在表现善，而对恶还揭示得不够。我觉得人们犯了一个大错，所谓信奉人性的恶，恰恰是理性思考的结果；而善是一种生活的状态，我的小说就是展示这么一种状态，它不是思考的结果。有时候结果可能是恶的，但我在展现的过程当中可能会是一种善性。

张英　人性的善恶常常是复杂扭曲、交缠在一起的，体现在行为上就是对错难分。但以往的小说老是有意无意回避对这一主题的呈现。在很多小说里，我们看到一个恶人死了，所有的人都因为他的恶恨他。但在现实生活中，大部分人都恨他，而这个恶人的亲人却会永远怀念他。

迟子建　其实中国人的本性不像西方人的性格，对恶的理解上也存在一些偏差，像阿成小说里的一些人物，给人以一种喜剧色彩，看了令人心酸。中国的老百姓大多数都是处在这么一种尴尬状态中：既不是大恶也不是大善，他们都是有缺点的好人，生活得有喜有忧，他没有权也没有势，彻底没有资本，他不可能做一个完全的善人或恶人，只能用小聪明、小心眼、小把戏，以不正当的手段去为自己谋取利益，在这一过程中他会左右为难、倍受良心折磨，处在非常尴尬的状态中。

阿成　对，迟子建是站在一种超然的高处，以一种怜悯的心态俯视人间，因此她的心情会保持长久的宁静，去写小说。当然，也有那种对现实参与感很强、把自己揉进去的作家，以自己的心灵临摹笔下人物的心态，这两种作家都能写出好小说，但永远不在一个层次上。

张英　我想正因为迟子建看穿了生活、世界的本质、表象之后，对世俗生活中的温暖情感产生一种依恋和怀念，而写作就成为一种挽留的行为。这种温情也就是人类生活中的亮色。

迟子建　我觉得整个人类情感普遍还是倾向于温情的。温情是人骨子里的一种情感，我之所以喜欢卓别林和甘地，就是因为他们身上都洋溢着温情。卓别林的作品中的主人公处境坎坷，但他们对生活充满了乐观积极的精神；甘地以他强大的人格力量赢得了人类历史中最圣洁的心灵的和平。这种善征服了恶、战胜了恶而永垂青史。我信奉温情的力量同时也就是批判的力量，法律永远战胜不了一个人内心道德的约束力，所以我特别喜欢让恶人有一天能良心发现、自思悔改，因为世界上没有彻头彻尾的恶人，他身上总会存留一些善良的东西。像《泰坦尼克号》，它只是一个好莱坞的故事，演得那么精彩，之所以感人、能够让人的心灵受到震撼，尤其是男女主人公在冰冷的海水中渐渐要冻死，男主人公把求生的机会让给了女主人公的场面，许多人明知道是戏，可还是会为此伤心落泪。它的高明之处就在于，人类渴望一种很朴素很真情的东西。

阿成 我觉得一种人凭境界写，一种人追着事写。也许这种说法有失偏颇，如今的一些新作家看起来都像是二十世纪九十年代的写作，但作品好坏还是靠读者评价，喜欢你实际上是靠你的情趣、境界，在这种交流中你们可以成为朋友。像我看一些国外的短篇小说，比如《羊脂球》这类小说，我很感动，它传达的是一种感性的温情。如果反过来，作者给读者调动一种理性思维，也可以，但这种独断的小说是否能给人自由流畅的艺术享受，能够令人有震撼感，是否有感染力？

迟子建 这种作家不会成大器，因为这种小说只是对生活的一种图解，像一些童话。川端康成的一些短篇真是大师手笔，《雪国》里有一个细节，一个形容枯槁的人躺在一堆灰蒙蒙的纸箱中，令我过目不忘。读者在读小说时可能注意到的就是一个细节，很会心，是生活当中又非生活当中的，这两种状态在小说中绝对是真实的。

张英 作为一个年轻的老作家，已经写了10多年，作品也不少，你写作的自信心是不是随着时间流逝在不断前进中越来越强了？

迟子建 我觉得最大的困境是我这么年轻却写了这么多年，知识储备还不是很够，尽管我也常常看书，但底子不够，生活储备也不是很足。我对自己一点也不乐观，一个作家状态好也就是两三年、四五年，往后就有些气数已尽的感觉。不是说作家根本不发生变化，他的许多储备用完了，很多东西写得比较乱了以后，这种局面就出现了。目前我心境是平和的，但我一点也不乐观。

阿成 最好的状态就是你知道自己的困境与缺陷，时时在写作中有警觉。

迟子建 我是什么时候知道人不应该狂妄，还是我在大兴安岭师专毕业留校教书时。原定我教写作课，但那时有一名中文系老师非要和我争这门课。我想教其他课也可以，后来我教中国现代文学史。那一年里我就把现代文学史上的一些大家，鲁迅、郁达夫等人的作品全部看完，又把一些作家的仅有的几个短篇看完后，觉得他们真的写得很精彩。那种知识修养所透露出来的才华让我觉得自己苍白无力，很多作品达不到那种水准，在鲁迅这种大作家的面前，一点也乐观不起来。几十年过去了，文学发展到今天，真是没有什么突飞猛进，所以我们应该有所敬畏。

张英 这恐怕也不是中国文学所独有的现象，拿二十世纪的文学作品同十九世纪比较，显然文学的质量不在同一个水平线上。世界文学近些年都不景气，十九世纪出了那么多的文学大师，至今令我们高山仰止，但二十世纪，能称上文学大师的作家还真不多。

迟子建 你可以非常敬畏，但不能因此就停了，因为生活有很多翻版，旧瓶装新酒，为什么还是有人喝呢？因为这种新意还是你传达正在生活状态中人的辛酸，这就够了。我可没有想过做大师，这种东西很辛酸很无聊。可能因为我是一个女作家，我感觉写到什么份儿、思考到什么地步到达极致，让自己竭尽全力，就够了。反正我有自知之明，有什么不足之处我要设法弥补，提醒自己做得更好。如果到最后还是补充不了，那就只能认命了。所以对我来讲，写作是一辈子的工作，要用心去做，我成不了鲁迅，而且我们的思考到了某种境界它就中止了，这令我无可奈何。

阿成 把这些东西想得太多你就有一种没有出路的感觉，会把小说法定化，出现一些问题。

张英 女性写作是近几年文坛普遍关注的现象，你能就此谈谈你的看法吗？

迟子建　二十世纪三十年代张爱玲在上海，又去了海外，萧红在东北，后来流浪到香港，她们俩不搭界，绝对是两种文学的路子。后来她们却成为现代文学史上女性文学的两座丰碑，但当时没有人称她俩是女性主义写作，也没有人考虑她们是女作家。很简单的道理，她们的作品能打动人，这是唯一的。

如果女性主义写作就是指女作家写作，那就没必要讨论了，因为人类就分两种。但现在约定俗成的理解是，女性写作是指作品里含有女性宣言意味，女性主义色彩较浓的作品。但是你在作品中宣泄、发现自我，你还是一个女性，先天一个女人没做明白你就开始不断地反叛，我觉得值得怀疑。有时候表现一种神经兮兮的感觉，我不大喜欢这种文学。

生活中有很多东西是融合的，比如中国的寺庙都是配合的（建筑群整体和谐），故宫的建筑都是相对称的。我认为可以有一些极端和倾斜的东西，但生活的本质是对称，我们没有必要去颠覆、破坏什么。

前段时间去北京领"女性文学奖"，我是一个候选人，组委会让候选人写一篇千字左右宣言似的文章，我写了四五百字，大意是讲世界上就是男人和女人两种，作为女作家她不能以打倒男作家为目的确定自身地位，就像太阳要升起来，月亮必须落下去，或太阳落、月亮升它是一种自然界不可逆转的现象。老想打倒什么重建什么，跳起来大声疾呼，我是女性，要宣扬展览什么，这种东西是游离在生活之外的，未必是生活本身的东西。

阿成　一个及格的女性作家，她的写作应该和男性作家是一致的，但女性作家与男性作家风格不一样也很正常，女性也好男性也好，咱们都是人。

迟子建 其实我谈论文学是个不及格的人。我信奉海明威的一句话："如果我听评论家的话，将来去海边写作的就是评论家而不是我。"这也同样适用于我对评论界的评价作品的态度。

写作是需要闲情雅致的，如果把它一切都谈得非常好就写不好了，像今天坐在这儿同你和阿成谈文学，回到家里我就只能看足球了。没有写作的情绪，谈论如同剥开小说外衣的一层一层，是没有什么意义的。但像这次谈话的前提是交流，进行某种沟通，还是比较愉快的。

张英 最后我想说的是，我个人更愿意把女性写作作为一种艺术风格和艺术个性存在，它在某些特点上与男性作家写作的艺术特点不同，这种写作区别于男性作家，在写作意义上是存在的。但把小说作为某些教条的宣言，作为教化的某种手段，我觉得不是太妥当。

阿成 作品和创作谈随着作家（经历）不断在发生着变化，后人在整理一些大师的言谈、文论时，总有人指责他言行不一，我能理解这种现象。人的一生那么漫长，青年、中年、老年时对同一件事物的认识总在变化，但我们每次说话时都是真诚的。

迟子建 文学这东西像诗一样，是无法言说的。对我来说，写一篇创作谈要比写一篇小说难得多。但有趣的是我们却总在谈论它。

王刚

■

文学写作是件很奢侈的事情

那几天，作家王刚在广东阳江的一个海岛上，写他的新长篇小说。

根据他的长篇小说《英格力士》改编的同名电影，由陈冲担任导演，王刚和陈冲担任联合编剧，当时正在后期制作当中，预计将于2019年在国内上映。

《英格力士》描述了"文革"时期天山脚下的乌鲁木齐，一群学校里的少男少女遇上了一位像英国绅士般的英语教师，他的仁慈、优雅、爱心感染了那个叫刘爱的男学生，使得他对英格力士（English）情有独钟，他梦寐以求拥有一本英语词典，渴望自己能够像老师一样说一口纯正的英语。老师和学生共同经历了一段动人曲折、令人心酸的人生。特殊年代的绝望爱情、人性的善良与背叛、青春的残酷和美丽，在一个孩子的视角里一一被呈现。

《英格力士》先是发表在《当代》2004年第4期上，后由人民文学出版社出版单行本。这篇小说一发表就引起了读者的好评和评论家的注意，在由《当代》杂志、新浪网联合举办的"2004年长篇小说年度奖"网络评选过程中，《英格力士》以2102票领先于《狼图腾》（687票）、《中国式离婚》（647票）、《石榴树上结樱桃》（338票）。在由白烨、陈晓明、李敬泽、张颐武、孟繁华、雷达、阎晶明担任评委的"2004年长篇小说年度奖"现场评选中，《英格力士》再次胜出，排在《狼图腾》《水乳大地》《国家干部》前。

到目前为止，《英格力士》已经赢得了太多的关注和赞美。更早一些时候，王刚的名字是和冯小刚联系在一起的。比如，根据王刚的长篇小说《月亮背面》拍成的电视剧，还有电影《甲方乙方》《天下无贼》，王刚都是联合编剧（均由冯小刚执导）。

王刚出生在新疆，是原《绿洲》文学杂志编辑，文学圈里最早的"北漂"作家。因为喜欢文学，王刚在二十世纪八十年代到了北京。他在西北大学完成本科教育，又读了北师大和鲁迅文学院合办的研究生班，在八十年代末以《博格达童话》《红手》《秋天的男人》成为引人注目的青年作家。

王刚漂泊于商海打拼十几年，从撰稿、拉赞助，做制片人到转入房地产、做金融，遍尝商海沉浮，是"中国作家里最早买别墅开宝马的人"。在改变自己的生存状态以后，王刚以《英格力士》重返文坛，前几年成为中国传媒大学文学院的教授。

电影拍了 13 年

王刚在电影《英格力士》里演了个作家。

《英格力士》在新疆塔城开拍以后，陈冲邀请过王刚去塔城。"她希望我在电影里客串一下，扮演一个功成名就的作家，进入电影的生活场景里，作为电影里的一个角色，跟踪电影的主人公，旁观一些事件发生。"

到剧组的第二天，化妆师给王刚化了很长时间的妆。换好服装后，王刚走到了摄影机旁边，陈冲一看到他，就高声地开心笑起来。王刚有点尴尬，问她："我这个作家形象，是不是看上去很滑稽？"陈冲回答说，那倒是没有。

随后，王刚和袁泉拍了一段戏。袁泉扮演的女主人公从家里出发，经过一片坟地，走路去学校见校长。作为作家的王刚，就在一旁尾随着她。

2004年，根据王刚个人青春经历写成的长篇小说《英格力士》在《当代》杂志发表以后，人民文学出版社出版了图书，小说获得了当年的"长篇小说年度奖"的"读者奖"和"专家奖"，我当时在北京采访了王刚，并把《英格力士》介绍给了台湾大块文化的编辑，出了繁体字版。后来，这本书获得了2006年《中国时报》"开卷好书奖"。

《英格力士》发表以后，导演陆川看过小说，非常激动。"我是在乌鲁木齐长大的，《英格力士》里写的男孩成长的生活，时代背景和生活，和我的成长是同步的。"陆川被小说激活了很多人生记忆，很快找到王刚，买下了小说的电影改编权。

陆川对王刚说："我是在一种很亢奋的状态下看完的，也许中国的导演，只有四五个人配拍这部电影，但我比他们都年轻，我相信能拍得更好，我将用我的生命去拍摄完成它，我希望这是一部可以体现类似《日瓦戈医生》和《美国往事》风貌的影片。"

差不多在七年的时间里，陆川一直在写《英格力士》的电影剧本。在《可可西里》之后，陆川找过许多公司打算拍《英格力士》，但当时文艺片的市场不好，投资商质疑，一个讲述二十世纪六七十年代中国边疆少年的青春岁月的电影，能否收回成本？

陆川在不同的场合，反复提及《英格力士》，甚至还专门开过新闻发布会，到新疆勘查拍摄外景。在他心里，早已经搭好了电影的班底，男主人公英语老师的扮演者是黎明，陈道明演父亲一角，黄秋生则扮演另外一个角色。

陆川只好去拍商业片，证明自己。在《南京！南京！》《王的盛宴》《九层妖塔》之后，陆川加入了"亿元导演俱乐部"，成为票房过亿的商业导演里的一员。几年时间里，陆川一直没有放下《英格力士》，剧本改了几次。

但等到这几年文艺片票房好转，《英格力士》的电影改编版权早已经过期。2016 年，北京电影学院文学系主任黄丹找到了嘉映影业和天恩娱乐，联合开了新闻发布会，从王刚手里买下了《英格力士》的电影改编版权，邀请谢飞出任顾问，自己当导演和编剧。

但最后电影《英格力士》开拍，却是陈冲接手出任导演，嘉映影业和耳东影业投资，王刚和陈冲联合编剧。

这是陈冲 17 年后，再次当导演。《英格力士》是她继《天浴》《纽约的秋天》后执导的第三部电影。

王刚对陈冲拍《英格力士》很支持。"有一天，朴若木对我说，陈冲正在读《英格力士》这本小说，陈冲很喜欢这部小说，她愿意在相当长的时间里，不做其他事情，集中精力拍这部电影。"

王刚第一次见陈冲的时候，是冬天，在北京陈冲住的宾馆里。

王刚对陈冲的印象，是她演的《末代皇帝》里的婉容。"陈冲是一个有品位的女人。她对艺术的见解，让我吃惊。贝托鲁奇真是一位伟大的导演，把陈冲拍得那么美。其他的导演，和贝托鲁奇比较，我总觉得缺少对女人的认识和感觉。

"我们有过若干次的交谈，女性往往有非常固定的视角，但陈冲的视角，非常宽泛，更加丰富复杂。作为导演，我对陈冲是认可的。她对《英格力士》这个题材的处理，不仅仅是一般性地展示苦难。在对于苦难的呈现里，灌注了大量新鲜的空气，在苦难的灰色空气里，有丝丝缕缕的阳光。"

陈冲和朴若木，都要求王刚参与到剧本创作里来。"这一点，和前面的两个导演不大一样。作为《英格力士》导演，还有编剧之一，从小说到剧本，她非常认真，稿子改了很多遍。她投入的精力、所做的贡献，远远超过我。"

2017年8月,《英格力士》在新疆塔城开机。陈冲给电影搭配的班底是主演王志文、袁泉、霍思燕、王传君,一个阵容很强的团队。

为了体现二十世纪的新疆风貌,陈冲团队花费了一整年时间,在喀什大量搜集、采购维吾尔族老民居配置,门窗、柱子、家具、摆设、地毯,运到塔城,复原了小说中所描写的乌鲁木齐八一中学,还有维吾尔族的一条老街。

10月24日,电影关机,结束外景拍摄,进入后期制作。如果不出现意外,《英格力士》将于2019年上映。

九十年代"北漂"的文学青年

王刚总觉得自己运气不够好。但在其他人眼里,王刚则是不折不扣的幸运儿。

和严歌苓的经历相似,王刚初中毕业,16岁就参军,到了新疆南疆军区下面的文工团,在乐队吹长笛。

在文工团的时候,王刚喜欢上了文学。不上山下乡到基层连队演出的日子,他就待在宿舍看小说。十年"文革"结束,改革开放的春风吹到了文学上。王蒙、刘心武、卢新华、梁晓声等人的名字,王刚都是在文学杂志上看到的。再到后来,他开始读上海译文和人民文学出版社新出的外国小说,契诃夫、托尔斯泰也慢慢进入他的视野。

在文工团工作了四年,王刚写了几个小说,都没能够发表。他跑到了当时新疆名气最大的作家周涛家里,也没有得到认可。

后来借在北京学习的机会,他跑到了《北京文学》,在当时的副主编李陀那里,问到了偶像王蒙的住址,又跑去崇文门拜见了王蒙,让他看了自己的小说手稿。

王蒙当时不在家，王刚等了两个晚上，后来王刚如愿以偿，见到了王蒙。王蒙看了他的小说，对穿着军装的王刚给予了热情鼓励。

1982年，王刚复员转业，回到乌鲁木齐，在乌鲁木齐市建筑加气厂工作。兼任团委干部的他，也得下基层干活，在车间拿电锯切割混凝土。这个体力活不是他想要的工作。后来王刚到了新疆生产建设兵团的《绿洲》文学杂志，当小说编辑。

四年后，王刚跑到北京，进了鲁迅文学院进修班。半年后，学业结束，他去了西北大学作家班读书，和迟子建做了同学。本科毕业后，他又和迟子建到了北京，和余华、莫言、刘震云等人当了同学，进了鲁迅文学院和北京师范大学合办的作家研究生班，拿到了硕士学位。

"在我们班上，我不能说我自己写得好。但当时我的一些作品很富有争议性，比如像《冰凉的阳光》这样的小说，写城市里的年轻人充满着野心，在向上爬的过程中，自己把自己给摧毁了，我写了几篇这样的幻灭故事。"王刚回忆说。

那一时期，王刚写下了《博格达童话》《红手》《秋天的男人》《遥远的阳光》等中短篇小说，在《收获》《当代》《北京文学》《作家》《人民文学》等刊物发表。但和他的同学余华、莫言、刘震云、迟子建、洪峰的耀眼比起来，王刚在小说创作上并没有得到太多的认同。

毕业后，王刚不想回新疆，也砸掉了体制内的"铁饭碗"，在北京当起了"北漂"。

那段日子很苦，很难熬。王刚最早的落脚地是中央音乐学院，新疆的朋友在那里读书，王刚就在学生宿舍里借宿，一住就是很长时间。学校食堂吃饭便宜，住宿不要钱，还能够去教室和图书馆写小说。

"那生活，很多人都以为我是作曲系的，因为我天天跟作曲系的同学出出进进的，有时候一起去听听课，一块儿去听音乐会，一起下馆子吃饭、喝啤酒，一起找女孩跳舞。"

但毕竟寄人篱下，总是蹭吃喝，时间长了，也难免房间里同学有怨言，风言风语。同乡的女朋友来了，王刚就得识趣走开，在灯火辉煌的大街上漫无目的地走。最后，朋友们要和他算算伙食费，王刚不愿意看别人脸色，就想搬到外头租房住，让自己过上有尊严、体面的生活。

有一天，王刚喝酒到半夜，走到音乐学院，朋友的宿舍楼的大门已经关了。"我坐车到了鲁院，翻了大门进去，走到五楼小教室旁的房间，敲敲门里面没人，拿着以前没有交的宿舍钥匙，开门在里头睡了一晚上。一觉醒来，已经是上午10点了，旁边教室正在上课，我一直熬到中午，小教室下课没人，才开门溜出去……"

当"北漂""自由撰稿人"，听起来很浪漫很潇洒，但靠写小说赚稿费的日子，很艰难。二十世纪八十年代后期，正是文学低谷，最冷清的日子。文学杂志稿费低，出书还得求人，发行量小，拿到的就是一次性稿费，基本上没有今天惯常的版税。

"当时的文学杂志稿费低，大概千字10块到20块。我当时拿的最高一笔稿费，是洪峰给我发在《作家》杂志上的《秋天的男人》，三万字左右，稿费1000块钱，把我高兴得。我在《收获》杂志发表《红手》，三万字可能给了400多块钱稿费。"

一个作家想赚钱，只能是发挥文字方面的特长。

最后，王刚找到的办法是，给一些杂志写企业家的报告文学，给一些电视台写一些电视专题片的解说词。"因为我原来写过《新疆农垦》这样的小说，当中国电视剧制作中心准备搞系列专题片《中国农垦》的时候，有朋友推荐了我，每集大概是700块稿费。就这样，我写了一系列的专题片。"

写电视专题片除了稿费，还有一个好处，制片方给王刚包一个小宾馆的房间，管吃住，有地毯，有电话，有洗手间，可以洗澡。有时候还带他去咖啡馆、酒吧、歌厅、夜总会玩玩。

"我记得，当时我在后海宋庆龄故居那儿的一个招待所住了很久，但写剧本这样的活也不是经常有，你赚的稿费只能够让你在北京混下去。靠卖文为生，发不了财，买不了汽车和房子。"

10年商海沉浮成传奇

王刚通过写纪录片解说词，没挣到多少钱，但认识了他生命中非常重要的人——靳树增。

靳树增是王刚以前的老板，原中国亚洲电视艺术中心主任，歌曲《一九九七，我的爱》《相约九八》的词作者。2001年，亚视中心因资不抵债倒闭，靳树增因涉嫌金融诈骗3000万元被捕，2003年被判处无期徒刑。

1990年，靳树增在四川做生意失败了，回到北京，打着新闻采访和宣传报道的名义，靠给各地的企业拍电视专题片赚钱。"一集赞助收企业20万，一个专题片100多集，就是2000多万。"因为生意好，片子制作忙不过来，就开始对外招聘。

一个同学推荐王刚去应聘。在北京石景山玉泉路一个半地下室的招待所里，王刚第一次见到了他后来的老板靳树增。当时，靳树增正在运作大型电视专题片《民魂》，既歌颂老一辈无产阶级革命家，也歌颂企业界新一代儒商们。

靳树增给王刚的职位是总撰稿，还是写解说词。"我和老靳第一次见面，他手下那批人，衣着光鲜，穿金戴银，穿的是金利来西服、意大利皮鞋，抽的都是进口好烟。我在那待了一天，就想，如果让我写解说词，一集得要 800 元稿费。"

那时候，王刚的研究生导师童庆炳教授一个月的工资也就 100 多块钱。靳树增听了王刚的要求，笑了，主动给他稿费加到每集 1000 块的标准。王刚写完解说词后，靳树增很满意，马上给他开了稿费，还带他到附近的芙蓉餐厅吃饭，给予了王刚签单吃饭的权利。

王刚当时有点蒙了，"这人真大方，还守信用。当时我就想，再赚些钱我再走"。

写了一段时间的专题片解说词，王刚觉得自己赚的钱太少，就干起了业务员，全国各地跑，专找企业家、工厂老板、经理。

"我就去了无锡找了家专门生产香烟过滤嘴的企业，拉了个 20 万。第三天，钱一到账，老靳高兴地让我到财务处领了四万块钱。当时，是一笔巨款啊。我拿钱的时候，非常高兴，我从来没挣过这么多钱，后来我就干起了拍专题片拉赞助的业务。"

王刚在靳树增的公司干了一年多，自己当了老板，也搞起了电视专题片。

"经过一年多的时间，我对靳树增的路数也很熟了，我自己能够写剧本，也能够策划概念，也能够拉赞助，找几个人能拍、会剪片的，我自己也能干。"

王刚跑到电影学院，挂靠下面的一个部门，一年交 5000 块钱，成立了电影学院电视纪录片制作部。1996 年，王刚在北京以天安门广场为基点，在周围买了几套房子，还买了汽车，算是安家落户了。

王刚还给靳树增找银行关系获得贷款。

"作为他的亚视公司的副总经理，天天和银行打交道。后来，靳树增已经开始做金融，摊子比较大。八大处的土地（后来的亚视影视城基地），农业土地变成了工业商业用地，地产价值一下子增加近百倍，然后再把地抵押给银行贷款，弄到钱以后再搞地产。靠人际关系，能够空手套白狼，赚到近亿元钱。"

这段经历和故事，被王刚写到了他的长篇小说《月亮背面》里。

"有一天我坐着司机开的小车，路过朝阳门地铁口，我突然想起自己若干年前坐在地铁口的辛酸往事，我觉得一定要写《月亮背面》这部小说。小说在《当代》选发了一部分，人民文学出版社出书。冯小刚看了《月亮背面》很激动，一天晚上带着徐帆上我们家来，想把小说改成电视剧。我跟冯小刚、王朔到了青岛，待了一个多月，写了《月亮背面》的剧本。冯小刚导演，陈道明主演，结果电视剧最后因为调子灰暗，被'枪毙'了。"

除了给靳树增干活，王刚自己也搞地产、炒地皮。

"我为什么后来去海南、广西搞地产呢？北京一个朋友，在无锡太湖里面买了一个岛，转手赚了1000多万。我当时很羡慕他，搞电视专题片，你辛辛苦苦的，也就挣个几十万，人家一出手就赚千万。"

靳树增给王刚介绍了两个朋友，三个人一起去了海南。1993年，海南当时地产热，炒家比买家还多。几个人共同盯着一块地。就在他们要下手的时候，中央政府调整经济政策，海南地产崩溃。他们又跟着一批大炒家，去了广西北海炒土地开发房产。

但王刚的贪心让他错过了地产价位最好的时期。后来，广西的大盘炒家开始出货，当地政府也开始治理地产，银行开始回收资金，想炒地皮的人都没钱了。然后，王刚急了：他手里这块地无人问津了。

在多年后，崇拜巴尔扎克的王刚把这段商海浮沉，写成了长篇小说《福布斯咒语》。小说描绘了当代中国房地产行业中一个白手起家，混迹于肮脏的政商交易，但又不失理想情怀的民族企业家冯石的"原罪"形象。上卷刚推出时，因被企业界和文学界认为影射真实的中国房地产企业家们的生活而引发关注。

这本小说里的许多事情和细节都是真的。"姜青因为拆迁被钉子户老太太咬断了手指，我是从一个'混社会'的朋友那里听来的；冯石为了酱油厂的开发项目上下奔走，为了项目过关到处送钱盖章，小说里周雪冰这样的银行家，我见过，我给靳树增当副总经理的时候，为获得贷款，没少带着银行的人到北京展览馆宾馆玩。"

这部发表在《当代》杂志上以影射地产圈现状的长篇小说，编辑周昌义为它写的导读文字是："看旧社会资本家的艰辛可读《子夜》，看新社会资本家的宿命可读《福布斯咒语》。"

10年商海沉浮，让王刚在北京安家落户，最终，这些经历和传奇，也成全了他的文学梦。

乌鲁木齐的成长记忆

张英　在《英格力士》里，你把故事的背景放在乌鲁木齐，为什么？

王刚　我现在居住在北京，但我是一个新疆乌鲁木齐人。《英格力士》的背景在乌鲁木齐，因为那是我的故乡。一个作家，他所写的小说往往是对于故乡的反复吟唱，因为你对那儿有着最强烈、深挚的情感。你的爸爸妈妈把你生在那儿，你又把自己的父亲埋葬在那儿，你的儿子也出生在那儿，你的童年、少年、青年，青春的全部感动和激情都埋葬在那儿，你不可能不去写它。

张英　你在石河子出生，几岁去的乌鲁木齐？

王刚　的确，我是生在石河子，可是如果别人不提醒我，或者我自己不仔细面对，那我几乎忘记了自己是生在石河子，而只是觉得自己天生就是一个乌鲁木齐人。离开石河子时，我才四岁，那是1964年，对于石河子几乎完全没有记忆。我当时不认为我在乌鲁木齐的亲妈是我妈，而仅仅把在石河子带着我的保姆当作自己的亲妈，在晚上非要去找她，目的没有达到，第二天就离家出走了。

张英　在你眼里，乌鲁木齐是怎样的一个城市？

王刚　那是我四岁时关于两个母亲留下的唯一记忆，也是关于乌鲁木齐而不是石河子的。

我童年时的乌鲁木齐无比美丽，在回忆中，近距离永远是绿色的，绿草、绿树、沼泽、青苔、随处可见的草滩，而远方是蓝色和白色的。只要是说起回忆中的乌鲁木齐，我发现自己只能像是女人一样说话。"女人"这个词让我热泪盈眶，而乌鲁木齐是泪水的源泉。"天空蓝得让我想哭"，这话形容我童年时的乌鲁木齐已经用了无数次了。在我童年时的乌鲁木齐，你在任何一个地方，都能看到天山，博格达峰就在你的眼前，那儿有无边的雪山。

乌鲁木齐是个无比安详的城市，每个周六的晚上，爸爸妈妈都会带我出去吃东西。维吾尔族人、回族人的东西最好吃，在我的感觉中，他们都极其善良，特别是维吾尔族人，他们总是在高兴地笑，我小时候总是不知道，是什么事情让他们那么爱笑。感觉中一切都是五颜六色的，那时中国的所有城市都很原始，到了夜晚都很黑，可是乌鲁木齐的夜色是明亮的，因为维吾尔族人做生意，总是点着灯，灯光让我童年的记忆不黑暗，明亮的灯光让乌鲁木齐的我从小就有安全感。

前些年在北京打拼时，只要是想到乌鲁木齐故乡，就不怕了，那儿是我最安全的大后方。还有维吾尔族人的歌声。你们现在想让我唱吗？我会唱许多维吾尔族的歌，我现在就唱给你们听吧：驴车慢慢向前赶，哎，要翻过那冰达坂……还有一首：红皮子洋葱一层层皮子多，皮子多呀，呀里呀，年轻小伙子朋友多……快快啼叫大公鸡，把我的情人叫起来……这可都是情歌，要知道，我是一个汉族人，如果不是在乌鲁木齐，你不可能在童年时就会唱情歌。

张英　你读的小学、中学，有维吾尔族的同学吗？你和他们能够成为朋友吗？

王刚　在我成长的过程中，我曾经有过许多维吾尔族朋友，中学里记忆最深的是维吾尔族同学何林民，这是他的汉族名字，他本名叫欧布利，他们家好像是农业厅的，我们总是在一起玩。当时九班有两个女孩子，一个叫阿达丽古尔，一个叫莱丽古尔，她们俩是军区的孩子，我跟何林民总是一起去找她们，然后，靠着学校的围墙聊天。

我们家楼上住着阿布都维利阿书记，我们家楼下住着赛义提赛主席，我们楼上一单元有皮肤比雪还白的女孩子，叫帕里姐，她是宣传队跳舞的，我当时练习长笛时，有时会在院子里，她总是看着我，让我渐渐变得有毅力了。

何林民后来提前当兵了，听说在部队牺牲了，好像是死在去帕米尔的路上。阿达丽古尔和莱丽古尔后来分别去了喀什和莎车，她们走之前，我跟她们和另外的同学一起，去西公园玩了一次。那天何林民从他爸爸口袋里悄悄拿了钱，我们一起去了二道桥，在歌舞话剧院旁边吃了羊肠子。后来，我在北京跟内地的女孩子说起羊肠子好吃时，她们都皱眉头，使我像野人一样委屈，这总是让我想起来可爱的阿达丽古尔和莱丽古尔。

张英　周围的邻居和朋友里有汉族和维吾尔族通婚的吗？
王刚　在我小时候，维汉通婚的很多，但是这些年少了。特别要说的是，跟我关系直到现在都很好的维吾尔族女性叫热娜，我们在20岁时就认识了，她是我多年的朋友，她在舞蹈家协会当主席，她是喀什噶尔人，她是崔兵的妻子，崔兵是我的好朋友，他是一个汉族人。崔兵现在在新疆师范大学音乐学院任副院长。他们是在大学里认识的，那时热娜是学声乐的，记忆中她是学美声的，唱的都是歌剧呀、艺术歌曲呀之类的，是我有力地促成了他们的婚姻。现在他们有两个漂亮的儿子，其中一个在北京上学。

"文革"中成长的《英格力士》

张英 请你详细谈谈《英格力士》这部长篇小说的创作经过。

王刚 两年前的冬天，我回到了乌鲁木齐，我总是漫无目的地走在那个城市中，在陌生中发现童年里熟悉的东西。还是那样下个不停的白雪，还是那样明媚的天山，还是那座山字楼，还是那些老榆树。还是有一个背着长笛的少年，在春天融化的雪水中充满忧伤地去上课，他吹的莫扎特总是那么缺少理性、中庸，缺少平和、典雅，老师总爱说他，你不能把声音吹得小一点？为什么你的气息老是不通？

春节过后，又快到春天了，屋檐下结着许多粗粗的冰柱，假期的校园安静，空气中有种从记忆深处传出的声音，就像我在耳鸣。

我总想碰见一两个老师，可是老师们都那么年轻，他们都像是我的学生。当年的那些大人都到哪去了？我果然比老师的岁数都大了？周晏、黄旭升、刘长江、王兵、牛建十、谢达……我的同学们，你们不会像我一样多愁善感吧？你们能看到我写的这部小说吗？我想提醒你们一下，你们跟我一样，也比现在的老师岁数都大了。真的没有了，当年那些老师在校园里一个都没有了。我不知道我的这种说话方式能不能说清我在动笔之前的心情和思绪，但是我知道，我一定要动笔了。

张英 在一个价值观崩溃、信仰被摧残的年代里，英语老师这个形象感动了很多人。

王刚 大人的世界孩子们都是不清楚的。我总是仔细回忆英语老师的模样，我真的不知道他在大人之间的日常生活矛盾计较的是些什么，我没有看见过。当我跟他在一起的时候，他就是那样，得体、温和，与我非常平等。

张英 它是一部自传体小说吗？

王刚 当然不是。我天生具备那种能力，就是把发生在许多人身上的事情，加在自己身上，就好像我的亲身经历一样。只是在这部小说中，哪些是自己经历的，哪些是别人的，哪些是我编的，所有这些都被我搞混了，我分不清它们谁是谁。

有的记者采访我时，我累了，就说算是半自传吧。但是，细细想想，也不太对。什么叫半自传？科幻小说算不算半自传？卡夫卡的《变形记》算不算半自传？鲁迅的《阿Q正传》算不算半自传？总之我一个人亲身经历不了那么多事情。

我是第二次写"文革"小说了，1987年我曾经写过一篇叫《博格达童话》的小说，那是一个中篇，发表在《北京文学》杂志上，是写一个孩子亲手杀了他养的一对鸽子的故事。张颐武博士曾写过一篇评论，他当时在读研究生。评论家李陀老师曾深深地喜欢过这小说，他说：这是写"文革"最好的小说。但可惜你写得太早了，你太年轻，如果你再过20年写就好了。17年过去了，我写了《英格力士》，可惜不知道李陀老师在什么地方，我让责编赵萍找他，给他寄书，我真是想让他看看。说到风格，我不知道我为什么会给你造成一种"风格"的印象。我没有太想这方面的事情，只是想把内心的感受以比较舒服的方式述说出来。

张英　主人公刘爱和你有什么关系？刘爱的成长也是一代人的成长。

王刚　刘爱身上有我的许多东西。当然，现在我发现许多人都说刘爱跟他们相像，有男人，也有女人。这跟《月亮背面》时完全不同，人们不怕自己跟刘爱一样，却怕自己跟牟尼和李苗一样。你说是不是这件事决定了我的文学命运呢？

张英　在那样一个野蛮、愚昧的年代，在刘爱的眼里，英语成为幸福、文明、光明、爱的象征，那个世界真的是那么美好吗？

王刚　孩子的英语角 English corner，或者说他的英语教堂 church 很美好。他与一个大人交往，他的思想受到鼓励，他的兴奋有处回应，他的焦虑有地方存放。

张英　在小说里，你设置了很多语词，它们在小说描述的那段历史里闪亮，这样做是基于什么想法？

王刚　网上有个女孩子说王刚的英语也许并不好。她说对了，是不太好。但是好在写英格力士让我重新温习了这样一些语词：仁慈的，merciful；友好的，kind；灵魂，soul；心灵，spirit；罪，crime；犯罪，guilt；爱和恨；自慰，masturbation；死亡；上帝；鬼；月亮河；香水，perfume……它们有时是英文的，有时是中文的。这些词不够考过托福，但是对于这部小说而言，它们已经足够了。因为它们已经强烈地暗示了意义。

张英 《英格力士》从更宽广的角度反思历史和人生，你对我们这个民族经历的那段历史有什么样的认识和理解？

王刚 我愿意有意识地把一个大人和一个孩子的对话放在一个重大的历史事件的背景之下。否则我为什么要写这样一部东西？它还会有意义吗？但是，它不同于我的导师从维熙那一代人所写的小说——对了，我上研究生时，有两个导师，学者导师是童庆炳，作家导师是从维熙。我所探求的东西与导师们完全不同。

在构思《英格力士》的过程中，我的内心曾有一度充满了残酷。我的童年充满暴力，我看见了很多大人在打，他们动粗的方式有时能发挥到极致。滚动着热气的沥青可以朝人的脸浇过去；那人已经躺地求饶了，可是还有人用大头棒朝他的肚子猛击……

后来，不让打人了，我们就开始折磨动物。我记得好像是导演梅耶霍尔德说，如果在剧院里的排练场找不着他，那就去看看周围有没有人在吵架，他说他喜欢看吵架，他说那能更多地看清人的性格和本质。梅耶霍尔德最后被人打死，而他的妻子也被人捅了40多刀。我有时常常想起这个大导演，他在有着悠久艺术传统的苏联人之中的悲剧是不是与他喜欢看吵架有着内在的联系？

所以，我很宽容自己为什么快要动笔写《英格力士》的时候，我的内心却充满了软弱和卑微的东西。我才理解了为什么我那么热爱我的英语老师以及他的灵格风英语。所有那些残忍我都不愿意过分地提及，一方面是由于它们被满是伤痕记忆的人写得太多了，受难者的脸和施暴者的脸由于早先的文学过于纵情的描写，而显得无限清楚，似乎中国的悲剧全都是由于好人太好了，坏人太坏了……这种描写让我内心反感。另一方面我感到莫扎特与我共同的忧郁包容不了属于那个时代的轰轰烈烈的往事。

张英　评论家说这是一部有"信念"的小说，你怎么理解他们的说法？

　　王刚　这是李敬泽先生说的，他过去在你们《南方周末》上发表的评论文字我几乎篇篇都看。我喜欢他说话的语言，那种语言我认为是有意味的语言。可惜现在那个评论栏目没有了。我认为李敬泽这样的人与我一样，是不会轻易用"信念"这样的词的。关于信念，我喜欢李敬泽先生对《英格力士》所说的下面的话：所有的人都是卑微的、软弱的，在他们中间有一个软弱的圣徒，他是男孩的老师，是备受凌辱的"正面人物"，他勇敢地用灾难、欲望、背叛、死亡、冤屈、痛苦，用冰和火去考验"信念"，而"信念"微弱、坚定地存活。

　　张英　怎么理解小说里的"气质"和"精神"？

　　王刚　这次评奖会上，白烨、陈晓明、李敬泽、张颐武、孟繁华等人都从不同的角度谈到了这部小说的气质和精神，而我自己反而有些模糊，但是我说过，在我内心深处还藏着一些法则，它是我良知的最后界线。一般说来，我这人有很多问题，但是，请不要突破我所说的最后界线，因为那儿永远有着匍匐在地的最顽强的抵抗者。

　　张英　《英格力士》被陆川看中了，他为什么喜欢这部小说？

　　王刚　其实陆川做客新浪网时说得就很清楚了："我碰到小说《英格力士》，那个小说真的没有办法，它实在跟我经历太像了，那个作者生在新疆，我也生在新疆，他写那个小镇，我也在那个小镇上，但是我们两个有互补的地方。我读他的小说的时候实在没有办法忘怀，王刚的《英格力士》给我打击太大了，所以我很想把它搬上银幕。我看这个小说的时候我一直在激动，我觉得他把我的记忆大门给打开了，我觉得刘爱身上有一点跟我挺像的东西。我一边看这本小说的时候，我在新疆生活的点点滴滴全部涌现出来，让我激动不已，我觉得我不能放弃这么一次机会去讲述一个我们成长的故事，我觉得每个导演都可能会拍这么一个故事，对我来说这是一次机会，所以我一定想拍。"

张英 你会写剧本吗？

王刚 我渴望专心致志地写小说，我渴望这种境界已经很久了。我已经推荐了电影学院的副教授黄丹先生来改编这个剧本，他有过跟我相同的经历。他曾经写过《我的1919》《西洋镜》《台湾往事》，我觉得他是一个合适的编剧人选。

张英 在这部小说里，你开始变得宽容，是不是你内心的伤痕被抚平，成功以后带来的变化？

王刚 我真的成功吗？如果说不为一笔小钱去奔波，对自己未来的物质生活没有特别的担忧就算成功的话，那我就算成功吧。宽容？是的，人们在读了《英格力士》之后，都这样对我说。我的朋友编剧龚应恬坐在我家的小院里，一边踢着我好不容易才剪好的草皮，一边说，你是有点高血压之后才变得懂得悲悯了，你真是可以沉下来写小说了。在他说这话时，这个故事已经构思了很久了，它们在我内心已经孕育多年。我在获奖致辞时说：在今天这样的商业社会中，我无法发现它的任何商业因素。它仅仅是一部写给自己的书。一个人想写一部属于自己的书，是件很奢侈的事情，一定要在物质上和精神上都有一定的准备才行。好在这两方面的准备我都有。

描述镀金时代的《月亮背面》

张英　《月亮背面》是一部杰出的小说，但是它没有受到它应得的重视和肯定，你对它的遭遇有什么看法？委屈吗？

王刚　当时很少有人会说自己喜欢这部小说，特别是女性读者。他们显然不喜欢这一对男女主人公。他们对我所做的最大的鼓励就是说：我有一个朋友，那个女孩儿跟你这里边的李苗挺像的。至于对于里边的男主角牟尼，人们就更是觉得那是一个可怕而可恶的人。

记得当时，只有刘心武先生一人看后，特意约我到了他们家。他由衷地赞赏这部小说，让我意外得喘不过气儿来，当时我的眼泪就流了出来。记得刘心武还说，现在还有一个人，也像你一样被埋没了，没有引起人们应有的注意，他叫王小波。看了小说主动想见的年轻人，我好像只有你们两个。心武老师还说，什么时候把他约来你们也见见面。可惜，那之后没过多久王小波就死了。再有一个关注《月亮背面》的人就是女批评家赵为民，她写了评论发在《北京晚报》上。

你说得对，我当时是有些委屈，内心独白是这样的：你们不是要求作家直面生活吗？从现实繁杂的生活中发掘那些有诗意的东西，这些我都做到了呀，为什么你们不关注？

张英　即使在今天来看，《月亮背面》也有着很强的现实性，在金融犯罪的背后，它对人性的挖掘非常深刻，它呈现的事实看了令人触目惊心。这个小说是怎么来的？

王刚　1996年，我所在的公司成功地与一家银行联合发行了债券，记得是3000万，老板说我们可以好好休息一段时间了。我当时也渐渐从在北海做土地投机失败的情绪中彻底解脱了出来。

有一天，我坐车经过了朝阳门，竟突然想起了1991年秋天的一个阳光灿烂的上午，我就坐在那个马路边上等待着老板派来的车，上边坐着老板的女朋友丽罗，我们要一起第一次走向银行。

时光一下子就过去五年，脑海中出现的情景竟让我心酸不已。我无法向你解释我的心酸，当时约翰·列侬的 Let It Be（《顺其自然》）在耳边响起，又让我看到了自己在 20 多岁时，冒着乌鲁木齐漫天的大雪在深夜里去孟非家听他刚从阿联酋带回来的那盘约翰·列侬，我的脚踩着厚厚的雪，我的内心全是他们的歌声。离开了朝阳门，我决定要写一部小说，就从我要被迫走向银行开始。今天放眼望去全是都市小说，公司、阴谋、商战铺天盖地，可是他们写的那些东西我特别陌生。我觉得他们除了不熟悉生活之外，还很笨，没有像《月亮背面》那样有一个很刁的角度。

张英 小说里的主人公牟尼、李苗有原型吗？

王刚 当然有原型。男主人公的原型是王刚、树增、龚晓、忠少、韩冲、宗玉、阳真，女主人公的原型有丽罗、张琼、周岩……他们都是我们那个公司的人。那些女孩子，她们来自全国各地，她们都渴望在北京留下来。今天的青年知识分子也许会对富人说，你的钱与我无关，可那时真是一个有梦的年代……我有时想，普希金说"而那过去了的，就会变成亲切的怀恋"，他怀恋的是复杂的东西，还是单纯的东西？时过境迁，我常常想起那些女孩儿，不知道她们都在哪里，她们有钱了吗？她们是不是在有了钱之后真的回到了她们在大学里喜欢过的专业里？我想起她们，有时就像是想起了我在中学的女同学们。我不知道她们有没有看到《月亮背面》，如果看到了，她们也会跟我一样地认为那是一段充满诗意的回忆吗？

张英 真实描述我们存在的生活与时代，这是你的文学观和文学追求吗？

王刚 这是我过去的观点，可是现在我说不清了。什么叫真实？我对这件事已经远没有当年那么自信了。

张英 有人评价这部小说处在道德的中间状态，在这部小说里，只有呈现，没有道德判断，采取这样的视角是什么想法？

王刚 我想你已经听到了我对于往昔的情感，而且看过《月亮背面》，我真的无法判断她们是好女孩儿还是坏女孩儿，更无法判断我们是好男人还是坏男人。道德判断？是谁有权利做这种判断？是我王刚吗？我没有这样的胆量，也许是因为我陷得太深，也许我的确不如有的作家那么干净，也许在我的内心深处还留有某种准则或者说是底线，但我在写作时，也不好意思那么明确地说。而且，我发现自己的观点有时竟是那么的自相矛盾。

张英 应该怎样理解你在写作上说的"人道主义"？

王刚 人道主义？让我想想，这是一个需要概括的问题：对那些卑微、可怜、有罪的人充满理解和同情，并在内心感到自己是跟他们差不多的人。

当然，到了《英格力士》时，我的想法又有所改变，除了上边的那句话外，还应该加上：人们应该相信有神灵的存在，当人们都能发现自己也有罪过的时候，圣徒就在他们之中产生了。

张英 《月亮背面》的电视剧本是你写的吗？它拍成电视剧是怎样的一个过程？

王刚 我参与了《月亮背面》的改编，是编剧之一。作曲家陈翔宇先生把小说设法交给了冯小刚，冯小刚三天之后来找我，他告诉我他喜欢这部作品，并说，这部小说的有些场景都不需要写剧本，拿着就能拍。若干年后，他对我说，那话实际上是王朔说的。当投资确定之后，我跟王朔、冯小刚一起到了青岛。我们住在海边改《月亮背面》。

张英　电视剧为什么没有播出？

王刚　当时盛传这部戏广电部门没有通过。其实，就我所知，任何部门都没有下过文说《月亮背面》有问题不让播。

张英　没有播出对你来说有压力吗？

王刚　没有压力，只是我觉得渴望人们通过电视剧来注意或者认识小说的幻想破灭了。王朔说《月亮背面》怎么也能卖个 10 万册，可实际上只卖了两万册。它就那样过去了。

张英　电视剧、电影剧本毁了很多作家，唯独你受影响不大，你是怎么保持创作状态和自我的？

王刚　影视剧本是在某一个时间段内编造，是几个人侃，临时的东西特别多；而小说不同，它往往是长时间孕育的，我说的是那些好小说。而且，说起来很多人可能会笑话我，但我还是想说：你知道吗，我是真的热爱文学。

张英　你怎么看待编剧在电视剧、电影中所起到的作用？网上有新闻说，你对冯小刚很不满？

王刚　说到冯小刚我还想再说几句。他是我人生中很重要的人之一，我们之间的三次合作很好，冯小刚包括他的几任助手都对我很好，我们有多年的交往。现在网上盛传的"不满"及"争风头"的话，显然不是我的语言习惯。

其实我本来强调的是作为一个编剧的内心感觉不自由，很不好，有时感觉到很累，脑子都是木的，而写小说完全不同，没有功利，真的可以对自己负责。我还说了希望由新浪网设一个年度最佳编剧奖，让广大影迷评评《天下无贼》《十面埋伏》还有《功夫》哪个剧本最好，而且在评选的过程中，剧作者也被大众认识。可是，那些报纸对这些话没有兴趣，他们总是把你制造得更娱乐化一些。我相信在我跟小刚之间过去没有、以后也不会有任何芥蒂，每次与小刚见面聊天都是从夜晚到天明，无话不谈，我们之间几乎没有秘密，从不设防。请大家想想，我为什么要失去这样的友谊，失去这样的快乐？在我和他各自的成长史上，我们失去的东西还少吗？

新疆和文学

张英　你出生在怎样的一个家庭？

王刚　我的父亲是跟着王震打进新疆的士兵，然后又被送到上海上大学。母亲在今天早上对我抱怨说，现在机关里的那些人可以吃工作餐，穿定做的价值300元的皮鞋，还发毛布的工作服，而她自己这一生真是什么都没有赶上。现在我想怎么才能把她跟另一个也叫谭应庄的女人联系起来：她曾以第三名的成绩考入湘潭女中，她的数学一直很好；她唱歌音很准并喜欢唱歌，她知道许多解放前的电影明星；她是湖南湘潭一个地主的女儿，解放前夕我姥爷对他的儿女们说，跑吧，你们跑得越远越好。母亲跑到了长沙，那时王震正好在湖南接女兵，于是她也参加了王震的队伍。

王震接母亲这样的女兵，为的是给像父亲这样的人找妻子，让他们在新疆繁衍。我就这样被生在新疆。父亲后来既有高级知识分子的职称，又是厅局级的干部，可是我发现他心底深处还是跟那些与他一起走进新疆并共同开荒的工农感情更深。父母在我一生中做的让我最难忘的一件事是在我 13 岁时，他们为我买了一支长笛，当时要花 140 元钱。那是一个大数字。我用它吹了巴赫、德彪西、莫扎特的一些曲子，这使我在少年时候就变得敏感而忧愁起来。前段时间回乌鲁木齐，我去燕儿窝看望父亲的骨灰盒，我烧了纸，在那些古榆树的怀抱中，我突然想：就是这个死去的人把我生在了新疆，并给了我总体不错的家庭环境，我不是一个在童年中就饱受压抑的农民的后代。可是，为什么在我除了《英格力士》之外的过去所有作品中我都是那么卑微、偏激、仇恨、小人物心理呢？我是在有意识地扮演某种角色吗，还是有什么东西深深地刺激了我？

张英 作为一个成长在新疆城市乌鲁木齐里的汉族小孩，新疆这块土地对你的人生和创作产生了什么影响？

王刚 我不想生在新疆，我希望自己能生在北京。童年时，我们那儿来了一批北京调干，他们的小孩儿充满着大城市气息或者说是首都气息，我跟着他们学北京话，被人耻笑。天山那边是什么？口里是什么？遥远有多远？一万里的距离是多大？老家，故乡，籍贯，所有这些东西都意味着什么？以后有一种时髦，人们愿意说自己是移民，就像是美国人那样。我周围生活着许多长相跟我们完全不同的人，他们的禁忌、穿着、语言、骂人打架以及男女调情的方式都与我们不同。

父亲有一次对我和哥哥说，如果有一天他死了，就把骨灰送回他老家去。他的话让我恐惧，我们在这片土地上最后的依靠是什么？把他送回老家去了，那我们还待在这儿吗？那时父亲年富力强，似乎是刚从开罗和巴黎回来。可是，他却说，等我死了以后把我的骨灰送回老家去。

张英　你是在什么样的情况下和文学结缘的?

王刚　二十世纪八十年代是文学家的明星时代，就像是今天的许多小孩想当歌星、想当姚明，我那个时候也想当作家。他们的作品感动着我，他们的好日子也召唤着我。

我的第一篇小说是在喀什噶尔的疏勒县写的，那是一篇编造的与音乐家有关的伤痕文学。我当时是南疆军区文工团的长笛手，写了10多万字。后来我在乌鲁木齐时写了一个中篇，我试图像肖洛霍夫写哥萨克人那样地去写维吾尔族人的故事，发表在《新疆文学》，里边充满着俄罗斯人的气息，结果不少人公开批评它。后来，在八十年代末，我写了一批中篇小说，其中《冰凉的阳光》《博格达童话》《秋天的男人》三篇是较有代表性的作品。当然，仅仅是对我个人而言。

张英　你是怎么到西北大学读书的? 读这个班对你的创作有影响吗?

王刚　西北大学的作家班是由我一手促成的，我在鲁院进修时，听说他们想办，就发动我们进修班的人募捐，然后组织人去西安跟大学联系。那时，班里的人大部分心态都是想上学，却懒得努力。我于是自封为升学领导小组组长，用"文革"语言说，叫"一号勤务员"。我发现你自己封自己为组长之后，其他人就愿意听你的，并主动向你汇报工作，你真的成了核心。所以，我对于陈胜、吴广、李自成们的组织才能有了更深刻的看法。

那件事的高潮是联系人从西安回来时，我用最后的钱买了鲜花，然后率众去车站接他们，我被自己的领袖风度感动得都快哭了。西北大学的两年对我来说非常重要，它让我对大学不再感到神秘，让我对女大学生以及她们的宿舍由陌生变得熟悉。西大有一个很好的图书馆，冬天很暖和，为了不必回宿舍受冻，我被迫在那儿读了些书。我记得列维-斯特劳斯、罗兰·巴特、胡塞尔等人所写的书都是在那个时候读的，但老实说，这些书只是让我被迫待在了大学的图书馆，从外部看，我像其他人一样地坐在那儿，可是，这些人的观点从来没有影响过我的审美和判断。我只是想跟上时代的脚步而已。

西安这个城市跟乌鲁木齐有些像，羊肉有多种做法，吃了这种肉的人总是喜欢表现得更北方一些，就像当年有一部小说叫《北方的河》，里边那个男人总是想跟黄河较劲。我讨厌这种风格，每每看到那些表现出男子汉气概的人，就总是想悄悄绕到他们身后，朝他们的屁股踢一脚，把他们吓一跳。

张英 你后来又读了北京师范大学的研究生，你认为作家班能够培养出作家吗？

王刚 作家爹都培养不出作家，更不要说作家班了。读大学、读研究生解决了我没有学位的问题，拿上硕士学位证明我真的能跟上时代的脚步。

外省人在北京

张英 你是什么时候来到北京的？北京这个城市对你的人生和创作影响大吗？

王刚 我上这两所学校加上鲁院进修班的真正意义就在于它们使我认识了城市，体会了北京的滋味。一个有朝气并有野心的青年，他只有到了北京之后，才能意识到自己的渺小，还有就是你对任何女孩儿说过的任何语言都能被北京的一阵小风吹走，留下的是你饥饿的胃以及你的失落和疲惫。

来北京之前，我真的觉得乌鲁木齐是一个大城市。我写了《冰凉的阳光》初稿，到了北京以后，做了很大的修改。无疑，我在北京受到了刺激，于是富人穷人、小人物大人物的激情充满了稿纸。"野心家"在我心里是一个真正的褒义词，它是一个人还有理想并且自信的状态和表现。但是，在小说结束的时候，我让这个敏感而且内心丰富的野心家摔断了腿，爬在地上朝前行，并抬头看见了冰冷的灿烂阳光。

张英 随着中国的改革，人口流动，进入城市的农村人，进入北京、上海、深圳的外地人越来越多（其中也包含了你自己），改变自己的人生，改变自己的命运，实现个人野心、梦想，获得名利、成功是时代的主旋律。你是什么时候开始关注这一群体的生活状态的？

王刚 我这个人一般不关心别人，只关心自己。这让我吃了很多亏，也占了些便宜。在单位时，有人靠天天打我的小报告而获得了领导的欢心，我却以为他们都跟我一样，只关心自己。在流浪时，这种自私凝聚了我的内心力量，使我在品尝失败和屈辱时，就像在吃冰激凌，我知道自己不会被冰激凌冻坏。真的，我那时候从来没有关注过一个群体，比如现在人们常说的弱势群体，还有黑黑的大眼睛什么的，我只是关心自己，以及那些撞进了我的生活并和我一样背运的人。当然，在我写作的时候，我有时会突然发现我正代表着一些卑贱的而且是品行和道德上都有毛病的小人物说话，我也会夸大自己的这种语言的责任感和意义。但是，我不是一个政治家，也无意去做一个派别的领袖，我不想装得太厉害。

张英 在你早期作品里，梦想、现实、漂流、户口、钱这些关键词成为你小说的主题，外省人在北京的爱与恨、梦想与现实之间的挣扎，成为你小说的表现对象，这些感受是不是你个人的生活经验？

王刚 当然。如果我有北京户口，我为什么会恨户口？我曾经给江泽民主席写过一封信，说是如果他取消了户口，中国人会像美国人记住林肯一样地记住他。而他取消户口仅仅是一个决定，不像是中国有的改革那么难。可是，这封信不知道该寄到哪儿。

当拿上了硕士学位之后，我的流浪生涯就真的开始了。作为委培性质的研究生，我要回新疆了。可是，我习惯了北京。我要留在这儿，没房、没钱，什么都没有。那时我才知道我是一个多么可怜的人。像许多"北漂"一样，我无处栖息。而且，那时，在人们的头脑里，政治、文化开始退去，金钱开始涌动。我的确是这样一种人：当人们都在追逐文化的时候，我也在追逐文化；当人们都开始追逐金钱的时候，我也开始追逐金钱。

我那时经常晚上流浪于北京的大街上，看着四面楼群的灯光，内心充满着强烈的情绪。那种灯光似乎就是某种幸福温暖，在灯光下边是走运的人，我当时就是这么想的。有一年，天寒地冻，我从火车站出来，那是北京最冷的冬天，我路过一家大酒店的时候，看着那种明亮的色彩，似乎听到了里边的笑声和喧闹，我真是想把它炸掉。时隔几年之后，我所在的公司把这家酒店买了下来，我们常年住在那儿，随意消费。我坐在自己的房间里，朝外望，可以看到许多和我一样的人从窗外匆匆走过。我有些感慨，就对我的老板、公司的董事长说，当年我和他们一样，我甚至想把这酒店炸掉。老板是我很好的朋友，他听了我的话，眼里充满了惊恐，长久地看着我，似乎我是另外一个人。

靠文学在北京生存很困难，难极了。记得不止一次，我独自喝酒之后，在雪地里徘徊，直到有一天我遇上了我的老板，"老板"这个词对他很合适，我总是这样叫他的，直到他变成了囚徒，我仍然是这样叫他。当时，老板还是在地下室里，他告诉我，有一天他将在中央电视台对面盖一座大楼。今天那座大楼还在那儿，真的就在中央电视台的身后，可是，他已经在监狱里待了几年了。总之，当时他收留了我。

张英 就"外省人"这个表述而言，中国很多小说受到过巴尔扎克的影响，他的小说对你的小说有影响吗？

王刚 巴尔扎克的小说我读了不少，也知道"外省人"的概念。他的小说废话太多，缺少节制。而且无论是伏脱冷教导拉斯蒂涅的，还是拉斯蒂涅的野心，都是如何去勾引一个贵族家的女孩儿，然后再把钱搞过来。这与中国的国情大不相同。中国没有贵族，而且当时的有钱人家女儿也太小。聚会时遇到的青年男女都是穷知识分子，他们的野心一点也都不比我少，并且和我一样穷。所以，巴尔扎克对我的影响不能算是很大，倒是有一部叫作《富人·穷人》的书，让我看后激动不已。

张英 今天的你靠写剧本已经成功改变了自己的命运，据我所知，你现在在北京买了很多套房子。一个作家，不是靠文学而是靠剧本去发财致富，这个过程艰难吗？

王刚 首先想更正一下，我并不仅仅是靠写剧本挣钱的。在写剧本之前，我曾干过很多另外的事。我当过电视制片人，当过公司的副老总，给富人写过传记；我也曾去北海炒地，也曾和银行打交道，那时叫作金融，拉资金。所以，有相当长的时间里，我没有待在书斋里，而是混迹于那个社会辽阔的场景之中。我之所以进入影视圈，是因为写了《月亮背面》。我之所以写《月亮背面》，是因为老板把自己的兄弟们都放在了公司的领导层，而且，不同意我要求股份的做法。我无意与他的家族成员争斗，就退出中心，回到了书斋。当然，这里有多次反复，离开了又回去，然后又离开，又回去。当彻底离开后，已经到了世纪末，我就像个退了休的老人一样，整天无所事事。当把新家装修好之后，我老是坐在自己家的小院里望着天边发呆，有时一待就是几个小时，我不知道自己这辈子还能做什么。我天天听音乐，把声音放得很大，然后在我们那个小区的水边散步，有时一走就是整个下午。然后我想，既然不写小说，那总得写点什么，于是就开始写起了剧本。

张英　在影视圈的经历对你有什么影响？这段经历对你的生活、创作有什么影响？

王刚　我是从一个更残酷的地方进入影视圈的。我很清楚有相当一部分影视作品不是艺术，用不着为它太认真，仅仅是自己给自己找些事做，并挣些钱而已。我有一个习惯，先拿钱，后干活，否则就不干。我跟哪个人都是这样，无论他是谁。所以，当合同不往下进行的时候，我总是拿了我前边干过活的钱。我见过形形色色的制片人和导演，他们都是聪明人，但是我有对付他们的基本原则：先给钱，后干活。不相信语言。因为我并不急着靠他们任何一个人的那笔钱活着，所以，我可以坚持我的原则。

说到影响，这段生活丰富了我的物质积累，却让我的精神更加空虚。剧本的无聊，加深了我对于文学的感情，文学像是青春的回忆一样，让我想起来心中就隐隐作痛。在我对剧本感到很厌倦的时候，小说却让我更加有激情，我是说，我对于自己未来将要写的小说（更加有激情）。

虹影

■

中国人承受的痛苦太多了

在文学的道路上，虹影一直是一个独行者，脚步坚定，沉默向前。在没有见她以前，我就在国内的文学杂志上看过不少她的作品，也听过很多有关她的传说，只是在 1998 年夏天的时候，我才认识这位旅居在英国的女作家。这两年里，又渐渐读到虹影的一些新作品，尤其是在读过《饥饿的女儿》以后，我在北京对刚刚回国的虹影进行了采访。

关于新作《K》

张英 虹影，你好。听说你最近在写一部名叫《K》的长篇小说，据说这部作品是一个浪漫的跨国爱情故事，它和《饥饿的女儿》有什么不同？

虹影 《饥饿的女儿》是一部纯粹的自传，《K》是在一个史料记载的真实故事的基础上虚构而成的小说，它的人物经历也是真实的，但是具体细节是我的创作。在国外，根据真实故事基础改编再虚构的小说已经有很多了，但是，国内还比较少见。西方国家把叙述性文学分成两类，"虚构"和"非虚构"，它们之间的关系分得非常清楚，国内相对比较含混。

张英 国内把"非虚构"这一类别的作品称为"报告文学"和"纪

实文学""新闻小说",但是,这些作品经常惹麻烦,有时候姓名相同都会被人告状,作家经常有吃官司的危险,可能国外这种情况会好得多。

虹影 我必须声明,《K》是小说,属于"虚构"类,而非传记,传记是"非虚构"。《K》的发生背景在中国二十世纪三十年代初期,英国女作家弗吉尼亚·伍尔夫的姐姐凡妮莎·贝尔是当时英国最著名的画家,她的儿子朱利安来到中国以后,和一个中国女作家相爱了,我是在这个中西跨国悲剧恋情基础上写成的小说。我用小说的想象填补神秘的空白,用小说的虚构给读者提供了安全的距离来偷看。这件事情本身非常奇特,朱利安到中国来的目的是参加中国革命,他的父辈皆是英国知识界精英,他自己是诗人、剑桥国王大学的高才生,也是辩论家,20岁就出版诗集,才华毕露。他有东方情结,非常同情当时灾难重重的中国。他情愿上战场,也不愿意平庸过一辈子、老死床上。他给母亲的遗书里说:你不用为我担心,我已经带了氰化钾,到时候我会自己解决,而不去忍受酷刑死亡。他于1935年来到中国,没有想到到了中国,还没有参加革命,就疯狂地陷入了爱情,爱上了一位中国女作家。

但是,问题的关键在于他们的爱情是行不通的。这位中国女作家是有夫之妇,而要下决心离婚结婚是需要时间的。麻烦就来了,往往狂热的爱情都会走入这种死胡同。爱情遇到现实困难时,他想到他来中国的目的是革命,于是从武汉溜走,到四川找红军参加中国革命去了。但是,革命是和暴力、残忍、流血、恐怖联系在一起的,当他不能接受这种现实的考验时,他又想到了爱情的宝贵,跑回了武汉。这个人一直迷离在这样的状态中间,他在爱情与革命、中国和西方文化观念发生冲突找不到出路的时候,总会给自己找一个退却的借口。当他在爱情上无路可走的时候,只得辞职,只能退回到欧洲去。

可是回去之后，他的心依然安定不下来。于是他不顾母亲和姨的反对，去了西班牙内战战场，他只有一条出路：和死神握手。果然，他在西班牙战场上被德国军队的飞机炸死。

其实这个小说并不仅仅是个爱情小说，我的出发点在于：当时中国和西方在文化上是怎么样的关系？中西爱情观怎样不同？

张英 这个故事非常有传奇色彩，你接触到这个素材是什么时候？这个中国女作家是谁？

虹影 非常早了，早年我到南方旅行时，我就听说了这个故事，我现在不点这个中国女作家的名字，她当时在武汉，形象非常正统化，却有一个美称，叫"珞珈山美人"。故事发生在武汉大学，所以听说过很多关于她的传说。

后来，我到了英国，去了这个男主人公的家乡，看到了很多他写给他母亲的信，这些书信详细讲述了他和中国女作家之间的爱情和他在中国的经历。我后来就把中国、英国这两方面的情况合起来了。但是，中国现代文学史研究者有个别人听说过这个女作家有过一段婚外情感，但不知道这个英国人是谁；英国的研究学者知道这个故事，却不知道这个中国的女作家是何等人物。在 1996 年的《21 世纪》上有一个美国学者发表了一篇文章，他根据凡妮莎的书信录（该书信录和我的作品在英国的出版社是同一个，后来我在台湾出版小说《K》的时候，我专门写了一篇解说），写出了一篇介绍文章。

当《饥饿的女儿》出版以后，葛浩文对我说，虹影，《饥饿的女儿》是你一生非写不可的东西，现在，你可以写你一直想写但是没有写的书了。的确，《K》和《饥饿的女儿》完全不一样，在《饥饿的女儿》中我把贫穷的生活和我自己的生活非常直接地写出来了，而《K》写的是我从来都没有体验过的生活。二战以前的中国是什么样子，现在已经无法去考证了，当时中国文化、生活的艺术都没有见过，当时北京市街的建筑是什么样的，街道上跑着骆驼、马、手推车，洋人办的旅馆，绿荫下的胡同人们的日常生活是什么样的，我都得仔细研究。

我想写出那个时期北京和武汉生活的方方面面：繁华、奢侈、腐朽和精致。我觉得特别有意思，难度很大。为了写好这个作品，我采访了很多对当时中英关系有研究的英国学者，也找了很多资料。但是，写这本书，的确是对我的想象力的一个大考验。

关于《饥饿的女儿》

张英 《饥饿的女儿》现在谈的人已经非常多了，我感兴趣的是，人对于苦难的记忆和态度，你在写作的态度上有很多相同的地方，你面对历史和痛苦的态度都非常冷静，而且都是从个人的角度出发去写的，去看待那段历史和政治给普通人所造成的伤害和痛苦，对待历史和政治的态度也和以前的作家完全不一样。在以前的文学作品中间，我们看见的大多是对于普通人所经历的痛苦和不幸的熟视无睹、视而不见，只有政治在人心灵上的投影，政治、理想、激情所引起的狂热。他们反复描写的都是精神的痛苦，而你反复讲述的是肉体的痛苦，记忆的是共同的一段历史，而着眼点却完全不同。对我震撼更大的是作品中间那些来自身体经历的疼痛。我感兴趣的是，你在写《饥饿的女儿》这部作品的时候已经在英国了，而且过着非常好的日子，你为什么会想到写这么一部和你以前的作品完全不同的小说？

虹影 中国人是用钢铁做成的，因为，承受的痛苦太多了，人的感觉都麻木了。关于《饥饿的女儿》，对我而言，有两种含意：我是从什么地方来的？我是怎么成为一个作家的？从表面看起来是我个人的成长史，我觉得它同时也是我们整个民族的成长史，而且也不仅仅是我们这些二十世纪六十年代人的成长历史，它看起来是在写一个女孩子的成长，写一个普通的中国家庭，实际上它也将中国人的近半个世纪表达了出来。中国普通老百姓在严酷的时代里是怎么活过来的？一个少女是怎么在当时的环境中间成长起来的？一个女人是怎么承受那个时代的？因为那些女人包括我、我的母亲、我的姐妹，还有我生活中出现的所有女人。

张英 是啊，我在读这部小说的时候，经常为它而感动，尽管我这个在七十年代出生的人没有亲身体会那个时代的残酷，但是，我仍然被《饥饿的女儿》一再打动。我想，也许现在我们能够以正常的心态审视那段历史了，能够面对那个黑暗年代给中国人所造成的痛苦，这些回忆是值得我们反复描写的，你的作品开了非常好的一个头。

虹影 我想，我们这一代人和以后的年轻人看它的感觉都会不一样。这部作品把个人和历史、个体和社会、自我和非我结合起来了，并不是仅仅讲述一个女孩子、一个女作家的成长，这个作品是经得起时间的考验的，对它的解读也会变化。

张英 这部作品一改你以前的那种繁复的写法，非常古典和传统，手法老实，文字简单流畅，结构也非常紧，语言非常简练澄净，画面感非常强，读起来非常舒服。这种语言非常像以前的白话小说，如果说你以前是用加法，那么现在，在《饥饿的女儿》中间，你开始用减法写作了，这些变化你是基于哪些考虑？

虹影 如果单谈语言的话，每个作家在不同的时期都会有不同的语言，到一定的程度，都会具有不同的风格，如果你读到《K》，你会发现我的语言又不一样了。在《饥饿的女儿》中我走得特别远，我害怕那样的生活，而且我经历过那样的生活，为什么我要剔除语言中间那么多的东西呢？因为我要保留生活它本来面貌的这一部分，对我来说，它本来就在那里，最简单的办法就是，我不要去像画画一样增添其他的颜色，它本来就是那样的颜色在那里的。我觉得用那种老实的语言可以把那个时代贫穷的生活写得更加真实、可信、有说服力，让读者非要进到那个时代的环境里去。

张英 尤其是在写到女主人公被老师诱奸的时候，最令人感到痛苦、悲愤的时候，你描写的却是主人公麻木、平淡的表情，没有像别人那样大段地抒发感情，着重描写、控诉，反而用的是无动于衷、非常冷静的写法，增强了文字本身的力量和艺术的联想空间，这样的写法非常好。

虹影 你说得很有道理，对，文字有力量和文字的多少以及它的花哨是特别有关系的，很简单的比方，就像气功一样的，练成了和没有练成是不一样的，这是一个不断练习的过程。当生活比小说还丰富的时候，小说就无法写出生活的全部。我在书中没有虚构什么情节，连时间都一样，发生在我18岁生日前的事情至今历历在目。它给我留下了难以愈合的伤口，在承受这些天生的苦难的同时，我曾经不止一次对自己说，最后我会记下这一切。《饥饿的女儿》实际上是一部黑白的纪录片。我在此书之前写的许多中短篇小说，已经有我童年的影子，都可以说是最后写《饥饿的女儿》的准备。

关于"未来三部曲"

张英 个人的记忆是非常有意义的，《饥饿的女儿》记录的是个人对那个历史、时代的见证，它在书写个人的同时，也成为历史的一部分，从这个角度来看，《饥饿的女儿》有着非常重要的价值。我看过你发表在《花城》上的《女子有行》三部曲（《康乃馨俱乐部》《逃出纽约》《布拉格的陷落》），印象特别深刻，这些小说为我展现了一个混乱的世纪的历史和不断冲突的文化，信息量非常大。在小说里，你动用了非常多的学术理论，什么主义、纲领、宣言，面对科技失去控制、核武器泄露、环境污染等非常多的问题、难题，我们该怎么办？我非常喜欢这些小说，但是，这些小说却很少被评论家关注，所以，我想请你谈谈这些作品的创作想法。

虹影　我这么写的意图非常明显，描绘出世纪末的人间生活的图画。这些都是我比较早的作品了，那几个中篇小说是在九十年代我出国前后写的，这些作品中间很少有我的影子，完全是虚构和想象。

不过，当时写这些作品的时候，我的状态非常好，特别顺利，好像每天都能够写几千字的感觉。至今，我依然把《布拉格的陷落》看成是我最好的小说，为什么？因为中国女作家很少有人能够写未来小说的，而且时间、空间的跨度那么大，它让国际上的所有问题，包括中国以前的问题，重新回到未来某个年代的布拉格，比如宗教问题、人的灵魂转世的问题，包括女权主义问题，它包含了所有在生活里的问题，我都想在小说里解决，非常极端、非常顺畅、非常旗帜鲜明地在那里书写女人和整个国家、社会、国际所发生关系的一部作品，结尾就像是一个寓言，活人已经没有了，消失了，这个城堡里是一幅末日景象：到处都是醉生梦死的场景，那些死人在开派对、跳舞、做爱，最后女主人公走到一个房间，打开电脑问，你能够给我一个活下去的理由吗？电脑说，我没有办法回答。后来，她只能冲进电脑里的三维世界里。越冲越快，一直冲进另外一个世界，类似于一个桃花源的地方，一个远离现代高科技文明污染的地方，实际上这是一个无可奈何的结果，给自己一个安慰的结局，最后她一醉了之。这个小说包含了我对当前我们面对的困境的所有的困惑、所有的问题发出的疑问：我们该怎么办？确实，现在地球上问题难题那么多，谁能给个答复？

你刚才说这些作品和我现在的作品不一样，那我觉得还是有相联系的地方：我曾经是怎么活的，给我一个活下去的理由！我曾经在活之前有过那样美好的生活，爱情消失之前，是如此的美妙，在这种意义上，《饥饿的女儿》就有了另外一种含义。

张英 读你的作品，感觉你是一个坚定的理想主义者，所站的立场也是人文知识分子角度。"未来三部曲"里你关心的全部都是人类面对的问题，政治上、经济上、文化上、社会上、环境上等存在的问题，蛮有博爱的心态呢。

虹影 我觉得是人性，不管是什么主义、精神，在这个地球还没有消失以前，在人类还没有灭绝以前，我们作为一个人，对自己生活的环境、身体健康、自我命运，应该关心，应该具有同情心和正义感，帮助那些遇到困惑和虚弱的人——当然是指精神上的，这是最基本的品质吧。

张英 你的作品和现在的新生代作家的有什么不同？

虹影 主要是写作法上吧。像七十年代、八十年代这些年轻作家，他们对于历史和过去没有什么感觉，思想上没有什么担子和压力，他们的生活是什么样子，他们就怎么样写作，他们不在乎生活给予他们的人生经历有多么的丰富和痛苦。我在《女子有行》中间就写到了这些年轻人，他们在上海的酒吧里、俱乐部里出现，对待一切都是那么满不在乎的样子，好像过的是非常新潮的生活。我把这些人物放在未来的场景中间，她们在女性主义的旗帜下过着醉生梦死的生活，和男性之间的悲欢离合，被男人抛弃或者抛弃男人，她们还拥有了同性之间的爱情，现在，它看起来好像和我的作品差别很大，但实际上里面有我一贯的艺术追求。和我现在的作品相比较，当时的小说缺少一种自我反省、自我批判的意识，更多关注的是故事。

关于小说写作

张英 在你看来，什么样的作家才是优秀的作家？

虹影 一个好的作家可以写很多形式的小说，不管什么题材都可以写，手法、文本多样化，他的作品和别人不一样，文学领域对于他而言没有任何禁区，他就是为了把文学的边界向前扩展而写作的，是敢于牺牲的先锋者。而一个二流作家只能写一种小说，只能在原地踏步，他老在重复自己和重复别人，包括文字、故事、结构上的重复，这就是两种作家的区别。

我喜欢把汉语彻底打乱，重新组合，产生出简洁新奇的效果，我在写作时经常注意这一点。现在很多作家的作品不仅相似，而且语言累赘，脏而破，连感觉都好像是用电脑复制的，毫无个性可言，这特别可怕，这样的文学作品（生命）长不了。

张英 现在的年轻作家很多都是大学毕业的，所以存在一种有趣的"崇洋媚外"的现象：他们自称在文学上的老师都是西方作家，而且特别看不起本土作家的文学作品，一谈起来就全部否定中国现当代文学，这种现象耐人寻味。

虹影 余秋雨的散文火了，很多人写散文就模仿余秋雨的写法，结果现在到处都是这样的文章，很可笑。有些作家受到过高等教育，整天说这个理论、那个流派，从翻译书里学习了点西方东西，就提出"形而上写作"，显得幼稚。作家的写作仅有天赋还不够，完全靠自身的素质、文字的修养、文化史的深浅和后期苦练，还要有超越世俗的精神。这样写出来的作品可调整人的灵魂，和读者的心沟通。比如当时的伤痕文学，它在语言和艺术上并不完美，但是它在故事上是可以打动你的。

从"五四"到现在，很少有作家在语言上超过沈从文的，也没有人在学论上超过鲁迅的，尽管好多人自称为鲁迅，也很少有人在文学的想象力上超过金庸的，尽管他的故事都差不多，这个帮派那个帮派，但是他故事里提供的想象力是无穷尽的。

张英　在国内，作家、出版社和批评家、报纸之间的关系非常有意思，现实的情况是有关一部作品的评论，没有批评只有表扬，然后，大家都很满意，经常上当的是那些看报纸、杂志买书的读者。国外这方面的情况是怎么样的？

虹影　我每次回国都看到一个现象——作家和作家要么是敌人，互相很防范，要么成了朋友，他们之间也从来都不说对方的作品究竟好坏，一开讨论会和新书发布会，全部都是表扬，没有批评，文章大都也这样，只有网上有人撕破脸骂人和挑刺。我觉得这个风气不健康、不正常，特别是出版社和报纸的关系，和西方完全不同，西方的报纸发表书评文章都是自己请一些和作者、出版社没有任何关系的人来写的，所以就没有像咱们国家这样的关系：比如我认识你，如果这本书不好，我写了你，你会拿我开骂，会找我算账的，在这样的情况下，文章就特别难写。而西方报纸和书的作者、出版社的关系是彻底分开的，所以这样的评论能够让作家看得非常清楚，作品究竟怎么样？每个作家在写书的时候都特别谨慎、认真，出版书以前特别紧张、害怕，书出版以后特别关注报纸的反应。实际上我觉得这样的批评是在救作家。而我们的批评家是在害作家，都是一片赞扬声，像昨天我打开一本杂志，有一专题在集体讨论某一本书，所有文章全部说好，作家陶醉在这虚情假意之中。

张英 就是说生态环境有待清理，秩序有待健全。通常在写一部作品以前，你会做哪些准备？上网对你有帮助吗？

虹影 我在写一部作品之前：一、我会做很多研究工作；二、我忘记从前所有的小说，非常清醒；三、不限制地看各种各样作品，不断扩展知识，最后，才是确定一个书名。

有好多作家不上网，不知道这个世界上每分钟都发生着千变万化的事，不知道国外的文学是什么样子，国外的作家在忙什么，在这样一个新时代，我很怀疑他能否写出让他自己服气的作品来。而在网络上，轻轻一点，所有的信息都有了，都是第一手的资料，比如我在英国时，我能够和国内读者在同一时间内了解到国内的文化艺术方面的情况，什么人又出书了，什么人又在写什么，最近放什么电影，有什么演出。互联网比报纸和杂志要快得多。人类的阅读方式正在发生改变，掌握的信息越多越快越全面，人的脑子就转得越灵活越快，不易僵化。作家你可以选择用笔或者用电脑写作，但是你一定要上网。作家的脑子应该是一个大百科全书，我曾说，不上网的人，不是我的朋友，如此看来，那我要得罪我的一半朋友了。

张英 很多读者反映，读现在的小说，老觉得不好看，干巴巴的，没心没肺的，故事不精彩，情节不好看，人物不活，语言不优美，打动不了人，不像以前的小说，读起来特别亲切，人物特别传神，语言优美生动，故事传奇好看，生活的气息非常浓厚，感情也非常滋润，艺术的感染力非常强。我想，在这些普通读者反映的现象下，潜藏的问题非常值得我们思考。

虹影 实际上读者批评的不是严肃文学，是现在所谓流行的时尚文学，这些东西是一次性消费品，和纯文学还差得远，它只是感受文学，在最短的时间内成为垃圾。现在，这类书在中国的书摊上很多，出版了两个月卖不动就对半价格处理或卖五块一本，更多的成为废纸。当然，这些东西也自然影响着严肃文学的品质和纯粹，纯文学的目的就是为解决这些问题而存在的，因此可以流芳百世，被不同时代的人们喜欢。

张英 现在，试图对小说确立某种标准是困难的，什么是好小说？它应该是什么样的？《北京文学》和几家文学杂志邀请了非常多的作家、学者、评论家就此进行过探讨，这方面的争论也比较多，但是，仍然没有任何结论。

虹影 我看过许多这样的文章，那么多理论是没有用的。我觉得很简单，好小说就那么两个点，首先得是一个好故事，其二，如何讲得妙、独特。你是一个什么样的作家，大作家、小作家，在这两点上绝对可以衡量出来。至于语言、技巧等等，应该是一个作家的基本功。前段时间，我写文章批评卫慧，有人说我是落井下石，我说完全不对，我是对事不对人，就作品说话，批评的是她小说语言上存在的问题。大家都说她的书被禁，实际上是在抬她，而且我在谈她的作品语言的问题，我也是一个作家，作为同行，我谈她的作品还是在尊重她，对她充满了爱护，因为她还有明天。

张英 一个作家朋友说，"新生代"已经到了一个坎上，要么努力走过去，提高自己的写作水准和作品的质量，再往前；要么过不去，在写作上原地踏步、重复自己，被无情地淘汰掉。在这种情况面前，有些作家继续往前走了，有些作家走不过去，干脆就变成迎合市场的写手。所以说，你到底要什么，选择非常重要。

虹影 作家把自己放到什么位置上，关键在于你自己选择什么样的路走，要么你像那些我们所熟悉的大师作家一样，在文学历史上留下优秀作品，要么你成为类似于我们现在也熟悉的非常红的畅销书作家，不到几年就被喜新厌旧的读者无情地抛弃。

张英 你在写作上自由吗？

虹影 不自由。在写作上我面临许多限制，比如在词语上，文学最根本还是语言，比如，有人用过"这个人看上去很美"这句话，那我就不能再用"这个人看上去很妙（舒服）"，我也不能用"这个人看上去使我呕吐"。我厌恶重复，我必须砸碎所有的锁链，才能够飞翔起来。虽然，这样做是非常困难的，这样做也是非常痛苦的，但我还是得如此，非如此不可。我只有一次次地落入地狱，才能飞上天空。

女权主义和文学

张英 你与林白、海男、陈染、迟子建等属于六十年代出生的女性作家，对她们的作品有什么看法？

虹影 我和她们很熟悉，对她们的作品也相当熟悉，也很尊重她们。但从写作的路子和风格看，我们并不一样。如果从关心女性的角度看，我们是相通的。

我是一个写作题材相当广泛的作家，我不像某些女作家关起门写自己的个人生活体验。我也对自己的生活感兴趣，但同时我对门外的生活更感兴趣。一般我什么题材都写，写战争，写男性生活，历史题材的，非我的。《饥饿的女儿》是我第一部以自己为题材的小说，但并不是写自我感觉，我关心社会下层的女性生活，想把和普通人的命运紧密联系在一起的社会、历史写出来。

张英　"女性主义""女权主义"在中国文化界最近是个时髦的词语，文学界内也出版了这方面的作品，你也写过这类作品，而且你常年在国外，想必对此也有所耳闻。我不知道在西方文化中间"女性主义""女权主义"和中国的"女性主义""女权主义"有什么不同，你对这类小说有什么看法？

虹影　为什么我写了那么多女性主义的小说，包括一些特别极端的作品，好像是不可调和的，男女之间只能用相互灭绝、器官这样的方式，但实际上我也有这样的潜台词：这样的方式也是不行的，男女之间的冲突，不能用这种方式去解决。

另外，我对中国的女性主义、女权主义理论者有些担忧，我觉得中国的女性主义从来都没有自己真正的理论，大都套用西方的，中国从来就没有什么女权主义，一些所谓的女性主义、女权主义研究者，标榜自己是女性主义的批评家，有点可悲。我觉得中国是有女性主义作品存在的，从以前丁玲的小说到现在棉棉的小说《糖》，都有这种东西存在的，但理论上并没有。

有些人写了不少文章，进行大量的宣传，标榜这样那样的旗帜，第一她们不是女性主义，第二她们和自己标榜的旗帜还差得远呢，而且和男性话语妥协，读这些作品都是这样的感觉，女主人公就在那儿喊：男人，求求你爱我吧！而且非要嫁一个男人，革命的感觉一次也没有过。女人需要进行一次二次革命，至于彻底不彻底就看你自己，你到底是不是要翻身解放做半边天，还是整个天都是你的？半边天是怎么样的半边天，如果是全部天，那应该又是怎么样的全部？你连自己都没有找着，怎么去对待另外一个性别呢？

张英　现在，看那些女性主义、女权主义的理论，我发现按照她们的预想和结论，男人和女人之间的这场性别战争很难有和平，要达到和谐非常困难。

虹影　很难达到你说的那一步，其实西方也没有达到，尽管西方已经有很多理论了，非常有基础了，这方面的文学作品已经比较多了，而且，她们的目的特别清楚、具体化，而中国的女性主义、女权主义者们究竟要什么，好像她们自己也不清楚。但是，性别冲突有政治原因在里头，中国在这方面还好一点。问题的关键只有一点，两性平等，相互尊重。其实人生来就是不平等的，不管作为男人还是女人。

张英　而且，在现在的新生代小说里，包括现实生活中间那些少男少女谈恋爱，女性主义、女权主义仿佛就体现在两性关系上对主动权的争夺：以前是男人追求／抛弃女人，现在是女人追求／抛弃男人，在性上变被动为主动，自己掌握金钱，彻底独立。这又有何意义呢？

虹影　不错，在她们的作品中间，我也感受到了这一点，但只是表面上的一种姿态而已。关键是男性和女性是否能够在精神上平等、在经济上平等、在人格上平等、在话语上平等？也许，对她们来说，这只是一种时尚。

关于诗

张英　你以前也写过诗，现在你主要写小说，在这两种体裁中，你喜欢哪一种？

虹影　我有一个计划，写一组文学史上的女作家，我写过张爱玲、苏青、萧红等人，最近还要写丁玲，主要也是我个人对她们的理解。我曾借萧红的嘴说，作家不是谁想当就能够当的。意思是，不看你的才华，不看你的教育、经历，而是你面对寂寞和苦的能力，好多人都吃不了这个苦，特别是写长篇小说，真是一个受刑的过程，比监狱还要可怕，对精神和毅力、恒心、身体都是一个挑战。

我现在都不谈诗了，尽管我也获过一些重要的诗歌奖和小说奖，尽管我最初是以诗人的身份出现在文坛的，但是奇怪的是，国内是首先承认我的小说以后，才承认我的诗歌作品，这是一个奇怪的现象，所以我不想谈诗歌。而且诗歌界比小说界要复杂得多，诗的好坏，没有什么定评。

张英　但是，诗歌也帮助了你的小说写作呀。八十年代以来，一批诗歌青年转向小说写作，取得了非常大的成就，像叶兆言、苏童、韩东、朱文等，几乎现在所有写小说的人，以前都写过诗，诗人小说家成为这 20 年里文化史中间非常值得研究的现象，对中国的文学产生了非常大的影响。就你而言，诗对你写小说有什么帮助？

虹影　我觉得写过诗肯定对小说语言的张力和弹性、想象力、节奏上的控制力是有帮助的，没有写过诗的人写的小说，语言可能会呆板。小说是语言写的艺术，诗却是语言的艺术。就我自己而言，诗歌有一种激情在里面，有人说我在《饥饿的女儿》中用的语言，非常寒凉、可怕，不带感情，我觉得不是那样的，我在写的时候，非常激动，心一直在噼啪地跳着，热情它是藏在冰凉的水下面。如果我不写诗，可能我的小说语言也不会这样。

张英 小说和诗歌哪个是你的正牌产品呢?

虹影 应该都是吧,诗歌写得更早一点,小说写得更多一点,你现在去问谁写诗,大部分人不会吱声。现在不是八十年代,那个时候才是属于诗歌的年代,随便到哪儿你都可以拿去发表,还有稿费,有朋友招待,有地方朗诵,出版诗集。现在,你要出版诗集,还要自己掏钱,诗人都得另找活路。这太可怕了。相对而言,小说家还是要好得多。

张英 是什么时候,你开始拿起笔,写下第一行诗句的?

虹影 特别小的时候,没有人愿意和我说话,我一直记日记,把自己想说的话写在本子上。其实,文学就是自己对自己说话,到今天,20 年过去,我很高兴我仍然还有激情在写,从不疲倦地和自己说话。

张英 你在海外那么多年还能够保持语言的纯粹性,真是很不容易,像王朔去美国就担心自己写作的语言受影响,因为海外的汉语大多数是香港味和台湾味为主,人待长了容易受到影响,所以他待了不久就回国了。像阿城害怕写作语言受影响,干脆就不学英语,在国外那么多年,他都是用汉语。你在英国长期生活,据说你的英语还不错,那么你是如何保持语言上的感觉的呢?

虹影 我想这还是主要在于作家自身的文化修养吧,跟他住在什么地方没有关系。像我在那个英语的世界,只能使我的语言更加敏锐,让我更加渴望使用汉语来表达自己,在那样的英语环境中没有太多表达的机会。我觉得保持母语的纯粹性,使我有一种在家里的感觉、跟我的祖国在一起的感觉,这一点永远都没有变过。我想这不可能改变,因为这就是我唯一的路。用什么样的语言写作,对我来说很重要。伦敦大学东方学院（现伦敦大学亚非学院）是非常好的学校，图书馆收藏的中文书非常多，从鸦片战争时期以来的中文图书，那里都有，包括很多年代久远国内没有了的书，它那里都有。而且他们那儿又是开架的，在那里看书，非常幸福。

张英 你觉得你的经历和你的写作有什么关系？八十年代那么多的文学才子，现在已经都无影无踪了，是什么精神支持着你一直写到现在？

虹影 我感到幸福的是，二十一世纪了，我还能写作。

关于生活

张英 你现在出门在外这么多年了，漂泊生涯固然浪漫，但有没有感觉到累的时候呢？

虹影 其实，一直是在路上，从1980年我18岁离家到现在，整个八十年代全部都在路上。刚开始的时候，出走是我唯一的活路，我所经历的在路上，与那个写《在路上》的美国作家在路上是完全一样的，它有欢乐的一面，也有阴暗的、痛苦的一面，经历过很多事情，也认识了很多人，那是我真正的成长期，从西到南，从东到北，直到1989年初，我到了北京鲁迅文学院，我走了整整10年。后来，我走得更远了，从东方走到西方，在旅行的时候，你会发现，对写作者来说，住什么地方其实一点也不重要。

张英 你18岁出门远行的时候，理想的生活和现在的生活差异大吗？

虹影 我觉得差异不大。我 18 岁时写作就是渴望与人聊天、和人说话，把自己的想法自然流利地表达出来，让人知道我的内心世界，理解我选择的生活。现在也是这样的，我的要求就那么低，过一种很简单、干干净净的生活，过一种愉快、自由自在、宁静的生活。

张英 你现在还渴望生活中间有奇迹发生吗？

虹影 那就是爱情了，还抱有幻想？爱情这个词已经用得让人讨厌了，它是不能够轻易用的，爱情活生生的，在身边一眨眼就会过去，得牢牢抓在手上，主动去抓，实实在在去抓。爱情由好多因素组成的，有好多化学元素在里面，反应必须如同闪电那么快，它不可能像馅饼从天上掉下来。对我来说，爱情不是奇迹，它是很普通的东西，每个人都能够与它相遇，但它喜欢开玩笑，你以为它是爱情的时候，它其实不是，你以为不是爱情的时候，它却是爱情。

爱情提供给你一种想象的空间，提供给你一种写作的激情。

张英 那你是对现实生活中间的爱情失望了？

虹影 也不是说我失望，只是我对整个人类失望。现在，对我而言，爱情就是文学，爱情就是美好。有一个记者问我为什么写《K》，我告诉他，为了寻找爱，我写《K》，然后，我找到了爱，《K》包含了我对爱情的全部看法。而且，爱情一直在我内心，永不会消失，直到我的生命结束。

张英 有点像哲语"爱无处不在"喔。

虹影 谁也不知道明天会发生些什么事情，但是，我每向前走一步，都要比别人多几十倍的辛苦，所以，天大的事情，我也不惊讶。整体上我还是比较乐观的，可以说，我现在可以非常平淡地看待人生这一点。作为作家，我觉得心态得好，起码在写作的时候应该是平常心，才能写出好作品来。

张英　看你精神很好，一个人经历了那么多的苦难和不幸，你还保持了一种顽强、开朗的性格和乐观的态度，从黑暗中间走出来了，真的是非常好。

虹影　我现在是精神比较健康，身体不健康。人的天性就是这样的，再多的苦难都压不倒。一般来说，到了我这个年纪，经历了那么多事情，应该是宠辱不惊了，那我有什么事情还是会惊一下、喜一下，保持了天真烂漫的性格，是很难的，我想还是天性。如果我不顽强，就写不到现在了。如果事事计较，那我也写不到今天了。

张英　你觉得经历、生活重要呢，还是想象、虚构更加重要？

虹影　我觉得这两者是没有办法分开的，而且都很重要，对我而言，是融合在一起的。我和这个世界，无法融合，又非融合不可。

张英　外表看起来，你非常开朗外向，那么漫长安静的日子，你怎么坐得住呢？

虹影　在英国的时候，我很少和别人来往、出去，过的是深入浅出的隐居的生活，就像落入水中的沙子。写作是非常孤独的，我跟外界也没有什么接触。生活节奏比国内还慢，每天看看书，听听音乐，然后到超市购物，自己做饭或者到外面去吃饭。有时候跟着出版商到处去参加巡回售书活动，因为我得配合出版社办的一些活动，那是我的工作，跟我的爱好是两码事情。我情愿在花园里待半天，我也不情愿去和一个人见面聊天，没有意思。但是如果完全隔绝，对创作并不好，我觉得互联网把这个问题解决了。我现在经常上网，看看国内文化界的消息。

所以我从事文学和我的性格有直接的关系，大家都以为我的性格是外向型的，其实我一点儿也不外向，我坐下来的时候好多天都不愿意和别人说话。

张英 记得我们在以前的一次谈话中，你曾经说，你的写作到了伦敦以后，反而觉得离中国更近了，为什么会有这种感觉？

虹影 我觉得到了伦敦以后，我才真正意识到我已经置身于异国他乡，周围全部都是陌生的面孔，当你回到家以后，你打开电脑，看见每一个中文字都非常亲切，好像在和你招手，老和你在一起，这种感觉特别强烈，在国内的时候是没有办法感受这一点的。所以，你在写作的时候，选择文字、词语的时候，无形之中就多了一些谨慎，就会特别注意它的使用是否精确、合适、标准。同样的一些词语，把它塑成不一样的结构，就完全和你以前的作品不一样了。

张英 谢谢你，在最后，我希望在你的世界里你能够成为一只凤凰，而不仅是你文章里的红狐。

毕淑敏

■

生命是我书写的文学主题

毕淑敏，国家一级作家、内科医生、北师大文学硕士、注册心理咨询师。

1952年出生于新疆，中学就读于北京外国语学院附属学校。1969年入伍，在喜马拉雅山、冈底斯山、喀喇昆仑山交会的西藏阿里高原部队当兵11年，历任卫生员、军医等，挽救生命。

1980年转业回北京，在北京铜厂卫生所当所长、内科医生。1986年，毕淑敏从事医学工作近20年后，开始文学写作。书写西藏军旅生活的小说处女作《昆仑殇》，发表于《昆仑》文学杂志上，她从此步入当代文坛。她的写作风格大气厚重，关注时代和现实社会，《红处方》《血玲珑》《拯救乳房》《女心理师》《鲜花手术》等作品产生巨大社会影响，具有浓重的人文关怀和社会责任感。

她曾获庄重文文学奖、《小说月报》百花奖（第四、五、六届）、当代文学奖、北京文学艺术奖、昆仑文学奖、中国人民解放军文艺奖、青年文学奖、台湾第16届《中国时报》文学奖、台湾第17届《联合报》文学奖等各种文学奖几十次。

作家王蒙评价毕淑敏的出现：

"她确实是一个真正的医生，好医生，她会成为文学界的白衣天使。昆仑山上当兵的经历，医生的身份与心术，加上自幼大大的良民的自觉，使她成为文学圈内的一个新起的、别有特色的、和谐与健康的因子。

"我真的不知道世界上还有这样规规矩矩的作家与文学之路……毕淑敏的正常、善意、祥和、冷静乃至循规蹈矩都难能可贵。即使她写了像《昆仑殇》这样严峻的、撼人心魄的事件，她仍然保持着对于每一个当事人与责任者的善意与公平。……她正视死亡与血污，下笔常常令人战栗，如《紫色人形》《预约死亡》，但主旨仍然平实和悦，她是要她的读者更好地活下去、爱下去、工作下去。"

1998 年开始，毕淑敏攻读北师大心理学硕士和博士课程，成为国家注册的心理咨询师。她开了诊所，直面心理咨询者，并通过一系列心理学案例的非虚构写作和演讲，治病救人。

在我眼里，她是一位温暖有爱的作家、悲天悯人的医生，秉承了鲁迅的文学传统，是行动中的理想主义者，以笔为旗，身体力行，用文学和医学的叠加，在暗夜中，用爱与希望点亮生命之灯。

我喜欢她的作品。1995 年夏天，我在北京第一次采访毕淑敏，当时的访谈叫《生命，永远的追问》，发表在广西一家文学杂志上，我后来托作家古清生把样刊转给她，不久，就接到了她的问候电话。

时隔 24 年，2019 年 12 月 5 日，我在北京再次采访毕淑敏，时间长达四个多小时，话题涉及科技未来、心理学、教育，最后到文学。毕淑敏花了一个下午，认真回答了我采访提纲上的所有问题。

毕淑敏家的客厅，挂着一幅巨大油画，取材于西藏阿里的山川地貌，油画左下角，有一个红十字帐篷和一匹白马，描绘她当年在西藏阿里军分区当卫生员的经历。这是一个喜欢毕淑敏作品的画家，依照从她文学作品中得来的印象，倾心创作出来的，然后把这幅画送给了她。

我的采访，就从这幅画开始。

16 岁的藏北卫生员

张英 医生的工作对你的作家生涯的影响，对文学创作的影响，体现在哪里？

毕淑敏 医学对我的影响，最重要是唤起了我对生命的珍视。我从事医学 20 多年，这是一个很长的时间，对我影响甚大。有人常常说起鲁迅的弃医从文，但鲁迅并没有真正当过医生，他医学专业还没毕业就离开了，没有进入临床工作。郭沫若刚开始也是学医，进入临床实习后，因他小时候得过热病，听力受损，戴上听诊器却听不到病人的心音，只能放弃从医。

我在西藏时，并没有想到今后要写作，而是一门心思埋头学习医学知识。多年的医学训练，让我无法放弃一个医生的眼光。我写作的时候，很崇尚真实。医生这个职业，涉及人的生命，医生必须务实，你很难看到一个表情、行为特别乖张的医生。医学训练让我严谨冷静，注重精确性。

第二，我深刻尊崇众生平等。无论这个人有着怎样的外在，他的身体一旦被打开，内部的器官在解剖学上高度相似。众生平等，不仅仅是一种理念，而是千真万确的事实。这在我的内心打下了非常强烈的烙印。有读者朋友对我说，从我的小说里，能看到一种浓烈的人道主义的精神。我觉得这要归结于我受过的医学训练。年头长了，浸染引发出来。

第三，我后来学习了心理学相关知识，认识到人的身心一体。人不是一个纯粹装着各个器官的皮肤容器，人的心理也不是虚无缥缈的一部分，就像脑科学一样，其实都有非常准确的定位，蕴含着我们很难破解的部分。人的身心应和谐统一。

这些提高了我的观察力。中医说望而知之谓之神，神我们做不到，但可以朝着这个方向努力。西医虽没有这个说法，但也号召医生要仔细观察。观察不仅仅限于他的表面现象，还要去探索他内在的。

心理医生的训练，让你能见微知著。从一个人的一个小动作，或是一个表情，或者他的口头语，有可能分析出深层的东西。

张英 16 岁当兵，怎么就去了西藏？

毕淑敏 1969 年，我应征入伍，特别想当一个通信兵。军人以服从命令为天职，先坐火车，然后是 12 天汽车，一路跋涉千辛万苦，抵达西藏阿里军分区。它的前身是阿里骑兵支队，我们五个女战士，是那里的第一批女兵。

16 岁离开北京，来到西藏，对于花季少女的我来说，直接掉入了冰雪季。一路上，雪山连绵不断，高原空气稀薄，满目荒芜。人缺氧时会喘不过气，如同老太婆。可以说，从灵魂到身体，都受到极大震动。

那时的我无法想象，世界上竟还有如此荒凉、如此遥远、如此悲壮并且完全不适合人类生存的地方。

阿里高原平均海拔高达 4500 米，氧分压只有海平面的一半多一点。在那里，活下去，是每个人每天必须面对的问题。

有次军事训练，风雪之夜，部队要穿越无人区，翻越 6000 米的高山。寒风刺骨、极度缺氧，所有的身体器官都在经受痛苦。肺压得像纸片一样，无论如何努力都不能吸进足够的氧气，大脑因为缺氧，不断呈现空白甚至出现幻觉。

我身背枪支、弹药、红十字包，加上背包，负重将近 70 斤。泰山般压在身上，举步维艰。从半夜出发到目的地，总计 60 公里。无法忍受时，我第一次想到了用死亡结束这地狱般的行程。

到下午 4 点，才走了一半路程。我决定自杀。再也走不动一步，肺里吸不到一点氧气，只觉得自己要吐血。高原的夜晚来得非常早，当时我决定不再活着了，找个悬崖，纵身而下。这样，一是自己解脱了，二是别人分辨不出我是自杀，就能得到"烈士"名声。这名声对我个人没什么用了，但家里人知道我的死讯后可能比较容易接受一点。

但最后，我还是没有跳下去。因为身旁就是战友，我若滚下去，也许会拖累别人，人家并不愿意死啊。我在极度寒冷中，走完了最后的路程，到达宿营地。这种极端体验，让我突然间对生命有了更深刻的认识。

张英 你在西藏阿里当兵的时候，是属于全科医生吗？

毕淑敏 在阿里时候，还没有"全科医生"这个概念。但因为距离上级野战医院有1200公里之遥，我们必须要掌握诊疗各种疾病的本领，在某种意义上说，也算"全科医生"了。当地牧民称我们为"金珠玛米的曼巴"，我问他们这是什么意思，他们答说，是"砸碎锁链的兵的医生"。

那时，边疆条件较差，无法细分那么多科目，不管什么样的病，来了你都得看，治病救人，手起刀落。你要是把患者转院，颠簸1200公里，那人很可能就死了。环境形势所迫，你内外妇儿都要去救。转业回到北京以后，我就专心做内科医生了。

在西藏当兵，距离死亡非常之近。面对年轻战友的生命突然消失，会受到强烈震撼。战友牺牲，尸体无法火化，都是就地土葬。山高路远，万里迢迢，他们的亲人也无法赶来追思。我们这些女卫生员，为他们整理遗容，擦拭尸身，成为他们最后的送行人和祭奠者。

一名边防战士急需输血，一个连的适宜血型都几乎抽光了，连长着急说，再这样抽下去，如果有了战斗任务，我连的战斗力会受损。后来一查血型，我的血型和那个战士相符，我们班的女战士就抽血给他，我也在其中。最终救活了这名战士。我当时特别高兴，觉得这真是鲜血凝成的友谊。

我曾经对家里人说，如果我去世，火化的时候，给我穿上旧的丝绸衣服吧。它很容易燃烧，又比较舒服。这个念头在我很年轻的时候，就存在于心。很多人在年轻的时候，一厢情愿地以为死亡遥远，是他人的事。感谢藏北经历，让我在年纪轻轻时，就知道死亡必不可免，生命万分脆弱。

可能因为我做过医生，在这个问题上，我清楚地认识到：死亡是每个人必然要遭逢之事。人从出生开始，就向着生命的终点挺进。既然死亡是人类的最终目的地，就不应该回避它。在循序渐进的过程中，没有抵达终点之前，要尽力使自己的生命丰富，尽力使人生少遗憾，多一些幸福和完美。然后，顺其自然，平静抵达终点。

张英 你早期的《雪山女兵》等小说里头，写的都是战友真人真事，让人震撼，和平年代里的人是没法想象的。

毕淑敏 西藏阿里的那一边是未定边界。你在地图上会看到那个标识，指的是和印度的未定国界。

作为中国军人，你必须站在那儿执勤，必须守住阵地。不然边界上很可能出现摩擦，甚至发生大的流血冲突。

战友牺牲后，给卫生科送来遗体换尸衣。我见过一个士兵腹部中弹，腰腹贯通伤。肠子流了出来，战友就把一个饭碗扣在他肚子，想给他的肠子保暖。于是饭碗和一堆流出的肠子冻成一个血色冰坨。

没法换尸衣。军服没有那么肥大，肚子上鼓出一大堆，扣不上扣子。有人建议把碗拿下来，用酒精灯解冻。我实在不忍心让已经牺牲的烈士受苦，决定把这个碗一起下葬。找来最大号的新军装，从背后把衣服剪开，总算给他穿上衣服。从正面看，还挺威武的。

当时的西藏阿里军分区卫生科领导，现在都快 90 岁了。如今战友聚会时，他对我说，你当时是班长，我给你派了任务，让你们十几岁的女娃娃，给赤身裸体的牺牲战士擦洗、换衣服、清理浑身血迹……对不起你们啊……我跟他讲：您千万别这么说。牺牲战友就是我们的兄弟，他的亲人不能送他，我们就是他的妹妹们，这都是战友应该做的事儿。这些经历，对我的三观有很大匡正。

张英　世界观、价值观、人生观被彻底改变了。

毕淑敏　从 17 岁到 28 岁，我一直在西藏阿里军分区，人生最宝贵的日子，都是与人的生与死有关，加上当医生的经历，自然会让我的作品对于人的生命倾注热情和关切。生命，光有长度是不完整的，还得有质量。你活得心境凄惨，生命的存在变成完全在感受痛苦，是不正常的。事在人为，可以调整改变。我学习心理学之后，发现人是可以改变的，人能够换一个角度看这个世界。

那时几乎无书可读，唯一的图书是部队发的《鲁迅全集》。完整的一套书，每天工作忙完，就在夜里看书，认真地把《鲁迅全集》看了几遍。

鲁迅说他的的确确是常常在解剖他人，更多的是更无情面地解剖自己。我当时不理解，现在明白了。最好的文学作品，是从解剖自己下笔。

在阿里高原时，有一天我们用担架抬着患肝癌病故的牧羊人，爬上人迹绝踪的山顶，在那里实施"天葬"。面对苍凉旷远的高原、俯冲而下的秃鹫，想起牧羊人的生前的笑容……惊心动魄的摧毁与重生。我在营地黑板上写了一首小诗，被偶尔上山的军报记者抄去，发表在报纸上。

现在西藏当兵，不会让内地人在那里工作那么久了。我在的那个时候是六十年代末，尚没有轮换机制，现在的情况好多了，几年换一次。

小说处女作发表的背后

张英 转业回北京后，开始文学创作，王蒙评价你："真的不知道世界上还有毕淑敏这样规规矩矩的作家与文学之路……她太正常、太良善，甚至于是太听话了。"

毕淑敏 我回北京后，转业在北京铜厂当卫生所所长，1986年，当时我34岁，试着写了处女作《昆仑殇》。完稿后，是我爱人骑车把小说送到解放军文艺出版社，当时军队有本杂志，双月刊，叫《昆仑》。他们在完全不认识我的情况下，看了稿子，发在了1987年的《昆仑》第四期头题。

当时对我来说，初试写作，作品投稿到哪儿，最终能不能发表，似乎并不是最重要的事儿。最重要的是把它写完了，我心里的话说出来了。写完后，是我先生骑着车，把文稿送到了解放军文艺社。因为他想起了《钢铁是怎样炼成的》那部小说中，保尔·柯察金写了一篇稿子，在邮寄过程中丢失，为此差点自杀。他说，还是自己送去比较保险。

在那之前，我没写过短篇，没在刊物上发表过任何作品，连篇散文都没有。当时编辑部看这个小说以后，都在说，这个小说是不是哪个男作家化名写出来的？后来又觉得写的是西藏的边防部队，没有那儿的生活经历也写不出来，作者的名字又是个女的，有点奇怪。他们约我到杂志编辑部谈稿子，提了个要求，让我和我先生一块儿去。我当时不明白是何用意，后来发觉他们想看看是否我丈夫代笔。交谈中，特别是涉及小说中的，我先生完全不知道，都是我来回答，他们方确认这个稿子是我写的。

写了两个中篇小说后，1988年，我就读了鲁迅文学院和北京师范大学合办的研究生班。同学中有迟子建、严歌苓、刘震云、莫言、余华等。

上学后，我觉得也可以试着写写城市生活，医学题材什么的。

张英 王蒙评价说："毕淑敏即使做了小说家，似乎也没有忘记她的医生的治病救人的宗旨，普度众生的宏愿，苦口婆心的耐性，有条不紊的规章和清澈如水的医心。她有一种把对于人的关怀和热情、悲悯化为冷静的处方，集道德、文学、科学于一体的思维方式、写作方式与行为方式……"

我觉得王蒙的话很对。像《红处方》这个作品，你是抱着怎样的责任感去写的？还自己跑去采访、去体验生活。

毕淑敏 没有人安排，是自己主动写的。《红处方》那个年代，社会上吸毒现象萌生。我作为一个医生出身的作家，对此不理解并有危机感。

别的天灾人祸，比如得癌症、心血管疾病，有些客观因素、遗传因素，某种程度的身不由己。可是一个好端端的人，怎么能主动去吸毒呢？做故意残害生命的事情！我到戒毒医院实地深入生活，还采访了相关的专家。我把来龙去脉搞清楚了：人在觉得幸福的时候，大脑皮层会分泌一种物质叫内啡肽，而吗啡的化学性质，恰好模仿了人在幸福时候的那样物质。我很想用自己的笔，说清楚这件事情。毒品为什么有那么大的诱惑性？为什么有那么多人铤而走险去尝试它？因为开始的时候，它不让你觉得那么可怕，会让你感到一种病态的满足。那是很漂浮、很放松的感觉，你一旦上瘾，就难以逃脱它邪恶的魔爪。

写《红处方》的动机，来自对生命的责任感。想通过自己笔下的文学作品，起到警示作用。通过故事主人公简方宁选择自杀去殉圣洁的事业，昭示人类的信念有远超于毒品之上的力量。

张英　后来《红处方》的社会反响很大，"我是一个捕蛇的人，我被蛇咬了。我要用自己的生命向这罪恶抗议。我要证明，人的意志是不可战胜的，毒品可以使我中毒，却无法使我屈服"。接着《红处方》又拍电视剧，你为什么没有写剧本？

　　毕淑敏　在《红处方》里，我特别想表达对生命的关注。人性中有许多黑洞，生活中隐藏着太多陷阱，我想用一个作家的良知去提醒人们注意。

　　《红处方》的电视剧我看了，小说和剧本，还是有很大差异。我尊重改编者。直到现在，我没写过电视剧本。术业有专攻，我对剧本写作没有专门研究，很可能做不好。

　　张英　《血玲珑》特别像一个非虚构的新闻，那个小说是怎么来的？

　　毕淑敏　这个小说，最早来源于我当医生的时候，看到过类似的病例。孩子死了，我想到如果再有一个孩子，是否可以做骨髓移植。当时的中国医学还没有进展到那一步。

　　《血玲珑》电视剧播出后，有一个电视台跟我说，现在真的有这样疗法了，你愿不愿意和这样的家长见个面聊聊？一定是个很感人的节目。我说，祝那个家庭幸福。我写的只是一个虚构的小说。谢绝了。

"非典"病毒和文学创作

　　张英　《花冠病毒》这个小说，讲述的是人类和病毒之战。在你创作生涯中比较特别，是你深入抗击"非典"一线采访，写出来的小说。

毕淑敏 2003年初春，"非典"病毒病例在北京出现，之后开始大流行。凭着医生的敏感和职业特点，我当时就很忧虑，心情很不安。

我相信老祖宗说的"凡事预则立，不预则废"，设想自己若是得了"非典"，怎么办？

作为内科医生和心理医生，我写了一篇文章《假如我得了非典》，发表在了五月份的《北京日报》上。它代表我对病毒的认知，也代表我对死亡的思考和态度。

我在那篇文章中写道："假如我得了非典，我会遵从隔离的规定。尽管我一直坚定地主张人应该在亲人的怀抱中离世，让死亡回归家庭，但面对大疫，为了我所挚爱的亲人，为了我的邻里和社区，我会独自登上呼啸的救护车，一如海员挥手离开港湾，驶向雾气笼罩的深洋。"

文章发表后，有朋友跟我说，我是个乌鸦嘴，不应该写这个文章，不吉利。但也有朋友说，他本来很怕这个病毒，看了我这篇文章，反倒变得不那么害怕了。这场"非典"病毒带给我们的灾难，让我们对生命本身有了一种反思，应该如何对待自己的人生、过好自己的日子，应该以什么样的态度去面对世界，都具有了不一样的眼光。

有一天，我接到了中国作家协会的电话，请我参加一个特别采访组，去"非典"前线采访，而且第二天就要出发。按照规定，要求在采访结束前，不能回家。

我当时很犹豫。之前，我知道有一些作家报名参加，但是我没有报名，当时我有具体困难。母亲和我同住，已是肝癌晚期，她在密集的治疗当中，我一直照顾她。我要是参加"非典"采访团走了，老母亲谁来照顾？万一她有什么意外，我如何面对生离死别？如果我出了意外，染上病毒，她一定会承受巨大的精神打击。

我当时很纠结，很迟疑，跟通知我的人说，让我想一想。母亲在一旁，听到了我的电话，她当时对我说，国家有难，你应该挺身而出，不应该推辞，我会活着等你回来。

在我母亲的支持下，我第二天就参加了中国作协组织的这个作家采访团。后来在写《花冠病毒》的时候，我用上了这个细节，小说的开始部分，就是一个女子，要放下自己患重病的母亲，奔赴前线抗击病毒。可以说，没有母亲的深明大义，就不会有我的应招出征，也不会有《花冠病毒》的问世。

张英　当时我在《南方周末》北京记者站，我和我的同事们，都参与抗击"非典"的报道。那是我们第一次大规模面对传染病毒导致的灾难做出报道。我有位叫林楚方的同事，在佑安医院穿着防护服，和医生们工作了一个星期，写了一篇很有名的报道。

毕淑敏　那时热闹的大街上，看不到行人，没有出租车，公交车也很少。大家很少出门，老老实实待在家里。

我们当时和新闻记者一样，在作协的组织安排下，奔走在抗击"非典"的最前线，我和何建明、王宏甲还有其他几位作家，走访外交部、国家气象总局、北京佑安医院、军事医学院等单位，白天采访，晚上整理采访笔记。

我们采访的对象，从一线的医生、护士，从危险病症中恢复过来的病人，到研制药物的科研人员，甚至到外交部长。这个事件并非只是病毒的孤立事件，而是事关地球的国际事件。

有一位护士，疫病刚开始流行，她就在医院里处理病人的排泄物，也因此感染了"非典"病毒。父母亲知道她参与了抗击"非典"的工作，就天天盯着电视看，希望能看到她。后来病毒侵害肺部，她呼吸困难，生命全靠吸氧维持。她说，因为是重病房，昏睡中一睁开眼睛，旁边有一个人死了，过一会儿睁开眼睛，旁边又有一个人死了。

怕父母担心，她不敢说自己染病，每天给父母打个电话报平安。病中气都喘不过来，打电话前她就拼命吸氧，积蓄一点点力气。打通后对父母说，我都好就是特别忙，正抢救病人不多说了挂了啊……小护士后来康复，她说，我血液里有非常强的抗毒血浆，抽我的血浆吧，可以救助重症患者。

张英 《花冠病毒》这部小说在采访后八年才动笔写，九年后才发表出版。这么长的时间酝酿，为什么？

毕淑敏 报告文学作家，很快就写出了作品，发表和出版了。小说是虚构作品，构思过程有时候会很长。

采访让我收集到了大量的第一手素材，但只有原材料远远不够，我要找到好的故事，还有小说的结构，人物的关系设置，等等。特别是主题思想、内涵的意义和价值……都要想清楚了，我才能对自己说，这个小说可以写了。

还有一个重要方面，就是读书。我买了很多关于病毒的书，包括病毒大辞典，读来很吃力。我当医生的工作习惯，是力求真实、符合逻辑。小说写到的细节，引用的病理，都要在一定的根据之上再加以虚构的成分，带入想象空间。

地球上，人是一种生物，病毒也是一种生物。据科学家考证，这一古老种系在地球上至少已经滋生了20亿年，而人类满打满算也只有区区几百万年历史，细菌、病毒比人类更为悠久。如果把地球比作一间房屋的话，当人类走进这个房间的时候，这个房间所有的地方早已遍布病毒，它们是非常古老的地球原住民。

今天的现代人，很少面临险恶的生存环境的挑战。我做过几十年的医生，深入一线的采访和之后的读书思考，让我觉得人类须居安思危，和病毒必有一战，谁胜谁负还是未知数。作为小说家，我最感兴趣的是，人类怎样面对和病毒之间的长期较量？怎样独自面对死亡的威胁和未知的恐惧？

我想写一种可能会发生的现实。

最后我从科幻小说里找到了小说的支撑点。科幻小说也是小说中的重要流派，利用科技前景和未来趋势，展开充分的虚构和想象。我发现以这种方式进入这个小说的写作，是很好的角度。

书里提到的"花冠病毒"，我把它设置为："研究冰层物质的科学家从冰川中钻取出了一根冰芯。在研究的过程中，发现了这种不明微生物，这是已经存活了近14万年的病毒毒株，它们一直在等待时机东山再起……"

我写这个小说的目的很直接并单纯，就是叩问人类生存的现状。世界不仅仅是人类的，也是病毒的，尽管病毒很低级，但它也颇有杀伤力。人和病毒的相处，就是一门高深莫测的学问。如何相处？病毒是不会思考的，那么作为两者中的另一方——人类的思考，就尤为重要。它的深度直接决定了二者之间的博弈是一个什么状态和最终结果。

我们真正拥有的就是各自的生命，不仅包括身体上各个器官、细胞和血液，也包括我们的心理。虽然世界有阴暗和冰冷，我仍然对人类带有关切和悲悯，愿意用善意关注这个世界，希望人类做出好事情。

张英　为什么小说最终会取名《花冠病毒》，用病毒的名字当小说名？

毕淑敏　我听一位病毒学家讲过，在电子显微镜下，有些病毒非常美丽。我喜欢他的观点与情绪。花冠病毒形态绚烂美丽，和它的凶残形成强烈反差。病毒学家这句话影响了我，所以我起书名时，这个名字涌上心头。

病毒是古老的存在，名字只是标记。病毒是没有思想的微小个体，它无知无觉。它的形状和它所引起的病症，并没有什么直接关系，不适宜用人类的感受来评判病毒。

取名《花冠病毒》，一是警醒，二是比较好记。我在乎的是，在一个精彩的故事背后，能够传达出人在面对灾难时的心理挣扎，在绝境中爆发出来的强大与坚韧，我想对人性、救赎等进行诠释。

张英 你在这个小说里也不忘记传播心理学知识，提到乐观向上的情绪、积极的心理状况对疾病治疗有很大的帮助作用。

毕淑敏 这不是我主观臆想的，而是确凿事实，且有大量病案支持。"非典"采访时，很多医生和护士说过，病人康复还是死亡，除了身体素质、病情严重程度、年龄大小、有没有基础病这些客观因素外，病人自身的心理状态极为重要。

有些人，刚入院时病情并不很重，但他的病情和发展趋势却越来越糟糕，医护人员总结出这类病人的特点：比较悲观，平常人际关系薄弱，危难时刻没有知心亲朋好友的安慰与挂牵，心情黯淡，情绪低落，病情和心情形成恶性循环。

他们说，如果病人缺乏有效的"支持系统"，觉得自己无足轻重，无人牵挂、关怀他们，自卑而无存在的价值感，经常出现负面情绪和低落的自我暗示，导致身体的免疫系统无法高效能地运转，很可能最终导致不治。这是非常令人惋惜的结局。

反之，那些情绪乐观、天性开朗的人，人缘关系好，朋友多，有人问询，有家人照顾、关爱的病人，精神、情绪都比较积极的人，康复的希望就会更大。身体的内分泌和抵抗力系统，高效运转。加上药物作用，病情就逐渐好转，发展的趋势就比较乐观。

所以，如果万一染病，请一定保持坚定信心和良好情绪，多进行正面积极的思维，让心理能量温暖饱满，它和药物治疗具有同等重要，甚至（有）更加重要的作用。要有永不放弃的坚强信念。

心理医生和《女心理师》

张英　写小说之前，你都会有固定的习惯吗，做提纲、小说的结构图？

毕淑敏　大体的安排是有的，特别细致的没有。写作时，大多数情形下，我明了大致的方向，但具体的起承转合，到底是迂回而去还是直接穿插，包括一些旁枝末节的展开，并没有很严格的计划，写的过程中有些部分允许随心所欲。

张英　《拯救乳房》这部小说，如果在今天，很多人可能会把它列为非虚构作品，这个小说当时是怎么来的？

毕淑敏　写这个小说的时候，我正在北师大读心理学的博士方向课程，教授让我们报方案——每人要带一个心理辅导小组。我当时的设计是带领一个乳腺癌小组，我已经完成了小组的人员征集，都是社会上的乳腺癌病人。但很突然，我妈妈那时候病了，确诊是癌症。

我跟导师汇报了这个情况，导师考虑后对我说，你已经不适合再带一个组员都是癌症病人的心理小组了，因为你母亲患癌症，你正在经历非常剧烈的情绪动荡。你将要组成的小组又恰好也是癌症成员，这种相类似的情况，会让你处在不稳定的状态。一是从保护你的角度来说，这个小组会激化你的心理负担；二是从保护你的未来组员的角度考虑，如果组长情绪有很大波动，对小组组员来说，也不是正向的影响。教授指示我放弃这个安排，停止小组工作。经过思考后，我觉得导师的意见非常有道理，便向已经完成募集的组员们致歉，关闭了这个小组。

我后来改带了一个普通大学生的心理成长小组，过程平顺而阳光。小组中讨论的多是青少年成长过程中的常见问题，聚焦于人际关系和择业、对自己的童年回忆和原生家庭的剖析……

不过，我对癌症小组的关切一直没有放下。学业结束后，我决定用另外一种方式将这个心愿完成，于是写了《拯救乳房》这部小说。

张英　写《女心理师》的时候，就把心理咨询门诊的经验用进去了。小说是一个俯视图，像《清明上河图》一样，两卷本，特别厚实。

毕淑敏　对，《女心理师》出两卷本，是出版社的一个设计，因为近40万字的稿子，出一本会比较厚，一般读者接受起来会比较困难，读着也累。出版社就决定分成上下两部出版。

这个小说的准备时间也比较长，有很多我开设心理咨询中心的实际体验。中国社会的变化太快了，生活节奏太快，人人忙忙碌碌，很少有时间清醒和冷静。很多人，被工作和生活、欲望和需求挟持着，被各种社会潮流包裹着，混淆了方向感，忘记了自己的初心，忘记了什么是人生目标，忙忙碌碌、浑浑噩噩地活着，经常觉得日常生活乏味，也很少有满足感和幸福感。

《女心理师》里，写的就是年轻人寻找自我的故事。命运多舛的贺顿最后当上了心理师，助人自助。在工作岗位上，她遇到许多来访者，看到很多人和事，她发现当下这个时代，人性是如此的丰富斑斓，生活如此丰富。很多看似奇异的事件背后，都有时代和社会的影子，有人性的逻辑。

张英 我记得，当时还有人说，一个心理医生把病人的案例拿去当写作素材，违反职业道德。

毕淑敏 《女心理师》的所有故事都是虚构的。它是一本虚构小说，而非心理案例的报告集。

我对这种说法，一笑了之。心理学的学术著作，多艰深晦涩。我用小说笔法做一点转换，通过故事把心理学的专业知识大众化，也许可以帮到许多人。

可以非常负责地说，《女心理师》中的所有故事，都是生活的投射，而非现实案例。我是经过严格训练的职业心理咨询师，也是有责任感的专业作家。你绝不可能凭此小说中的任何一个故事，在现实生活中找到和他或她一模一样的人。

对于我的这个尝试，导师也很赞赏。她说，这些故事对提高国人的心理健康水平，大有裨益。

在小说里，我着力渲染的诸多场景，比较接近一个心理医生的实际工作状态。比如贺顿每天接诊八个来访者，她的思绪就要随着不同的人，不停转换。

我很在意写出人性的复杂，人非常多面，社会亦如此。你知道了人性的幽暗复杂，但依然相信光明，相信人是可以信任的，这就是我想在小说中努力表达的。真实的世界，不能说到处都是阳光，也有阴暗之地，世界复杂而丰富。人类要有信心让自己幸福，要用智慧想办法面对重重问题。

大体上来说，我的目的部分达到了。记得有一次我去医院看病，牙疼吧。大夫突然对我说，哎呀，毕淑敏，你赶紧告诉告诉我，《女心理师》下半部的故事是怎么回事？

他不是先看我的牙病，而是先问小说结局。

张英　媒体报道，《女心理师》这个小说的影视剧版权，当时卖了几千万，你还是没写剧本。

毕淑敏　几千万？谣言。

《女心理师》社会影响大，可能是通过小说里写的那些故事，能引发一些人的思考，带来某种启示吧。我当时取舍故事的标准，是选一般人都会遇到的问题案例。《女心理师》（电视剧）版权方找过我，我没答应写剧本。

《女心理师》小说写于十几年前，现在电视剧会加一些新内容，比如异装癖、购物狂、强迫症，等等。与时俱进我可以接受，希望改编中尊重心理学规则，不要胡编乱造，制作方回答说有专门的学术把控，那就好。

电视剧剧本磨了好久，前后有两家公司参与，换了两拨人写剧本。因为有专业门槛，后来觉得难度有点高，未能完成。这次的公司又让我看剧本提意见，我说你们就权当我死了吧。改编作品，假如作者死了，你们就没法跟他商量了。

这个电视剧也是历经坎坷，前两轮都没有弄出来，一个周期是五年，这就 10 年过去了。对现在这一拨拍的电视剧，寄寓希望，他们在不断努力中。

电视剧我不很在意，因为是他人的集体作业，小说是我的主业。剧本和小说不同，会损伤很多小说里珍贵的东西。比如，电视剧就不能有心理描写，我特别想保留心理描写，这怎么办？我在小说里很喜欢把一些故事穿插起来写，但是电视剧不行，要单线条叙述，不然观众看不懂。

电视剧顺其自然吧。

30 年挂念不忘的故事

张英 《鲜花手术》这个小说，也与心理学有关，而且是你唯一写爱情的小说。

毕淑敏 《鲜花手术》是我很在意的作品。

我当兵时，听到过这样一个故事。二十世纪七十年代，有个女实习医生，未婚先孕。怎么办呢？传出去两个人都会身败名裂。她就想出了个主意，让男朋友给她做手术，打掉孩子。这个人工流产的手术，并不算大手术，女医生自己也会做，但她不能自己给自己做这个手术。她觉得手术不难，可以指导着男朋友完成。于是备好了全套器械，让男生动手。男生战战兢兢开始了笨拙手术，不想手术过程中，险象环生、遍地血泊。最终发生意外，女生体内大出血，男生慌忙呼救，女生被急送医院抢救。二人隐藏的秘密大白于天下，受到严厉处分。

一个医生怎么会让一个完全不懂手术的人来做这么可怕的事情？时隔 30 年，我理解她了。那个时代有那个时代的法则，女生为了自己和男友的前途，出此下策。

爱情是人类非常美好的感情，充满了人性最剧烈的撞击，丰富的跌宕起伏是爱情具有的巨大魅力。年轻时候你激情澎湃，荷尔蒙的分泌也非常旺盛，心理的、生理的基础，加上社会、外在的各种客观因素都交织在一起，惊心动魄。如果一段爱情经历时间很久，身体荷尔蒙已经平息了，重新看爱情，也许有不一样的眼光和判断。

这个故事对我刺激特别强烈，在我心里埋藏了 30 年，那种惊愕感，那种冲击的感觉，让我不得安宁，一直想给它写出来。

张英 你的写作动机是什么呢？一个 30 年前的故事，让你不得安宁，原因何在？

毕淑敏 如果一件事情当时感动，过了很久很久，感动依然存在，我就会警惕，觉得一定有未曾察觉的原因深含其中，很想把它表达出来和更多的朋友分享。

在《鲜花手术》里，我想写出主人公黄莺儿身上所具有的那些让我敬重的品质，坚强、勇敢、无畏，坚韧、单纯、执着、冷静、敢于承担责任，为了爱情不惜代价牺牲自己……这对一个女人来讲很宝贵。

这故事里面有某种历史的悲剧性，很难说此事正确与否，但这种处理方式，实在太惨烈。那么年轻的生命，用这样一种残酷的方式结束，会让人强烈不安。时代的问题，人的问题，某种阴差阳错……我心里深深地惋惜。

像《诗经》里描写的爱情，情感激烈，敢恨敢爱，爱憎分明，想怎么样就怎么样，那时候人的激烈程度，透明和单纯，心灵和肉体高度统一，生命纯度和浓度都达到了某种极致。

张英 读这个小说，跟我看严歌苓的《芳华》是一样惆怅和难过。人没有办法，人生和命运在时代、社会面前，左右不了自己的命运。但同时人又很伟大，没有实现那个愿望，会在内心一辈子铭记，刻骨铭心，不由自主。

毕淑敏 对，你说得很好。时代现在不同了，每一代人面临的情况都不同。现代人的生活节奏特别快，人容易被眼前小的目标、小的要求所束缚，每天埋头其中、挣扎不出，但我特别希望现代人能在这种密不透风的生活中停下来，有一个时间段去想想自己到底要成为什么样的人，把握有限的、宝贵的生命，到自己回首往事的时候有一种欣慰感、自豪感。

不为名利所困扰

张英 在小说之外，你后来写了很多普及心理学的散文。

毕淑敏 我是小说写，散文也写。小说也好，散文也好，写作的意义没有发生过改变。每个人都是孤独的，文学是一种灵魂的沟通，我观察世界，萌生某些看法，希望和更多的人去分享，不一定正确，但基本保证真诚。

几十年的社会发展、经济建设让我们迅速满足了温饱需要，在一代甚至更短时间内，有些人从两手空空变成富甲天下的豪门。变化太快，心理不容易适应。到底如何享有幸福？同样的外部环境，为什么有人幸福，有人不幸福？有人认为，钱越多越幸福，升到某个职务，娶了某个人或嫁了某个人就幸福了。

无数研究证明，事实绝非如此。世上很多有钱人并不幸福，美女帅哥、达官贵人也并不一定幸福。幸福不是外部环境能够给你的，是一种深入的修为，幸福是一种有意义的长久的快乐感。写作，就是表达我对这些问题和现象的思考。

张英 因为散文写作，你现在成为一个畅销书作家，意外吗？

毕淑敏 记得出版人路金波对我说，作为一名医生、一名作家，你又去学了心理学，对你来讲，实在是正面积极因素，对你的写作有很大的帮助。

心理学的学习对我很重要。一个人很容易从一己经验出发，去阐述和分析这个世界，心理学让我对人性的理解不再囿于一己的狭隘经验，帮我观察细致、认识深刻。我本身学医出身，医学是理工科，它让我变得理性、冷静客观，看人说事，多了立体角度。

张英　遇到写不下去的时候，遇到创作"瓶颈"，怎么办？

毕淑敏　作家都是会有这个阶段，"瓶颈期"几乎每个人都会遇到。好比生命中微小的结，有可能不顺畅。这种时候，我选择放下，在家做家务，出门走走，看看老朋友。也可能出趟远门，去一个陌生的地方旅行。奇妙的是，问题总会得到解决。到现在为止，我没有遇到小说中断写不下去、彻底废掉的时候。

张英　你的每一部作品，都有情感和体温。现在，通过写作与读者沟通，愿意交心的作家不多了。现在文学上，你还有野心吗？

毕淑敏　毫无野心。不想写进文学史，也不期待得什么重要的大奖。我在做我喜欢我愿意做的事情，跟很多人沟通和交流，这就很好。

张英　很多人觉得毕淑敏很奇怪，当心理医生做到了门诊价格最贵的心理咨询师，结果三年个人品牌出来又不干了，诊所关门了。很多公司都买你的小说改编电视剧，高价请你当编剧你不写，甚至提出来挂名实际上让枪手写，你不同意。因为你只要干下去，发财肯定是足够了，出国定居、郊区买别墅啊，过上非常好的生活呀。

毕淑敏　我挺喜欢孔子所说的，就是六十耳顺，七十从心所欲不逾矩。我很想提前达到从心所欲不逾矩。20 年前，我那时的心理咨询价位是每 50 分钟 800 块钱，很多同行不服，说她凭什么那么贵。这真非我本意，是诊所股东开会定的，说这样供需才平衡。

现在电视剧行情好，剧本价格也在涨，收入比写散文、写小说强太多。也确实有人来找我，要替我写剧本，又说他替很多作家都做过枪手。

我问他为什么找我，他说我是他佩服的作家，愿意和我合作。我说，我的经历决定了你可能写不了我。他很有把握地说，你不就是在西藏待过吗？我也到西藏去深入生活，保证跟你写的一样。我对他说，我一点都不怀疑你的能力，我现在就是怀疑我自己。我不能接受这件事情。我好不容易在这世上安心地活着，我不愿意余生为此不安。

我在物质上的要求不高，日常中便饭足矣，而且衣服、首饰、汽车什么的，我也不要名牌。这不需要做思想斗争，是真的不在意。从生命的本质来讲，这些都是浮华表象。有人特别在乎，我也尊重。每个人所要的不一样，我不需要这些东西。

人一辈子唯有生命属于自己

张英　很多作家，面对长篇小说走红，市场好、读者欢迎，会快马加鞭，接连写长篇小说。你不急不忙，学心理学，读书去了，小说也不写了。到你这个分上，应该再写几个长篇小说，将来青史留名啊。

毕淑敏　我不在乎青史。六十耳顺，我原以为耳顺是无论听什么话，都不再生气了。其实不然，耳顺是我听什么话，都知道你为什么要这么说。

枪手为什么要跟我谈合作？他不在乎名，但他在乎利。他说以毕淑敏的名气、个人品牌，写剧本可以拿到某价位，但他若以自己的名义去写，就相差很多。

这些我能理解，但对我来说，我是不能允许自己找枪手的。我至今只写过五部长篇小说，《红处方》《血玲珑》《拯救乳房》《女心理师》《花冠病毒》。我保证字字是我自己写的哦。

按照古人的标准，70岁做到从心所欲不逾矩。我争取提前达标吧。

张英 没有多少人能够拒绝钱，太难了，一般人是很难拒绝的。

毕淑敏 对我来说，我更在乎内心安宁，做我喜欢的事情。

十几岁的时候我在西藏，天天夜里望着格外透彻的星空想：一辈子唯有生命属于自己。我不能暴殄天物，要有趣、有意义地生活。活一辈子不容易，按照老祖宗的智慧，70岁才能达到从心所欲不逾矩。可是，人到了70岁，再活不了几年了。我争取提前一点到呗，争取50多岁可以从心所欲，我靠努力，凭劳动过活。

张英 我20多年前采访你，你的工作和生活状态，和现在没有什么变化。是不是因为你原来做医生的关系，见过了生死，别的你就觉得不那么重要，生活中变得很"佛系"？

毕淑敏 你说的这个可能挺对的，我还真没这么想，也不知道"佛系"的确切含义。我不管写作还是日常生活，都比较镇定。在很多人情世故、为人处世的方面，我都是守住本性和本心，随着自我的心意去处理，当然要守法，然后顺其自然。

我相信世界的万物，有它内在运行的规律。我不可能过多地人为去干涉别人，我唯一能掌控的，就是在我已知的部分我去努力，未知的部分我去等待，自然面对。

比如说我没有想到要留到文学史里，也没有想到去得什么奖，更不用说那些奖，还不一定公平的。重要的是我的生命和我的生活，我在做我喜欢的工作，为我的亲人、家庭兴致勃勃地活着。

包括你看到，我给家里人买各种蔬菜，包括网购家居用品，对我来说都是生命的一部分，我觉得很自然，它也会让我快乐，包括出门旅行，看看这个世界。

科技时代，对人的要求更高了

张英　这 20 年来，科学技术发展的速度特别快，社会变化特别快，为什么这么多的科技的应用，无法提升我们的幸福感？

毕淑敏　问题非常好。科技的提高，并不能直接提高人的幸福感，两者不能画等号。比如主妇天天要买菜，现在用手机就能把菜买下来，有人直接送货上门，很方便。但这也形成一个问题，人面对着更多选择。选择这个能力，是每个人受自己的价值观、方法论影响所决定的。

第一，选择商家的信誉。没有信誉的商家不选，无论他家的图片拍得多漂亮，文案多诱惑人。第二，我清楚我家人的需求，需要的营养搭配。我不能被商家打折、买三送一之类诱惑，学会坚决抵制商家噱头。第三，我判断质之后还要判断量，预估今天需要多少。

随着科技巨大发展，我们的选择多样性与日俱增。选择的能力，是对现代人提出的更高标准。你在网络上轻轻一点，一件衣服就蹦出来，它给你展示模特，衣服穿上无比好看，非常飘逸。但是这个衣服适不适合你？你自己到底是个什么样的人？体型怎样？要达到怎样的穿衣效果？什么颜色适宜？你只有自己做出判断，要有良好的自我评价和自我认知。

我看过一个消息，英国女王的衣服举办展览，展览的名字叫作"为责任穿衣"。贵为女王，她非常清楚，她的形象也是她的责任之一部分。平常有多少人，会觉得穿衣是我的责任呢？你给别人的第一印象，常常和衣服有关，因为服装的面积比较大。假如说你的脸一本书那么大，你的衣服就有两张报纸那么大，它传达出的信息很重要。

你清楚你是一个什么样的人吗？你知道你执行的是什么样的工作吗？你期待给别人留下什么样的第一印象？这些，都是你做人的责任。过去特别贫困的时候，没有选择，每人几件衣服。工装，或者是洗白的军装，仅此而已。现在，物质丰富，购物便捷，便对一个人的选择能力提出了更高要求。很多人在如何选择这张卷子上，是不及格的。

张英　需要自我清醒的认知。

毕淑敏　我们对自己的需求，对自己购物的目的，包括自己的经济实力，要有准确评估，既不受便宜或是昂贵的诱惑，也不被流行所裹挟。

比如给我先生买袜子，我不会买流行的船袜。脚踝易受伤受寒，我要买能够把秋裤扎进去的袜子，已是老年人了，要保护自己，谨慎选择。

如果你很清楚知道自己要的究竟是什么，大到找工作、选男女朋友，小到鸡毛蒜皮的生活琐事，选择的速度都会大大加快。

洗衣机、洗碗机的出现，让我们生活质量提高，节约了很多时间。节约下的时间干什么呢？这又是一道选择题。

张英　科技时代，对人的要求更高了。

毕淑敏　选择机会多，你应该更有可能找到最合适你的选择。你时刻都要问清楚：你到底是个什么人？你最想做什么？

20 年前我们的信息量可能是 1，现在我们的信息量可能是 10。如果你没有很强的自我判断能力、对世界的概括总结能力，你会眼花缭乱，涌出焦虑感，茫然不知所措。茫然中，很容易很仓促地做出决定，失误性、错误率都会比较高。

对于我来说，生命已到晚期。时间最宝贵，我想去看看这个美丽的地球，认识世界，每年去国外旅行。作为作家，写出我构思好的，这就要推掉外界活动，压缩不重要的事情，集中精力写作。

张英　人很容易忘记对自己最重要的东西，比如科技发展，飞机和高铁，天涯若比邻，看望亲人和朋友更方便了，但大家并没有因此多陪亲人和朋友。

毕淑敏　这个例子举得很好，我们为什么要买机票、坐高铁，是为了亲情为了欢聚。可是当交通工具更加快捷以后，有多少人真的去多看了自己的亲人呢？比如现在电视节目相亲，一个男生有机会同时去和 24 个女生会面，经过沟通做出选择，相亲的手段和这个幅度，已经比过去多了很多选择。但是当他失恋的时候，仍然是痛苦的。以前失恋有多痛苦，现在的失恋还是那么痛苦，这一部分没有技术能解决。

科技发展进步，速度和效率提升，但有一部分领域，属于情绪和思想的范畴，科技解决不了这部分问题。而这一部分，正是人类最宝贵的所在。我们要格外重视它、珍惜它、维护它，让我们变得更有理想，眼光变得更清澈，人活得更长远更安宁。

一个人如果有特别坚定的信念，包括对这个世界和自己都有很好的把握的话，可以利用技术增强自己的幸福感。如果没有这个自我认知和能力，科技再发达再进步，也没有办法直接增加人类的幸福感。

就像我们现在，不能够说有飞机了，我们就比原来更幸福了。当年走路的时候，你有多少幸福感，现在坐飞机的人，估计幸福感差别不太大。不幸福的照样不幸福，幸福的以前走着幸福，现在也幸福。科技是一个中性的东西。

科技解决不了的问题

张英　这几年机器人及人工智能的广泛应用，无人驾驶汽车、地铁的出现，给社会生活带来了很多便利，也给人类现有的社会秩序带来了越来越大的挑战。很多人文知识分子很忧虑，担心社会和人类发展失控。

毕淑敏　科技进步确实一日千里，我们第一应该拥抱科技向前的进展，也不必惊慌，但我相信内心的这种稳定，不会是因为你是走路、骑马、坐汽车、坐火车、坐飞机这些改变发生根本性的变化。

你朝那个方向去走，飞机自然是最快，没有飞机坐火车，没有火车你就坐汽车，没有汽车最后你迈开双腿，只要方向正确的，你终于也可以到达你的目标和终点。科技工具当然可以加速我们的过程，如果方向不对的话，那么这些进步就变得没有意义了。

所以，确定科技发展方向是最重要的。如果科技向善，让人类生活更美好，生活品质更高，人更幸福，那这样的发展方向就不会让人担忧。

张英　科技发展是柄两刃剑，机器人和人工智能的应用，在把人类从繁重的体力劳动解放出来的同时，也让很多人类的工作岗位消失了，带来了失业。德意志银行最近刚裁了五分之一的人，他们的工作岗位，就全由机器人代替了。

毕淑敏 的确有一些工作会被机器人代替。原本从事这些工作的人干什么？无法给出答案。对于我们来说，回到老话题：你相信人是有价值的，这份工作没有了，你还有能力去找别的工作。

比如我相信，我要是不写作，可以去当月嫂。小孩子那么可爱，生下来基本都是健康的，只要懂得专业知识，手脚勤快、干净，懂妈妈和婴孩的心理，这个工作，我可以做。目前机器人无法代替月嫂。男士当快递员也可以啊，需要很高技巧吗？不需要，只要人熟、路熟，认真负责。工作没有高低贵贱之分，不能说我人生的价值感来自做的工作。工作都大同小异，这个工作做不了了，可以做别的。10年以前，没有快递员这个工作，现在风生水起。

张英 你对未来还是比较乐观的。

毕淑敏 人类是智慧的。人和机器，会维持一个平衡，我对未来抱有乐观的展望。

我去过很多地方，比如东非，（曾被认为是）人类的起源之地。可以看到人类是怎样一步步进化，从诞生到现在，已经走了几百万年，其间遭遇过很多苦难，包括大灾难。但人类始终还存在着，还在向前发展。

今天有好的科技前景，人类还有千百年积累的智慧。当科技的发展好像超出了人类现今智慧能够掌握的部分时，我也不害怕。坚信人类的智慧也在不断进步中。

科学家们研制出核武器后，在日本使用了一次。之后人类储存的核武器，已经够把人类毁灭多少次了。不过近几十年里，人类和这些核武器都在和平共处。真敢悍然使用核武器的人，人类社会的文明应该能有所控制。否则的话，退一万步讲，如果人类科技真的发展失控，核武器、机器人将人类毁灭，那么这个毁灭过程，对地球来说也未必是坏事。人类这个物种已不配存在，亲手制造了武器，埋葬了自己。

从更宏观的角度看，宇宙无垠。地球几十亿年的生命史，包括太阳系，只是极小一部分。我相信宇宙不会只是地球上有生命存在，其他星球，也会有悠久生命。

不妨镇定一点，静观其变。如果人类不珍惜自己，没有节制，不晓得自己的边界在什么地方，而使整个地球失控，那么只能毁灭。

人工智能还在摸索和起步阶段

张英　怎么看待科技进步，带给人类生活便捷、舒适的同时，给日常生活里的人际交往带来的负面影响？比如，你以前是在附近菜场买菜，现在电商的发展，可能就会让小商店、小超市消失？

毕淑敏　这是社会和时代的选择，无法逆转。因为电商的发达、互联网带来的便捷、社交产品的应用，我们跟社会上的朋友越来越陌生，很多时候就退回到了家庭。根据研究，一个人，在同一个时间段里，充其量只能和最多200个人发生密切关系。

若是以前，我没有办法和你进行这样很深入的谈话。我在附近碰不到你，只能作罢。现在，通过微信可以随时进行语音通话、视频，甚至很多人一起开会或者视频。

有一些东西消失了，有一些东西必然会出现。只要你内心和人真诚交往，坦率地沟通和交流，新的联系还会发生。我不去菜市场买菜了，我参加了一个买有机菜的微信群，在那个群里，不断跟人家讨论这个东西怎么样，那个东西怎么样，认识很多新朋友，虽然我未曾见过他们。

一个不爱联系的人，原本他就不爱跟人联系；愿意联系的人，现在也可以和别人有深入的联系。这还在于每一个人的思维习惯。

张英　现在，人工智能制造的机器人，可以驾驶汽车、地铁，送快递，提供电话咨询服务，写诗歌，下象棋、围棋，播报新闻，管理电梯和家用电器了。

毕淑敏　现在的人工智能，还在摸索和起步阶段，它们只是模仿人类的一些特定行为，学习、取代人的部分能力。特别是机器人对于人类有规律的行为举止，可以比较容易学会的。比如围棋，它记住了所有棋谱，迅速计算然后找出应对办法，这都是有章可循的部分。

然而人类智慧最伟大的部分，在于无章可循。人类大脑几百万年的进化，高不可攀。机器人将来是不是能够走到这一步，我不知道。目前我认为它们还差得远。

张英　你说，技术是中性的，这个观点很好。

毕淑敏　技术是中性的，人有善恶之分。人，是有价值观的。我们要竭力建设好人的价值观，让下一代变得真善美，变得更有自制力、有定力，能够控制住技术。

人类发展历史上，最早人能控制住马，就觉得很好了。后来有了汽车，尽管有各种各样的车祸，但还是能控制住汽车。现在有飞机还有航天器，速度更快了，飞得更高了，人类还是能够控制它们。我相信对人工智能和机器人，也应该会有所控制的。

张英　就是人与机器共生，现在已经是一个事实了。因为人工成本越来越高，很多工厂和服务业，建筑和物流，现在都是采用机器人工作，从事生产。你怎么看这些变化？

毕淑敏 变化应该永远存在。即使机器人，它要不断升级换代，那是它的进化。变化这件事，应该全身心去拥抱它，而不能死水一潭，画个休止符，说到此为止了，咱们就不变化了。

对于变化，应该秉持一种更开放的态度。不过变化要分好坏，这个过程需要人类智慧把控，让变化朝着好的方向而去。

就像做杂交，一定有的杂交好，有的就呈杂交劣势。任何一个机器，都应该接受控制。如果造出人类无法控制的机器，真的是妖魔鬼怪。

张英 因为科技发展进步太快，可能会危害到人类自身，甚至是未来的孩子们，你怎么看待科学家们的焦虑？

毕淑敏 我自己当母亲，现在也当奶奶了，常常想未来的问题。2019年，教育部统编语文教材，把我的一篇文章选到课本中。教材主编是原北大中文系主任温儒敏，他跟我有过一个对谈。他提出一个观点特别重要：现在到处弥漫着焦虑。

在参加腾云文化论坛时，我听到很多科学家也都在说，到处弥漫着焦虑。在心理学上，恐惧与焦虑是不同的概念，恐惧是面对直接发生的危险，焦虑是面对着你预计可能出现的危险。我想，如果说我们此刻特别恐惧，这个词稍微严重了一点。要说我们都比较焦虑，大家点头的频率会比较高。

科技的发展，人类的未来，完全掌握在自己手中是不可能的。对于我们的后代，对于我们的学生，你也不可能完全去掌控他们。所以，要有平常心，包括面对科学技术的发展，面对人类不很确定的未来，不必惊慌。只要我们把当下做好，就对未来多了一分把握。

很多很焦虑的父母都问我：你赶快告诉我一个方法，怎么才能让我的孩子变得更好？我每一次都说，你这么焦虑，你的孩子变不了更好。你先要让自己稳定下来、安宁下来，要有一种勇气，就是将来不论发生什么问题，只要你内心坚强，应该都在可控范围之内。家长们有一半信的，尝试放松；有一半不信的，继续焦虑，愈演愈烈。

未来如何掌控？科学家讲了，量子不能掌控。如果你企图掌控你不能掌控的部分，我个人觉得，那是人类的狂妄。那天我和周国平老师交流，因为我认得他的女儿，在很小的时候我就认得，现在发展得非常好。我们向周老师学习吧，对我们的孩子，除了爱以外就是信任，让他们健康地按照自己的天性发展。我相信，他们能有智慧解决他们所遇到的问题。

"科技向善"很重要

张英　你在腾云文化论坛上的发言里，关于人的情感与科技的这个发言，令人意犹未尽，还想请你再展开阐述一下。

毕淑敏　对，那天会场上，有个科学家他认为我们大脑当中，现在做科学研究，90%是没有开发出来的，好像我们人类只利用了大脑皮层的10%，还有90%的存在，我们不知道它是干什么的。

那90%的区域，有可能是我们人类的情感部分。大脑里面，肯定也遵循用进废退原理。身体内连阑尾最后都缩得小小的，因为它用不了那么大了。谁敢说我们人类大脑里面，90%都是无用的存在？那不可能。

我觉得，人工智能这名称，有没有更好的翻译？它实际上是一种机器智能。人工智能多么复杂呀，里面一定有情感储存的地方。那是何等神秘的部分！

大脑里，怎么有90%没用呢？你把它切掉了，就算这个人的智力、语言都没有问题，但你知道他的情感表达、设身处地的亲身感受力，会不会受损？人生而为人的这部分，机器怎么测定出来？我坚信，人类不会有90%的大脑没有用处，这里就储存着我们的情感。

现在，人类还不能够让机器人具备情感。现在的机器人，就是服从制造者的指令，按照人类事先编好的程序，去完成安排的任务。

前面还有漫长的路。我相信人类的智慧，一定会想出办法来，让这件事情去向善，让它向好的地方拐过去。

张英　怎么看待科技公司的自省：苹果公司的"不作恶"，腾讯公司的"科技向善"？

毕淑敏　科技发展的每一次进步，都是让人类生活变得更简单、更便利了，比如照相原来是很复杂的事情，现在傻瓜都可以拍出相当不错的照片。

无论怎样发展，科技发展都应该有道德底线、有善恶价值观。在所有的科技应用前，我们都应该有伦理底线，把标准、底线规定出来。

好比人类医学科学家，直接就克隆人了，去做基因编辑什么的，那是丧失伦理底线。科技和医学，必须要有坚守的底线，善恶观应该非常清楚。

要越发重视价值观和伦理，在技术应用之前，尽我们的能力给它制定框架，而不能够让它先无所顾忌地发展，到了不可收拾的地步以后再试图亡羊补牢。

张英　马化腾提出，"科技向善"是"让科技更好服务人类的美好生活"。

毕淑敏　腾讯"科技向善"，是一件大好事。好的方向和目标确定了，往这个方向发展。要做好这件事，得调整发展方向和道路。

到欧洲去，都知道司机不能疲劳驾驶。连续驾驶时间若超过四小时，车就发动不起来了。游客有人说再跑一跑，司机说现在走不了了，必须得休息。所以很多人类的问题，有了先进的技术，更容易去控制。

科技发展，给我们带来了很多的便利。但拍照看的是一个人的审美眼光，假如你老是照一些不美好的东西，无论机器进步到何等程度，你照出来的还是阴暗东西多。如果你喜欢拍美好的东西，科技会让你如虎添翼。

科技中性，但加以向善的理念，就让我们对科技更有信心、更抱期待。腾讯提出这样一个口号，给现在突飞猛进的科技发展指明了美好的方向，这一点特别重要。

张英　互联网和社交产品，占据人的时间越来越长，人也会变得有信息焦虑，你会有这个问题吗？

毕淑敏　没有。我没有你说的这个问题。

每个时代一定会有新问题冒出来。落实到具体的人身上，你可以选择。要做一个焦虑、易生气、暴跳如雷的人，听风就是雨、没有自我认知的人，或者动不动从新媒体大 V 那里听到不实之词马上传谣信谣，最后发现是个假新闻的人吗？

新媒体时代，请学会淡定，把节奏放慢一些，心平气和、冷静、镇定一点，不用那么着急。

很多社会热点、网络热点，终会有水落石出的那一刻。有专业机构追踪处理，媒体会相应报道，真存在不法问题，会有处理结果公布，而不在乎你是不是第一时间不明就里地仓促表态。

我们要给家庭、生活、人生，营造更加从容的空间。人的生命其实是一个常数，你风风火火走过，还是慢慢去欣赏、慢慢去体味、慢慢走过，一生也是那么长。所以现在提倡慢节奏，倡导慢生活，有他的道理。首先是思维镇定下来，这个是非常值得提倡的。

为什么学心理学？

张英 你为什么对心理学感兴趣？

毕淑敏 我首先是对人特别有兴趣。很多人的职业选择，都与兴趣、爱好有关，比如对大自然有兴趣，或者是对历史、科学某一方面有兴趣，最后就成为职业选择。

我对活生生的人特别感兴趣。这可能跟我以前当医生的经历有关，我学了人的生理解剖，也在临床看过很多的死亡。这世界上，有很多人患病，也有很多健康的人。人在生理的结构上，是大同小异的。在这个看起来相同的躯壳里面，为什么有如此不一样的灵魂？他们的行动，为什么千变万化？

很多人以为，我从医学到写作，是一个很大的跨度，然后再去研究心理学，又出现很大的跨度。从我个人来讲，我的研究对象都是人。毫无疑问，医生的研究是人，文学也被称为"人学"。作家里头，可能有人写动物、有人写植物，不管你写什么，你都是从人的感受出发，从人的角度去体验、观看这个世界的。

心理学这门科学，简言之就是你心里想的是什么和你做的是什么，这是心理学最简单的定义。我觉得很有意思。文学中，我知道很多作者把握世界、理解世界、认识世界的基点，是他自己的眼光。我希望在自己的眼光以外，还有更科学的眼光，这两者结合起来。

张英　你学习心理学的机缘是什么呢？

毕淑敏　我之前听过一些心理学的课，没遇到特别好的老师。某次朋友告诉我说，香港中文大学的林孟平教授，将到北京师范大学心理系带两年的硕士研究生，朋友说老师的学问很好。我就去交了学费，自费。

我跟家里人打招呼，说这个学，很可能我上着上着就不上了，学费就算白交了。我先生说，你既然愿意去学，不用考虑学费的事情。若你学得没意思，也可以不去。

我就这样读了心理学硕士。我们班上，有已经是心理系博士毕业了，也来学习。我不是为了择业，也不为了去著书，也不为了在学科打一番天地，只是因为好奇去学习。

张英　47岁重新回校园上学当学生，感受如何？

毕淑敏　刚开始有点狼狈。因为是心理学的硕士学位班，人家都有基础，都是学过心理学的。

刚开始的前几堂课，听得莫名其妙，不明就里。老师讲到心理学特定词汇，完全不知是什么意思，只能当时记下来，晚上回来再查书。这样不停努力，学到后来，慢慢可以钻进去了。

隔了一段时间，林老师有一天跟我说，毕淑敏，你知不知道已经有同学嫉妒你？我说我基础那么差，年纪大，又没有心理学本科基础，也没什么实践的经验，有理由成为您最差的学生。他们为何嫉妒我？

老师说，同学们议论你比较神奇，怎么可以这么快入门？

老师对他们说，毕淑敏以前做生理上的医生，后来又是文学家，这些都是以人为研究对象的。她来学心理学，在迅速把心理学的专业知识补上后，就从一个高起点上前进了，将心理学的知识融会贯通。

举个例子，老师放一段真实的案例录音。某女生妈妈过世了，女生非常难过，一把鼻涕一把泪地倾诉哀伤，心理医生对她有一些疏导，结果无效。该女生情绪非常激烈，难以平静。老师此刻按下暂停键，问大家从对话里听到了什么，有同学说，听到悲痛，母亲去世了；有同学从她的哭泣里，说听到她最后没有见母亲一面产生的极度惋惜；还有的同学说因为对母亲怀感恩之心，却永远不会有机会倾诉，强烈哀伤加上自责。

老师问，还听到了什么？为什么心理咨询师感受到了来访者的上述情绪之后，表达同感，但没有收到效果？大家都沉默。我终于鼓起勇气举手说，我在以上录音中，听到了愤怒和仇恨。有一些母女，其实是冤家，相互之间有很多未解心结。母亲去世后，她再也不可能当面解开心结，哭泣中包含着怨恨，无以疏解。老师接着按下暂停键，继续放录音，结尾处，那个女生说，我跟我妈一直有仇，这个仇我再也不能报了，甚至连宽恕也不可能了，这样的心结我不知道怎么办。这时心理医生就要对症下药，帮助女生解决这个问题。

这样的例子出现多了，同学们就对我有了好感，后来还选我当了班长。

总之，当我掌握了心理学最初的知识点后，加上我对人生的了解、当医生的经历，就会学得稍微好一些。

心理医生遇到的问题

张英 心理学学完之后，你去开心理门诊了。

毕淑敏 我开了门诊后才发现，中国的心理来访者实在太多了，我再怎么努力，也是杯水车薪。

心理学对我自己的帮助比较大，让我明白了自己是个什么样的人。认识自己挺不容易，我们常常是从别人的评说里面来认识自己。并不是说，把所有人对你的认知反应加在一起就是你自己，认识自己这个过程，如果不借助科学力量，只靠自发的一种觉察，是有所欠缺的。

学习心理学以后，我会知道，我为什么在我的文学作品里面，对生命那样关注，我为什么会对人有兴趣，我注意力的焦点在什么地方，我为什么会去环球旅行，等等。

我现在已经比较清楚，我的人生要的是什么。

我希望对别人也有这样的帮助，决定面向普通群众，开个心理诊所。加上我曾是医生，有生理、病理学的知识，我就去开了这个诊所。

张英　这个心理诊所开了多久？效果如何？

毕淑敏　20年前，那个时候，中国普通百姓对于心理医生的接受程度还比较低，没有现在这么普及。

朋友们给我出主意呢，挂靠一个大学，或挂靠一个医院，或干脆做一个NGO（非政府组织），或者慈善机构等，有助于背靠大树，借用资源。我还是以个人名义开办了诊所，直接面向中国的普通老百姓。我注册了"北京毕淑敏心理咨询中心"。

诊所开办了三年，来的人实在太多了，车水马龙。我面临了新问题：来访者太多，排队太久，我根本来不及看那么多号。

我自此知道了心理学的宝贵和重要。对于此刻的中国人民来说，急需心理帮助。我一个人势单力孤，心理医生看一个来访者，谈话50分钟，中间10分钟并不是休息，要做记录。

林老师训练我，不可以到外面迎接来访者。你只能安坐在座位上，然后站起来，面带轻轻的微笑，静等着来访者走过来。这个见面的第一个回合，有它的象征意义。是他的主动求助，他必须要为这个举措负起责任来。当他一走进诊室时，双方的精神对决就开启了。说实话，我用了很长时间来适应这个要求。把握住不迎过去，不主动迎接来访者。

每一次迎接来访者的感觉是：诊室门开了，来访者带着一团未知走进来，你不知道他为什么而来，有什么要解决，等等。但我知道，我将陪伴他走过他人生的困难时期，有时甚至是某种危险过程。

通常和来访者谈话时，为了缓解他的压力，是不当面记录的，只能开动脑筋记下来，有时写下很简短的几个字，主要靠事后回忆。来访者走后，因为他以后还要来，要言简意赅地记录下来。有时顾不上喝水，下一位来访者就到了。一天工作下来，最多看八个来访者。一周才能看多少人呢？40多人。

工作人员跟我说，有一对夫妇，从春天树还没长叶子就预约我的号，到了秋天树叶都落了，还没有轮到他们。他们要求做婚姻辅导，认为感情破裂了，听人说毕淑敏心理门诊很好，就去排队，去等我的号。这件事对我触动很大，我想，做心理医生，不能加班加点，因为心理医生的负荷是有限的。大脑累了，就会迟钝，反应不过来。这个工作也没办法生产线流水化，不能批量处理问题。那我就想，还是写有关心理学的书吧。一本书至少能印一万册吧？就算有人买了不读，读的也有几千人吧？这几乎相当于我当心理医生一辈子的工作量了。

张英 来访者很多，问题很严重。

毕淑敏 我觉得生理上的疾病以预防为主，心理上的疾病也应以预防为主，提高我们心理健康的水平，让我们内心变得更稳定、更坚强，会有更多的沟通方式，包括学会处理困境，都是未雨绸缪。这样就不会一下子陷入抑郁、躁狂，并将负能量放散到他人和社会上。

我相信绝大多数来访者愿意面对自己的问题，可以找到妥帖的解决办法。就像我们生理上有了病，大多数人还是愿意看病、吃药、打针把病治好。真正讳疾忌医的人，毕竟是极少数。

　　做了心理医生后，我明白世界如此多姿，如此多视角。不同的人有不同的逻辑，他的出发点带着他内心烙印的世界观。从另一方面来说，我很敬佩那些前来做心理咨询的人。他在生命中特别困难的时刻，愿意信任我和他一道探讨怎么走出困境，而不是选择沉沦下去或者听天由命。来访者有一种自我改变的决心。

　　我很愿意投身助人的过程中，陪伴是有力量的，这个力量有时会很大。当一个人不再觉得孤独和恐惧时，自己便会找到方向和出口。

　　通过三年门诊，我帮到了很多人。我还愿意通过写作，继续来做助人的事情。最后我就关闭诊所，专心写作去了。

　　张英　我听一个心理医生说，毕淑敏开诊所开到后来不想开了，原因是你的价格比较高，都是有一批有钱的人把你的号占住了。

　　毕淑敏　我的诊所是几个同学一起出资合办的，他们给我定的挂牌门诊价高。我当时说这不合适，不能这么高。但同学们说，请从工作大局着想，还有若干别的心理医生，如果你不定价高，其他医生的工作量就不饱和。若你定价 100 块，别人是 50，那么等你的会特别多，其他医生就少有工作量。

　　就像我前面说的那对小夫妻，高价也是愿意等我的号。人太多了，高价也挡不住。人到破釜沉舟的时候，其实不太在乎钱的区别。

　　刚才说了，我若写书，书价那时大约 30 块钱，一本书的价格和一盒饭价钱差不多。如果有心人去读了我的书，内心触碰、若有所思，也许问题基本可以解决。我收到过多个读者来信，说他们原本准备自杀的，读了我的书，决定再尝试一下活下去。这个尝试收到了很好的效果，他们不再寻死了。

中国人的心理问题

张英　现在的情况会不会好一些了，心理诊所能够满足社会需要了吗？

毕淑敏　相比十几年前，心理医生数量多了一些，但还不能满足社会需求。比如在纽约，有 10 万开业的心理医生。中国离满足需求还差很多。

林老师认为我跟她谈到过的那些我接触的案例的情况，比世界上很多地方都要严重。

原因是，第一，中国人口多，基数大；第二，中国人看心理医生的习惯才刚刚建立起来，人不到特别严重的问题，通常不会求助心理医生的，所以，但凡来求助的人，程度往往比较严重；第三，中国人看心理咨询的费用，基本上都是自费，除非你到医院去，挂个心理咨询科，才能走医保，而这样的医院，数目很少。除此之外，社保医保，一分钱不报销看心理医生的费用。几个因素叠加，加之中国人更内敛一点，不到万不得已的时候，不会向外求助。

来访者里，有觉得活得没意思的要报复他人，有即刻要自杀的，还有的来访者声称自己要杀人……

张英　你那三年看门诊的经历，来访者什么样的问题提得最多？

毕淑敏　门诊来访者提得最多的问题是人生的意义，这是哲学的问题：人为什么活着？来访者的问题，不管表面上如何千变万化，最后的根源都落在这上面。比如他来的时候，可能和我讨论的是：我要不要换工作？我现在跟我领导的关系非常僵，同事关系也不好，但是这份工作钱比较多。我挣钱到底干什么呢？为什么钱多了，我也不快乐？问到最后毫无疑问地指向人生：我要成为一个什么样的人？怎么样的生活、人生才有意义？

再比如很多中年夫妻，甚至老年夫妻，人生过了一大半，他们都觉得家庭冲突非常大，但我和他们讨论他们冲突的根结，最后会发现是世界观的冲突，价值观、观念的冲突，他们自己也清楚了原因，但问题是两个人都改不了，也不可能谁放弃，自我妥协。凡是因婚姻里的世界观、价值观起冲突，婚姻就没有办法维持。

中国话爱说劝和不劝离，我不遵从这条世俗约定。我有时候非常鲜明地告知这些夫妻：如果你们确认是世界观问题的话，依我的经验，双方是没有妥协余地的。因为"三观"对大家来讲，都很坚定的。老话说"不是一家人，不进一家门"，讲的就是观念相似，彼此认同，处理人情世故想法相同。如果争论、冲突的两方，有一方打算彻底放弃，那就不用离婚了。但问题是，人都有自我，你不放弃、你坚持，那冲突就非常尖锐，没有办法维持家庭。

很多案例，看起来是一些很外在的问题，一切千奇百怪的问题，最后我发现，核心就是关于人的那些本质问题。

张英　听起来，你会很明确地告诉他们你的观点和结论？

毕淑敏　不会。我可以加以一定的引导，但一般情况下，我不会直接把这个观点说给他们。或者说他们来的第一次，我就明白是这样的问题，那么我也可能一步一步去推进，到第十次的时候，我才可能试探着提出这样的问题，让他们自己发现问题。

我后来和林老师分析过：为什么我们的问题这么集中？探讨的结果就是：中国的变化太快了。西方是几百年里他们的价值观就没变过，一直如此。如果是一个很平缓的过程，也许可以慢慢适应。

这有点像气候极速变化。把人家的几百年的大发展历程，几十年走过来。举个例子，西方国家也有老公移情别恋，或者出现同居行为，然后老婆不干，最后算经济账离婚，实在不行上法庭，最后分手。但中国妻子会说，我把我最宝贵的贞操都给了他，我现在咽不下这口气……大打出手，冲突很严重。

心理医生通常是不做道德评判的。我只是说，面对这样问题的时候，你要找一个对你自己最有利的解决方法，情绪上少波动、少伤害，去争取应得利益。

张英　中国的心理咨询来访者的问题是中国特色。人生的意义？人为什么活着？还是有点出乎我的意料。

毕淑敏　心理学有各种各样的流派。我所学习的林孟平教授，属于人本主义心理学。她的哲学基调非常明确，传授给我们的主旨是：要让来访者心理上、精神上真正成长，不是就事论事。要引导来访者探索深层的原因——引发心理问题的实质是什么？

比如一个人教育孩子，看起来是教育小孩子的问题，但实际上的问题是：你要把这个小孩子培养成什么样的人？有人通常会觉得，孩子小不懂事，我是为了你好，你就应该听大人的。但大人要认识到，小孩子是一个与你不同的个体，你首先要尊重小孩子，也尊重小孩子的选择。人本主义心理学，是世界三大心理学流派里很有生命力的一个流派。

最严重的是家庭教育问题

张英　为教育孩子，父母观念不一导致家庭问题，也是中国特色。

毕淑敏 这是典型的中国式问题。我觉得咱们先不急着谈孩子的问题，先应该培训家长。

全世界的心理医生，其实都在医治由家庭造成的创伤。家庭中的成长问题，会在孩子们长大以后，以种种方式投射出来。有的人一生也不会觉察到这个问题。人生中很多选择，都是在你不知不觉当中，在童年就被规定了。弗洛伊德说，每一个人一生的脚本，在六岁以前已经全部写完。所有孩子的问题，都是父母的问题。父母焦虑成那样子，小朋友怎么能不焦虑呢？他天天不安。而一个生命不安的时候，你让他干什么事情都很难。一个不安的人，让他穿针引线，都不一定能穿进去。

你看体操、跳水比赛，非常棒的运动员，突然之间就有失误，他一定不是技术问题，这些动作平时早就练好了，经过层层选拔出来的，为什么突然动作走形了？还是心理问题。

如果父母尊重孩子，关系对等，把孩子当朋友，给予信任，不是管教，而是尊重孩子的意愿和想法，再给予建议和引导，孩子内在的力量就会生长出来。你觉得没有做过什么，但是发现改变已然发生了。父母信任孩子、尊重孩子，孩子就觉得我获得了理解，可以按照自己的想法来和父母沟通。父母给孩子建议，决定权在孩子手里，这个就是父母莫大的信任，沟通和互动就会良好，见到效果。

张英 父母和孩子的关系很重要，父母其实是孩子最早的老师，但很多父母，没有承担过这样的角色，也没有这个意识。

毕淑敏 我们现在碰到的问题大体上都是如此，这一代孩子在剧烈的变化当中，他受家里面的影响太大了。

比如说父母特别拜金，孩子不拜金是不可能的。父母如果特别自私，这个孩子也一定是自私的，你想成为一个能够为别人着想的人，也是不可能的。教育孩子，我建议从父母这里着手。

这一代年轻人的父母，他们之前打破了阶层的固化，是靠教育得来的。教育是中国现在打破阶层固化唯一的渠道。一个没有受过教育的人，你怎么可能成为精英阶层一员？如果早几十年，还有"万元户"是靠单打独斗成功的，现在根本不可能出现那样的场景。

张英 很多父母恨不得把自己一辈子的经验直接塞给孩子，或者直接让孩子按照自己规划的人生目标去活一辈子。

毕淑敏 人生真正碰到的所有问题，都能提前去演练吗？都靠预习解决吗？学习可以靠提前预备，跟没有预习的人相比，就在短时间内占据明显优势。人生的大题目，绝没有这样的机会。

评价一个孩子，父母教育得成功不成功，要在更长的时间内做结论。有些电视剧、小说作品，一写到孩子最后上了北大，考了清华，进了哈佛、剑桥大学就算完了，像童话一样：王子和公主牵着手就结束了。这只是人生的一个阶段，后来呢？人生并不止于20岁，他还有很漫长的一段时间，那些才是最重要的阶段。

人生最高的宗旨，是人生的幸福，这个是哲学上的问题。人活着唯一的目的，就是让自己幸福，这是费尔巴哈说的。那么孩子怎么样才能幸福？要让孩子有察觉幸福的能力。

那么，现在的孩子认为幸福是什么？就是我考第一是幸福。一个班上的孩子40个、50个，第一总共是一个呗。你永远都第一吗？那是不可能的事情啊。最后这些孩子崩溃起来，比别的孩子问题更严重。

永远不要轻视一个孩子的心理健康。上次我碰到一个和马云一块上补习班考大学的人，同班补习，第二年她考进了大学。我说马云呢？她说马云没考上，继续待在那个补习班补习。现在谁能轻视马云所取得的巨大成就？

中国的教育传统是，学而优则仕。为什么？为了维系中国两千年的封建统治不走样。所以当官必须要背四书五经，处理问题要引经据典、有章可循。为了执行不走样，要背得滚瓜烂熟。记忆力只是人的才华当中极小的一部分，现在记忆力这件事情，重要性在退位。你随便拿一个手机、一个电脑，记忆问题就可迎刃而解。

如何做一个幸福的人？

张英 你写了几本关于幸福感的书，你认为，金钱不是灵丹妙药，不一定让人产生满足感和幸福感。为什么？

毕淑敏 现代人首先会觉得，幸福要取决于一定的条件。我认为你连温饱都不能解决的时候，那确实就不幸福。国外有研究，温饱一旦解决以后，人类的幸福感，就和金钱不那么紧密相连了。

幸福感就是人内心的一种感受，进一步的研究表明，路边乞丐的幸福感，也不像想象的那么低。他今天乞讨到了足以果腹的食品时，他也有幸福感。你不能说他那就不是幸福感，非得吃大鱼大肉。现在吃大鱼大肉的人，不幸福的也多得很啊。

人类的幸福感，是一种灵魂的成就，和物质、金钱没太绝对的关系。可是现在人觉得，我要是有一辆宝马车我就幸福了，我要是升到了总经理我就幸福了。太容易把幸福和一定的条件画等号。你能说一个下雪天送快递的人，他就一定不幸福吗？谁也不能这么讲。

当你特别期望一个有形的东西，一旦得到它，很快就对这个东西习以为常，丧失获得的幸福感。中彩票的人，从此大手大脚花钱，弄到破产也大有人在。

张英 所以第一个误区就是认为幸福是有条件的,第二个则是认为幸福和物质挂钩。

毕淑敏 现在有一个说法,幸福好像有一定的遗传性。我个人觉得,幸福感本身是很模糊、难以测定的东西,研究并非定论。若父母双方都比较幸福,家里的氛围就比较好一些,所以孩子就会比较容易被爱和满足,容易得到父母正面肯定,心理的完善程度更周全一点。

世界各国的幸福排名,有很多因素在里面。比如丹麦最幸福,但丹麦一定有不幸的人。说哪个国家特别不幸,那里一定也有幸福的人。

是否幸福,最好具体到个人。别说哪个城市特幸福,或者是大城市比较不容易幸福,小城市容易幸福。比较,都是相对的。幸福指数、幸福国家,这些评选没有太多参考价值。

物质要求太高的人,欲望太多、需求太多的人,肯定不容易幸福的。我写过一篇散文,叫《提醒幸福》。我原来觉得幸福就是轰轰烈烈,惊天动地才叫幸福,我们日常生活当中的东西,好像不足以道。但如果特别寒冷的时候,爱人把衣服脱下来搭你身上,那这个东西值多少钱?不值多少钱,可是你会觉得很幸福。你特别饿的时候,没人请你吃一顿大餐,有人给你一碗粥一碗面,热乎乎的,你会觉得那足够幸福了。

所以,我们常常要提醒自己,别觉得幸福都是百年不遇、可遇不可求的,好像多么金光闪闪的,如果你一点一点去觉察它,你就会觉得你的生活里幸福多了很多。

张英 人生的乐观态度和悲观态度、人的欲望高低,都与个人相关,结论也因此不同。

毕淑敏　任何一个问题，有正面也必有反面，习惯于去看正面还是反面的话，是你看问题的角度决定的。事情一定一分为二，你习惯了去看那些正面部分，对自己是正面激励。暂且还不说世上有没有心想事成这事情。

如果你无法判断这件事是正面还是负面的话，你去做正向的努力，一定比做负面努力的胜利的概率会更高一些。所以我觉得，不论是从对这个世界的眼光还是从效果来看，乐观、积极地看待人生的难题，是更光明的选择。

中国人有个传统说法："塞翁失马，焉知非福。"因为你负面地看，如果这件事真的是负面的，它必定会出现，你也没有什么办法去阻止它。你积极去看，再把正向的因素调动起来，朝好的方向去努力，天地万物会为你的正面积极的想法去做改变。

张英　在审时度势和积极选择之间，达到一种平衡。

毕淑敏　我会觉得往积极方面考虑，是更好的心态，让自己心情愉悦。事情一定要坏掉，那也没什么办法。我有时候心想，人最后终有一死，我积极地活着，然后从容赴死好了，在这之前快乐地生活吧。

父母要懂得放手

张英　你的孩子在童年的时候，你是怎么陪伴他的呢？

毕淑敏　我儿子不让我说他童年的事儿，说属于他隐私。我原则性地讲一下，对每个家长来说最难的就是放手。孩子太小的时候你不能放手，你放手他就不能活下去，你要一直搀扶，然后一点点看着他自己走。可是你不确切知道，他什么时候真的可以自己走了，你要不断地去相信他，让他尝试，才能渐渐放手。

该放手的时候你不放手，麻烦大了。对家长来说是需要学习放手的，无论你多么爱惜他，你也要准备让他去经风雨见世面。世界本来就有太多风雨，他是一定要去自己经历的。我们不能代替孩子活他的人生。

张英 怎么看待家庭教育里的"虎妈"现象？

毕淑敏 现在社会竞争激烈，不能够离开社会大环境单独讨论这个现象。大家对未来有一种不安全感，父母不知道怎样才能让孩子在将来社会竞争的时候多一点胜算和机会。我的经验就是让孩子有一个坚强的内心，心理健康水平高的话，他将来胜算就比较大。

胜算不仅仅指我们的孩子能不能在某一个学科成为特别杰出的人物，或者他当多么大的官、发多么大的财，是否建功立业，而在于他能否成为一个幸福的人。哪怕这孩子将来当厨师，如果他做的每一顿饭里面都有爱和喜悦，又怎么能说这样的人生就一定不值得过呢？

张英 让孩子做一个坚强和幸福的人。

毕淑敏 对，无论我们多么爱自个儿的孩子，孩子一辈子是一定会有挫败的时刻，一定会经历凄风苦雨，一定会遭遇父母无法为他遮挡的那种天灾人祸，那是他必须独自经历的人生。

那时候父母也许不在了，也许人虽在但也无奈，帮助不了他，只能靠他自己度过。我们爱孩子，送给他最好的礼物，是让孩子知道自己是有价值的，知道自己是一个独立的个体，让他懂得困难是人生经历的重要部分。

一个幸福的人，并不是这一生没有困难、没有灾难、没有苦恼、没有悲伤，只是他不会被这些东西长久地打倒，匍匐在地上不能起来。他只要能站起来，恢复向前看的勇气，我觉得就是父母教育的成功。

张英　内心坚定，知足常乐。

毕淑敏　现在人的不安全感太严重了。比如说健康安全，不晓得你到底会生什么样的疾病；比如说教育安全，你不知道要花多少钱才能把一个孩子送到他能上的好学校；比如说你住的房子，你希望居住在市区核心地段，希望有别墅。这些都是带给我们不安全感的事物。过去有 100 万你就觉得安全，现在你得有 500 万或者 1000 万，甚至觉得到了这些数字也不安全。

安全感来自人的内心，一个内心不安全的人，有多少物质的堆积，仍旧是不安全的，如果内心是安全的，我觉得兵来将挡，水来土掩。有乐观、稳定的态度，坚定、强大的内心，对人生和生命有清醒的认知，不怕死，不轻易受外界的影响，这些都会让你增强安全感。

安全感不来自外面，安全感永远来自内心。我没有那么多钱，我没有那么大的房间，我没有那么多的保险，我没有很多财物，但我仍然觉得我是安全的。我对我自己有信心，我有养活自己的能力，我对生活的要求也不高，有基本的退休工资，一天有三餐饭，有大体的医疗保障，我就觉得安全。一个人连死都不怕，还有什么更强大的不安全感呢。

所以我会觉得，现代人的不安全感，一部分来自身边的影响，比如一个女子会觉得，我要嫁一个男的他变心怎么办呢？一个男子可能会觉得，这个女人要是不安分了那我怎么办呢？另外一方面是来自外面信息的影响，山外有山，人外有人，天外有天，人人自危，变成被欲望和物质劫持的俘虏。

人生里必有一些境况是人不能掌控的，不能掌控那部分，接纳好了。

去了 80 多个国家旅行

张英 现在你是个旅行家，非常羡慕你。

毕淑敏 我去过 80 多个国家。我听说 70 岁以后，旅行社就不接受（这个年龄段的）老年人参团，让你出具什么体检证明，手续复杂。所以我要赶在 70 岁之前，多出去看看。我去了北极、南极，中南美洲、非洲、欧洲，等等，都抓紧时间去看看。

以前出国指望公派，自己省钱省心，或者也比较风光。不过那种机会真的挺少的，僧多粥少，就是偶尔分到头上，也许那个国家我就去过了，想去的国家反而没机会。

我觉得最简单的方法：我写作挣点稿费，用稿费买机票、当盘缠，自费旅行。

可能有人觉得不值，去一趟北极大概需要 20 多万，够买一辆不错的车了。对车我没有奢求，代步工具而已，只要通公交的地方，我使用公共交通，用不了多少钱。我过了 65 岁，坐公交车还免费了。实在不方便的话，我打个车什么的，都行。我想去看看北极点，那个地方，无论朝哪个方向走都是朝南。虽然我理论上知道这知识，当我真的站在那个点上，还是觉得挺神奇的。喜欢这样的感觉。

我现在自己去养老公寓，也不是觉得自己老迈到必须要住到那个地方，只是觉得将来我少给孩子添麻烦。在那里可以有新的朋友，一起生活挺热闹的，还有几个老朋友，大家年轻时候就在一起，老了也能在一块儿，多好啊。

张英　还写了很多游记散文。

毕淑敏　这是我旅游的副产品。书的发行量还好，出版社也愿意出。我对自己的生命过程有一个大致安排，在旅行途中，看到不同的国家、不同的民族、不同的文明和不同的生活，感慨甚多。我当过心理医生，看问题的角度，不由自主地多一些侧面，我愿意和更多人分享这些感触。

我某年到美国去，做了一个月访问学者。陪同我的美国人在旧金山分手的时候跟我说，她接到这项工作时，看到对我的介绍，大意是"这是一个在中国有特别存在的作家，她从未从属于任何流派或也未曾被炒作，却成为一个持续走红的作家"。

就我个人来说，所有写作都是有感而发，那些曾经感动过我的，或者让我不安不宁的存在，始终激荡着我，我想表述出来，大体如此。

张英　已经跑了80多个国家，下一站旅行目的地，会是哪里？

毕淑敏　目前还没有具体目的地。随缘吧。

举个例子。大约七年前，有一天我在家里拖地，突然听到背后的电视里面说到"沙漠新娘"。我以为是个女的呢，回头一看居然指的是一座古城——叙利亚的帕尔米拉遗址。我在那一个瞬间，决定下一站是叙利亚。立刻打电话给旅行社，说我要去帕尔米拉，当时叙利亚的政治局势已很紧张，很可能爆发战争，旅行社把它列为高风险国家，不发叙利亚旅行团。后来我跟旅行社说你不妨试试呗，他说好吧，那我们发个帖子，全国招募一下叙利亚团。过了一段时间，旅行社告诉我，全国才征集来了六个人报名，人太少，我们不派导游，不派领队，你们自助旅行。其次，我们得提价。我说，要不咱们再等等，人多一点，你们也别提价啊。旅行社说，毕老师，您别等了。叙利亚战火味渐浓，您再等下去，恐怕连这六个人也没了。于是，立马组团，去了叙利亚，去了帕尔米拉。而现在，那么壮观的一个古城，被 IS 组织炸毁了。我们曾经感叹不已的宏大辉煌的古罗马风格的大剧场，被恐怖组织当作杀人的舞台，那些伟大的建筑已不复存在。

比如去伊朗。某天我对先生说，我得去看看这个波斯帝国。旅行也很艰难，组团不易，国内保险公司都不承保，说是属于一级战乱地区。但我们还是出发了。

去过那么多国家之后，我觉得心被打开得更大一些了。人生的烦恼，减少很多。焦虑和不安，比较容易放下。

读万卷书，行万里路，做自己喜欢的事情，为世界添一点点温暖，此生足矣。

一本书打开一个世界

欢迎订购、合作

订购电话：0571-85153371

服务热线：0571-85152727

KEY- 可以文化   浙江文艺出版社   京东自营店

关注 KEY- 可以文化、浙江文艺出版社公众号，
及浙江文艺出版社京东自营店，随时获取最新图书资讯，
享受最优购书福利以及意想不到的作家惊喜